国家社科基金资助项目

——效率与公平相协调的初次分配公正研究

初次分配公正论

The Theory of
Justice on Primary Distribution

汪荣有◎著

人民出版社

责任编辑:吴焰东
封面设计:林芝玉

图书在版编目(CIP)数据

初次分配公正论/汪荣有 著. —北京:人民出版社,2017.8
ISBN 978－7－01－017768－7

Ⅰ.①初… Ⅱ.①汪… Ⅲ.①国民收入分配-研究-中国 Ⅳ.①F124.7

中国版本图书馆 CIP 数据核字(2017)第 127110 号

初次分配公正论

CHUCI FENPEI GONGZHENGLUN

汪荣有 著

人民出版社 出版发行

(100706 北京市东城区隆福寺街 99 号)

北京汇林印务有限公司印刷 新华书店经销

2017 年 8 月第 1 版 2017 年 8 月北京第 1 次印刷
开本:710 毫米×1000 毫米 1/16 印张:14.25
字数:210 千字

ISBN 978－7－01－017768－7 定价:42.00 元

邮购地址 100706 北京市东城区隆福寺街 99 号
人民东方图书销售中心 电话 (010)65250042 65289539

目　录

第一章 初次分配公正概述

公正，即公平正义之意。中国共产党在领导新民主主义革命、社会主义建设和改革开放的奋斗历程中，始终致力于追求实现中国社会的公平正义，对公正问题在理论上的认识和实践上的探索也在不断深化。公正，作为一个伦理学范畴，是对社会关系的合道德性、合目的性的最高表达，是社会主义核心价值观的基本内容之一；公正，作为引领社会发展进步的一把理想标尺和一面理想旗帜，是照亮人类社会的一缕阳光，给人以温暖和力量。

第一节 问题的提出及研究的价值

在整个国民收入分配体系中，初次分配是基础。从国内外的分配制度改革实践来看，如果初次分配不公正造成国民收入分配严重失衡，再分配很难有效地予以纠正，也无法从根本上解决分配公正问题。因此，初次分配公正是实现社会公正的经济基础和前提。

一、问题的提出

社会公正是社会经济生活各个领域的基本依据，社会公正的基本状况在一定程度上能够综合地、直接地通过收入差距表现出来。据国家统计局2015年1月20日公布的数据，2014年全国基尼系数为0.469。[①] "当前收

---

① 柴秋实、吕笑啸：《居民收入基尼系数六连降》，《人民日报》2015年1月21日第11版。

入最高的 1/5 人口占据了全国总收入的将近一半，而收入最低的 1/5 人口占全国收入总量的不到 5%。"① 尽管造成我国目前出现收入差距超出合理水平和人民群众承受能力的原因有多方面，但笔者认为，初次分配领域的不公正，是造成当前我国居民收入差距严重失衡的主要原因。

（一）从理论上看，初次分配是基础，如果初次分配出现了大的问题，再分配无法从根本上解决分配公正问题

自改革开放以来，尤其是推行社会主义市场经济体制以来，我国经济学界有一种观点认为：就分配而言，初次分配的主要目标，在于如何更好地发挥市场的价值规律作用。因此，初次分配领域主要是体现效率原则，至于分配差距和分配公平，主要应该是再分配领域的事。在再分配领域，通过政府这只"看得见的手"，通过经济、法律和行政手段，对收入分配差距进行必要的调节、整顿，对受伤害者给以必要的调节和补偿。该观点在国内很有市场，甚至占了主流地位。笔者认为，这种观点有失偏颇。鉴于初次分配所涉及的对象之广和所涉及的国民财富数量之大，相对于再分配公正，初次分配是否公正，对于整个国民收入的分配公正实现更具有基础性意义。试想一下，如果占国民收入分配总额 90% 的初次分配行为出现失衡现象，又岂能是仅占国民收入分配总额 10% 的再分配所能调节和补偿得过来的？事实上，如果初次分配领域的不公正现象加剧到一定程度，不仅再分配领域无法再实现有效调节，即使有作用，也只能是枝节的调整，无法改变整个收入分配格局，甚至再分配环节反过来可能进一步加剧这种失衡，出现逆向调节和逆向分配现象。这是由再分配环节政府和社会充当的角色所限制的。一方面，由于市场主体繁多，政府根本不可能详细地了解每个市场主体的经营和分配情况，不可能及时地对市场主体中每个市场行为包括财富分配行为作出即时反应；另一方面，在市场经济条件下，配置资源的基础只能是市场，不能是政府。因此，具体关系到初次收入分配公正的劳动力市场交易和其他生产要素的交易行为最终只能受价值规律决

---

① 《IMF 报告：中国贫富差距扩大》，《环球时报》2015 年 3 月 28 日第 3 版。

定，而非政府。因此，再分配领域所面对的，主要是各社会群体、各阶层之间的收入分配公正，而非各企业内部或行业内部生产要素所有者、使用者之间的收入分配公正，其主要调节也是经济、行政和法律手段，属于宏观层次的调整，不可能具体关注到某一企业或某一行业内部的诸如工人与管理者和资产所有者的工资差距等微观收入分配问题。即使关注到了，也无法通过有效手段进行根本改变，也就不可能完全实现贫富差距上的削峰填谷作用。因此，从理论上说，靠再分配是无法从根本上解决收入分配差距悬殊问题的。

（二）从国内外的分配制度改革实践来看，再分配环节很难有效地纠正因初次分配不公正造成的收入分配严重失衡问题

以英美两国为例，作为发达的市场经济国家，市场对于资源配置的决定性作用被很好地得到尊重。政府对于收入分配的干预主要集中在再分配领域。在再分配领域，他们采用累进税制和社会福利计划等手段尽可能缩小社会成员、阶层的收入分配差距。就制度的设计而言，相对很完善，但从其实际效果来看，英美社会成员、阶层之间的收入分配悬殊问题并没有得到根本解决。据 1989 年美国人口普查局的一项统计，以占 20% 的家庭总户数单位计算，在采取累进税制后，美国最贫穷家庭的可支配收入由原来占总体收入的 1%，提高了 0.1 个百分点，福利计划的效果要好一些，也仅提高了 3.7 个百分点；与此相对应的是，最富裕家庭的可支配收入由原来的 52.4%，在累进税制后，降低了 2 个百分点，在实行福利计划之后，才降低到 45.7%。[①] 这就说明，无论实行什么样的再分配制度，采取什么样的再分配模式，都不能从根本上改变由初次分配严重不公正所带来的总体上贫富悬殊的格局。再从我国改革开放后的收入分配改革实际效果来看，尽管历届政府都很重视收入分配制度的公正问题，并借鉴国外先进经验，对我国的居民收入分配制度作了许多改革，尤其是在再分配领域里付出了许多努力，但也没有从根本上缩小由初次分配失衡所带来的收入差

---

① 黄春生：《累进税制累了？租税优惠肥了谁？》，《远见杂志》2005 年 12 月号，第 234 期。

距过大的问题。以个人所得税的改革为例，按照其制度设计的意图，个人
所得税制度就是要对部分收入水平过高的人群征收个人所得税，以缩小彼
此之间的收入差距，但实际的效果不尽如人意。据统计，2001 年至 2010
年，我国个人所得税税源中，工资薪金所作的贡献占比从 41.22% 增加到
65.29%。① 也就是说，普通工薪阶层反而成了个人所得税的承担主体，明
显有悖于其制度设计意图。

　　可见，初次分配公正是实现社会公正的经济基础和前提。中国现阶段
的收入差距问题是社会公正问题当中的一项重要内容，要从根本上消除收
入差距过大的问题，只有从分配的源头——初次分配开始。只有在此基础
上和前提下，我们才有可能保证社会成员的基本权利，保证具有大致相同
潜能和相同意愿的社会成员有着大致相同的发展机会和发展前景，保证把
每个人对社会的具体贡献同自身的切身利益紧密地结合在一起，从而推动
社会公正的全面实现。

二、研究的价值

　　本书的研究具有鲜明的时代性，初次分配公正问题是当前的热点问
题，是关系到全面建成小康社会的关键问题，是关系到社会和谐稳定的迫
切问题，是关系到社会主义优越性体现的重大问题，具有重大的理论和实
践意义。

　　（一）学术价值

　　收入分配制度的改革涉及人民群众最关心、最现实的切身利益，合
理的收入分配制度是全体人民的共同愿望，也是社会公平的重要体现。
从学科层面来讲，收入分配制度改革当然是经济学的研究范围，但它同
样关涉人的生存状态、生存质量与意义，实证分析研究的纯经济学又显
然不能完全充当此任，因而，对收入分配公平的制度安排，特别是初次
分配的制度设计，没有伦理价值的考量是缺乏人文生命的。无论是对经

---

① 黄春生：《累进税制累了？租税优惠肥了谁?》，《远见杂志》2005 年 12 月号，第 234 期。

济学理论的发展和充实，还是对伦理学、经济伦理学理论的丰富都是大有裨益的。

（二）应用价值

收入分配改革是场深刻的社会变革。解决初次分配不公正的问题，虽然不一定能根除我国贫富差距问题，但无疑能起到不可低估的遏制作用。党的十八大明确提出了"初次分配和再分配都要兼顾效率和公平，再分配更加注重公平"的政策要求，这是对我国收入分配制度内涵的丰富和完善。本书以初次分配的公正问题作为切入点，就是紧紧扣住收入分配的起点公平和机会公平，强调对分配制度的改革不仅是经济技术理性层面的，而且要在效率与公平关系的协调下，在伦理价值的考量下实现合规律性和合目的性的统一。以此试图提出解决问题的办法，为推动我国经济社会的健康持续发展，为构建社会主义和谐社会和全面建成小康社会提供理论和实践支持。

第二节　主要范畴的界定

问题的分析与厘清离不开相关理论的推导，而理论的正确运用更是离不开对其相关范畴的科学而全面的界定。范畴是理论之网的纽结，只有在关系网络中它才能得到有效的理解。"初次分配公正问题"的研究，必然涉及"公正、分配、分配公正、初次分配及初次分配公正"等主要范畴，这些相关范畴的概念界定是本书研究的逻辑前提。

一、分配及初次分配

（一）关于分配

从当前学术界对分配范畴的界定来看，主要是在三种情况下使用，或者说有三种理解：一是由生产、分配、交换、消费所组成的经济活动中，连接生产和消费的一个具体环节，专指产品的分配；二是如乔治·恩德勒等人所认为的那样，分配是所有经济活动的最基础的部分和维度，它不只意味着经济活动产品的分配，还贯彻在整个经济活动中；① 三是将分配从整个经济活动中独立开来，并将其理解成一个与具体的生产过程相对应的政治活动或社会活动。基于这种理解模式的分配不再被理解成经济范畴，更多地被理解为一个政治范畴或社会学范畴。比如穆勒就持这种观点。他认为，生产活动主要由市场决定和支配，而分配则由政治行为或规范决定，政治家可以制定某种他们认为合理的分配方式或制度。罗尔斯同样也持这种观点。在他看来，政治的核心就是分配。分配过程实际上是所有参与者之间的社会合作过程。在这三种观点中，第一种观点最为普遍使用。可以看出，人们是从广义和狭义两个层面去理解分配的概念和内涵的。从广义来说，分配对象包括了社会全部可供分配的资源，既有物质方面的分配，如财富分配；也有精神方面的分配，如知识、名誉分配；还有政治学意义上的分配，如权利、权力的分配。从狭义来看，分配主要是指经济活动过程中经济权利、经济地位、财富和收入的分配。狭义的分配与广义的分配也是相互联系和制约的。本书所称之分配，一般指狭义的分配。

（二）关于初次分配

初次分配制度是经济社会发展中一项带有根本性、基础性的制度安排，是市场经济体制的重要基石。国内生产总值有生产法、支出法、分配法等核算方法。在分配法的视域中，国内生产总值由劳动者报酬、生产税净额、固定资产折旧和营业盈余四部分组成，分配给政府、企业和个人，此为生产成果的直接分配，被称为国内生产总值的初次分配。它主要是在全社会范围内，对各微观主体之间基于与生产要素的直接联系，按照特定的原则进行分配，属于基础性收入分配。所谓生产要素，是指在参与国民总收入的形成，对国民总收入形成发挥了实际作用的各种经济资源。其主要形态为劳动，另外还包括土地、资本、科学技术投入、管理才能等。在市场行为中，各生产要素所有者和占有者投入若干生产要素，必然要取得相应的报酬，如利息收入、经营性收入等，这就是各微观主体获得初次收

---

① ［美］乔治·恩德勒:《经济伦理学大辞典》，上海人民出版社 2001 年版，第 560 页。

入分配权利的依据。初次分配的对象是国民总收入，主体由政府、企业和个人组成。政府凭借国家权力，主要通过对生产和再生产征收生产税和进口税实现初次分配的收入；企业凭借资产所有权或经营权，通过将企业总收入在扣除一切包括固定资产损耗在内的运营成本和税收后的净营业剩余而实现初次分配的收入；个人则凭借其提供生产要素多少获得报酬而实现初次分配的收入。因初次分配是在创造它的物质生产领域进行的分配，所以经过这次分配得到的收入，也称原始收入。另外，在市场经济条件下，市场对资源配置起决定性作用，因此，初次分配的内容与形式主要由市场决定，政府一般不参与或不直接干预。然而，由其基础性地位决定，初次分配的数额巨大，涉及主体非常多，涉及面很广，因此，初次分配的内容与形式直接关系到社会的安定与和谐。一旦出现严重的初次收入分配不公问题，造成了收入差距的急剧拉大，单靠再分配调节，其作用是有限的，很难从根本上扭转。由于我国社会主义初级阶段的所有制结构是以公有制为主体、多种所有制经济共同发展，因此，国民收入的初次分配，是在国有经济、集体经济及非公有制经济各组织单位中分别进行的。

二、公正及分配公正

(一) 关于公正

作为一个不同社会历史条件下的人们都在孜孜不倦地共同追求的价值观，公正所追求的理想目标来自于社会现实，却又高于社会现实。公正是特定历史条件下的人们，按照自身的利益诉求和发展愿景，对社会现实进行是否合理性和合目的性的评价和判断。因此，在一定的意义上，公正是特定社会用来规范人们和社会行为的价值标准，其目的在于尽量弥合社会各阶级、阶层、集团和个人之间的利益差距，兼顾社会各阶级、阶层、集团和个人的利益，以消解或缓和社会矛盾，实现社会的和谐。从这个意义上说，公正又可被理解为一个充满批判性和否定性及超越性的哲学范畴，反思、批判、超越是其内在的核心诉求。"公正的实质在于把人的价值、人的尊严和人的发展作为人的根本。人类的公正追求就是追求人的价值、人的尊严和人的全面发展，它的根本价值在于为人类营造一个真、善、美的存在家园。"① 对于亚里士多德来说，公正是所有德性中最主要的内容，甚至就是德性的全部，其他德性都只是公正的具体表现。在内涵上，公正包含有"公平、正义"之义，外延比单个"公平"或"正义"要丰富。具体来看，正义具有社会历史性，它反映了各个历史时代人们对社会关系和社会规范的最高要求，其具体内容和要求随社会历史的变化发生相应的变化。历史地看，正义问题的产生与人类生活资源的稀缺性密切相关。一方面是人对利益需要的无限追求，另一方面是可供人类利用的资源在具体的时代又是有限的，正义问题由此产生。可以说，正义问题首先是缘于人们对经济活动中的正义价值的渴望。人类在生活中深切地感受到："有一种东西，对于人类的福利要比任何其他东西都更重要，那就是正义。"② 人们对正义的理解通常包括两个方面：一是作为一种美德，正义是指个人在日常生活中的正当行为；二是作为一种制度性标准，正义是对社会的基本政治、经济和社会机构进行基本评价的标准。③ 日常所提到的政治正义、经济正义、伦理正义、社会正义等，都寓于正义理论之中，这些具体的正义理论，从不同的角度反映着人类对正义的追求。也就是在这一意义上，当说合乎"正义"的时候也就是公正的。④ 与之形成对比的是，公平则往往与"均等""平等"等概念在一起使用。其中"平等"又主要针对于政治生活领域，意指人们平等地在政治、经济和文化领域都享有权利；公平则主要表征着人们对现实生活中的物质利益分配的价值追求和判断，也主要适用于经济领域；而"均等"只是表示一个无差别的数量关系，并不特指具体的政治或经济领域。一般来说，人们讲公平的时候，并不是要求彼此享有平等的权利、获得相等的利益分配，而是指某一种权益分配方法或模式是否具有合理性，即是否公平。那么，究竟采取哪种分配方式或模式是

---

① 汪荣有：《经济公正论》，人民出版社 2010 年版，第 1 页。

② ［英］葛德文：《西方伦理学名著选辑》（下册），商务印书馆 1987 年版，第 534 页。

③ 参见 ［美］乔治·恩德勒：《经济伦理学大辞典》，上海人民出版社 2001 年版，第 164 页。

④ 吴忠民教授认为，公正与正义同义，公正即正义，英文同为 justice（见吴忠民：《社会公正论》，山东人民出版社 2004 年版，第 1 页）。

合理的呢？这就取决于不同社会历史阶段不同的生产方式，尤其是生产资料所有制状况。换句话说，判断某种具体的利益分配方式或模式是否具有合理性，得看特定时期的生产方式。人类历史上，从来就不存在固定不变、超历史阶段的公平标准，公平是相对历史的、具体的。不同的社会制度，不同的生产力水平，不同的生产资料所有制形式，公平的内容和标准不同；即使在同一社会制度中，不同的社会历史阶段，伴随着生产方式主要是生产力水平的变化，其公平的内容的标准都会发生变化。

（二）关于分配公正

在人类社会发展的历史阶段，如何实现对具体的社会资源、政治权利、发展机会等的合理和合目的性分配，即分配是否公正的问题，始终是人们关注的重要问题。分配是否公正、如何实现公正分配等问题，应该纳入具体的社会历史条件下考察，因为，分配公正的内涵和标准是一个具有社会历史性、相对性的范畴，会随着社会历史条件的变化而变化。它"始终只是现存经济关系在其保守方面或在其革命方面的观念化、神圣化的表现"①。基于历史唯物主义的基本观点来考察分配公正问题，可以看出，分配公正这个观念实际上是根源于特定社会经济生活，是特定社会历史条件下，人们对于具体的物质条件、政治权利和发展机会的分配现状而产生的具有超越性的经济伦理观念，反映了人们对于分配原则、分配制度和分配程序的价值取向。在原始社会的中期和早期，生产力水平极为低下，为了最基本的生存，人们只能共同劳作、平均分配劳动产品。在这个阶段，产品只够最基本的消费，没有剩余。基于这种经济水平的分配方式都是为了满足人们最基本的需要，因而不存在不合理的问题，即不存在分配公正与否的问题。到了原始社会末期，社会生产力有了一定的发展，社会分工出现，出现了剩余产品和私有现象，社会阶级也随之出现，原始社会解体，阶级社会出现，社会资源包括物质产品、政治权利和发展机会的分配方式、分配原则和程序也相应地发生变化。人们不再是按过去的以人口数量

---

① 《马克思恩格斯全集》第18卷，人民出版社1964年版，第310页。

分配产品，而是按照生产资料所有制关系和占有方式、政治结构中的层次关系来分配社会财富，财富分配不均、不合理现象大量出现并日趋严重。人们面对这种不公正的分配现状，自然而然地产生了超越现存的分配方式，争取更合理的分配方式的社会理想和价值取向。从上述社会分配问题的演变进程来看，所谓的分配公正，意指基于每个人主客观条件的客观差异，人与人之间的分配差异也应该保持在合理的范围内，使分配所得与各人条件均衡，才能使人们满意。[①] 正如厉以宁所言："无论从伦理学的角度还是从经济学的角度着眼，可以断言：收入分配的均等或财产分配的均等并不意味着公平，或者说，不应当把分配均等当做公平的同意义词。"[②] 也就是说，分配公正并不能简单地被理解为平等、平均分配。因此，人们在把握分配公正时，一要以机会公平为前提；二要以按贡献分配为基础，三要以分配差距不能危害整体社会公正为原则。[③]

三、初次分配公正

初次分配公正反映的是市场主体在生产过程中权利与义务、作用与地位、付出与报偿之间的平等关系。它包括企业和劳动者支配社会资源、参与社会经济活动的机会均等，竞争规则公平，收入与其效益产出相适应。[④] 作为衡量社会是否公平的主要标尺，初次分配公正主要从两个角度进行界定：一是宏观方面的要求，即在全部国民财富分配中，政府、企业和个人作为参与分配的主体，其分配所得必须既在总量上保持适当而协调的比例，又要保持相对均衡的增长速度；二是微观方面的要求，即作为具体的分配行为的主导者，每个具体的企业都应该公正合理地对待所有生产要素所有者的分配权益和机会，保证分配机会与规则的公平、分配过程的公平，最终保证其得其所应得，即结果公平。

---

① 参见何建华：《经济正义论》，上海人民出版社 2004 年版，第 319 页。
② 厉以宁：《经济学的伦理问题》，三联书店 1995 年版，第 5 页。
③ 参见何建华、马思农：《分配公平：是否可能及何以可能》，《伦理学研究》2010 年第 2 期。
④ 参见饶立新、李建新：《效率与公平关系的深层次把握》，《人民日报》2005 年 7 月 22 日。

第三节　国内外研究综述

收入分配的公正问题，尤其是初次分配的公正问题，一直是西方经济学和伦理学争议最大的问题之一。早在两百多年前，以亚当·斯密为代表的古典经济学家就对国民收入分配的公正问题进行研究并形成了较为系统的概念，开启了初次分配公正研究的先河。新中国成立后，为了建立公正的收入分配制度，我们党和政府进行了不懈的艰苦探索，学术界对初次分配公正进行了一定的研究。以 2006 年中共中央政治局专门研究收入分配问题和 2007 年胡锦涛同志在党的十七大报告中首次提出"初次分配和再分配都要处理好效率和公平的关系"为标志，包括初次分配公正在内的分配公正问题成为党和国家关注的重点，表明了党和政府遏制收入分配不公、缩小贫富差距的强烈意愿。在这种形势下，初次分配公正成为学术研究的热点。

一、西方理论界的相关研究

目前来看，西方理论界对初次分配公正的研究主要集中于基础理论研究、宏观研究和微观研究。初次分配公正的基础理论研究主要集中在初次分配公正的相关理念、原则及理论基础等，主要代表人物有罗尔斯和罗默；初次分配公正的宏观研究主要研究不同社会群体之间的收入分配关系和社会收入分配的变动趋势，主要代表人物有庇古、卡尔多、希克斯、萨缪尔森、库兹涅茨；初次分配公正的微观研究主要研究企业的分配问题，主要代表人物是舒尔茨、威茨曼、詹森和麦克林等。

（一）基础理论研究：罗尔斯的正义论与罗默的分配正义理论

作为美国当代著名的哲学家，罗尔斯在其鸿篇巨著《正义论》中，针对功利主义思想的缺陷，以西方契约论为基本理论框架，对社会基本结构如何按照正义原则来分配基本权利和义务、决定社会合理的利益或负担等问题，进行了深入的探讨。他提出了"作为公平的正义理论"，主张"正义是社会制度的首要价值……正义否认为了一些人分享更大利益而剥夺另一些人的自由是正当的，不承认许多人享受的较大利益能绰绰有余地补偿强加于少数人的牺牲"①。

罗尔斯的基本观点是，所有包括自由、机会、收入、财富、自尊的基础等在内的社会价值，都要一律平等分配，除非某种不平等分配符合每个人的利益。② 这个观点又可以被解析成两个著名的正义原则：一是面对基本自由权，任何人都有和其他人一样的权利去平等拥有；二是即使有基于社会和经济的不平等安排，这种不平等安排也既要符合每一个人的利益，又要让所有人拥有类似地位和职务的平等机会。其中，前一个原则是为了保证所有公民平等地享有基本自由权利，后一个原则是为了规定和建立社会及经济不平等；二者是按"词典式序列"排列的，即前者优于后者，要满足后者，必先满足前者。

罗尔斯在论述第二个原则时，特别强调了几个问题：一是在分配过程中，效率与正义并不必然一致，有时不符合正义的分配规则和模式却有可能符合效率要求，因此，应该超越单纯的效率观念，设定一种既能体现功利原则，又能遵循正义原则的分配方式。二是要通过必要的制度和程序设计来克服功利原则的不确定性，应该是有利于境况较差的人，有利于最少受惠者。三是按照正义原则设计，如果某种利益分配有利于社会最底层的人，它也会有利于中间层次和高端层次的人，因为这同样也会提高其他各层次人的期望。

罗默是另一个对分配正义理论有相当研究的学者。在 20 世纪 80 年代后，本来以"一般剥削理论"而闻名于世的罗默开始将理论兴趣转向诸如分配正义、民主政治的政治哲学，并试图确立一套基于平等主义的分配正

---

① ［美］约翰·罗尔斯：《正义论》，何怀宏等译，中国社会科学出版社 1988 年版，第 3—4 页。当然，按照罗尔斯自己的说法，他的正义理论是理想性质的（"无知之幕"与原初状态的理论前设就可见一斑），不涉及任何现实的制度和政策，探讨范围仅限于一种"法律被严格服从的状况"，限于一个"组织良好的社会"。也因此罗尔斯的正义理论又被人称为一种当代乌托邦理论。

② 参见 ［美］约翰·罗尔斯：《正义论》，何怀宏等译，中国社会科学出版社 1988 年版，第 62 页。

义理论体系。

罗默分配正义理论主要涉及机会平等、应得正义和利益补偿等几个方面。所谓机会平等，指的是社会应该为每一个个体提供公平的竞争机会、创制公平的竞争机制，使更多的人有机会分到社会发展的成果，并尽量减少诸如环境等各种不可抗因素对个人发展的影响；万一环境已经影响到个人发展且产生不利后果，社会就有义务通过特定政策对其进行必要的资助。① 所谓应得正义，意思是说正义就是给予人们所应得的。假如每个人都付出了相同的努力，那他就应该获得平等的回报。② 所谓利益补偿，就是向最少受惠者的利益倾斜。罗默认为，分配正义意味着要对弱势群体进行利益补偿，意味着要照顾弱势群体的利益。可以看出，罗默的理论对罗尔斯的理论有一定的修正、补充和完善作用。一方面，两者都赞成差别原则，认为利益分配向最少受惠者倾斜是符合正义原则的；另一方面，相对于罗尔斯，罗默强调了基于个人自由选择而带来的个人责任承担问题，认为要将因自己自由选择所带来的不利境遇与因环境带来的不可抗影响造成的不利境遇区别开来，从而比较清晰地界定了何谓"最不利群体"（最小受惠者），克服了罗尔斯在这个问题上因概念不清、不易操作，不能适用于具体的福利问题的缺陷。罗默尤其强调赞成"最不利群体"陷入不利境遇的主要原因不是自身的不努力，而是环境带来的不可抗影响。为此，罗默根据环境向量（性别、种族、职业和年龄）把人群分成不同的类别。另外，针对罗尔斯提倡最大可能地提高最不利群体的底线收益的观点，罗默认为为了既照顾弱势群体利益，又兼顾他们的个人责任承担，符合正义原则的办法是最大可能地提高最不利群体平均收益的"折中主义"理论。③

应该说，罗默的分配正义理论可以为我们当前如何实现初次分配公正提供一定的借鉴。我们在初次分配领域要做到机会平等原则、应得原则、

---

① 参见［美］约翰·罗默：《社会主义的未来》，重庆出版社1997年版，第10页。

② 参见 John E. Roemer, *Equality of Opportunity*, Cambridge：Harvard University Press, 1998, pp. 26-27。

③ 参见 John E. Roemer, *Equality of Opportunity*, Cambridge：Harvard University Press, 1998, p. 31。

补偿原则的统一。首先，作为指导性原则，我们应该全程关注社会成员分配机会的平等享有。其次，在具体的分配过程中，我们应该将个人实际贡献大小作为分配的主要依据；最后，对于因各种原因，尤其是因不可抗原因出现的弱势群体，我们在分配时要进行必要的利益补偿，以保护弱势群体的利益，实现实质上的平等。

另外，我们还可以从罗尔斯与罗默的分配正义理论中借鉴其关于效率与公平的相关理论来更好地处理初次分配领域中的公平和效率问题。总的来说，我们在初次分配领域既要提倡公平原则，又要强调效率原则，"要把提高'效率'与增进'正义'放在总体上、平等一致的地位上来考虑"①，不能将两者对立起来。

（二）宏观研究方面：福利经济学视角与倒"U"形曲线规律

福利经济学从为了促进经济福利、彻底解决社会贫困这一经济增长和国民收入总量增加的最终目的出发，主张收入分配均等化，这是经济发展中增进社会福利的途径之一，即政府通过一些必要的调控措施把富人的收入部分转移给穷人。按照伦理价值判断的不同，福利经济学又被分为旧福利经济学和新福利经济学。

旧福利经济学的主要代表人物是庇古。庇古的分配理论以基数效用论为主要理论框架。庇古用边际效用递减规律②来研究个人的收入分配，将福利分为个人福利与社会福利。其中，前者主要是指具体个人基于其具体需要得到尊重或满足而产生的心理和生理上的愉悦感，后者反映了前者的总和，由经济福利和非经济福利构成。经济福利是西方福利经济学的主要研究对象。在研究福利与个人收入分配时，西方经济学普遍坚持二者的紧密联系，将经济福利的多寡与收入分配的合理与否对应起来考虑。也就是

---

① ［美］阿瑟·奥肯：《平等与效率》，王忠民、黄清译，华夏出版社1999年版，第86页。
② 根据边际效用递减规律，随着货币收入的日渐增加，货币对持有者的边际效用在递减。以此推理，穷人的货币收入较少，货币收入对他而言边际效用很大；富人的货币收入很多，货币收入对他的边际效用就较小。因此，将富人的货币收入向穷人转移，就会使社会总经济效用增加，收入分配趋于合理，社会福利也会增加，而将收入分配有利于富人财富的积累则是不合理的。参见［英］庇古：《福利经济学》，朱泱等译，商务印书馆2006年版。

说，社会经济福利的增加就意味着收入分配的合理，反之亦然。

旧福利经济学后来演变为以卡尔多、希克斯等为代表的新福利经济学，两者的区别之一在于后者以序数效用论作为理论框架。新福利经济学是在假定收入分配既定的这一理论基础上来分析经济福利的，从而企图将收入分配问题剔除在福利经济学之外。他们以"帕累托最优"① 为基础来研究收入分配公正问题，将有效配置资源当成最大的福利。

但是，在现实实践中，如果将这一理论基础作为是否公平的绝对评价标准，必然会出现问题。比如说，优化配置资源，必然会触及各种利益关系。而在利益关系的调整过程中，又会出现一些人在福利增加的同时另一些人的福利可能减少的情况，这就有悖于"帕累托最优"原理。为了为其理论寻找合法性，他们又转而认为，只要总体社会福利增加，即使有一些人的福利减少，这种分配也是合理的；如果真出现一些人的福利减少的情况，政府也可以通过向福利增加者征税以补偿福利减少者的办法，最终实现大家的福利共同增加。而且，他们还认为，一些人的福利减少也只是理论假设，补偿也可能是假设。因为从长远看，如果效率提高了，福利暂时受损的人的福利最终也会再次增加。

应当说，就经济增长是为提高与发展社会经济福利这一目标而言，在经济增长过程中政府通过运用收入均等化政策来缩小贫富收入差距，这对于改善全民福利、促进社会发展无疑具有十分重要的意义。然而，是否就应该采取庇古旧福利经济学的调节思路和均等化分配政策，则还有待于进一步研究。因为通过这种政府强制转移收入的调控办法，必然会带来压抑社会成员积极性和降低生产效率的消极影响，也难免有劫富济贫式简单化之嫌。实践中，使社会福利的收入均等化政策应该是多种多样的，经济生产中只有首先保持较高的活力和效率，才能促使经济持续增长，也才能奠

---

① 帕累托最优（Pareto Optimality），也称为帕累托效率（Pareto Efficiency），是指资源分配的一种理想状态，假定固有的一群人和可分配的资源，从一种分配状态到另一种状态的变化中，在没有使任何人境况变坏的前提下，使得至少一个人变得更好。帕累托最优状态就是不可能再有更多的帕累托改进的余地；换句话说，帕累托改进是达到帕累托最优的路径和方法。帕累托最优是效率与公平的"理想王国"。

定实现收入分配公正的物质基础。

倒"U"形曲线规律的提出者是美国经济学家、诺贝尔经济学奖获得者库兹涅茨。他试图用倒"U"形曲线规律来说明社会的公平与发展问题和人均财富差距与人均财富增长的关系。他认为："在从前工业文明向工业文明极为快速转变的经济增长早期，不平等扩大；之后一个时期变得稳定；后期不平等缩小。"也就是说，在工业化开始及先期推进过程中，随着生产力的发展，人们的人均财富会随之增加，但财富分配差距也将随之扩大。但这种扩大趋势随着工业化进一步推进到一定阶段，又会趋于稳定并逐渐缩小。库兹涅茨这一理论揭示了从长远看，经济发展对居民收入分配合理化的最终积极意义。按照他的理论，发展中国家在实现工业化的进程中，居民收入分配差距会随着经济的持续增长，呈现"先扩大、后缩小"的变动趋势。

（三）微观研究方面：企业内部的分配制度和机制

按照新制度经济学家的看法，"制度是一个社会中的一些游戏规则；或者，更规范地说，它们是为决定人们相互关系而人为设定的一些制度"①。诺斯认为："制度是一系列被人为制定出来的规则、守法秩序和行为道德、伦理规范，目的是约束主体福利或效用最大化利益的个人行为。"② 制度的基本功能就在于它通过法律、规范或者习惯、道德调节人们之间的利益关系，从而对追求利益最大化的个体行为进行有效约束。新制度经济学家们指出，在各种经济因素和生产条件中，制度是最重要的，无论是生产性制度，还是分配性制度，或者其他制度，都是决定经济效率和社会进步的最重要的因素。就收入分配制度而言，有效率的制度安排应当以多数人追求自身利益为前提，这才有利于促进经济增长。

合理的、有效率的收入分配制度，可以为每个市场经济行为主体提供充分的激励动力，并使人们最大限度地从事生产性活动而获取最大利益，同时又具有一定的约束条件，这就要形成所谓有效的激励和约束机制。相

---

① ［美］诺斯：《制度、制度变迁和经济绩效》，上海三联书店 1994 年版，第 3 页。
② ［美］诺斯：《经济史中的结构与变迁》，上海三联书店 1991 年版，第 226 页。

反，一种不合理的收入分配制度，既无法为利益主体提供有效的激励，又不能形成一定的约束条件，无法确保经济效率的增长。从动态的、发展的角度看，合理性的收入分配制度，还能够激励人们不断采用新技术并鼓励人们不断进行技术创新。一种不合理且无效率的收入分配制度，可能是绝对平均主义分配，或者这种分配制度安排根本不与各生产要素的劳动贡献有任何关系，在经济系统内无法形成有效的激励机制和约束机制，这就会压抑生产要素个体的生产积极性及其创新性活动，导致整个社会技术进步缓慢、经济增长放缓。

总而言之，新制度经济学家从制度分析的角度，认定任何一种有效率的组织制度，包括有效率的收入分配制度安排，都是现代经济高效率增长的关键。经济增长中必须高度重视制度的作用，尤其是公正合理的分配制度在现代经济中所能提供的激励和约束机制，对促进有效率的经济增长具有十分重要的作用和意义。

美国经济学家舒尔茨、威茨曼和詹森、麦克林正是从制度分析的角度研究企业分配问题，分别创立了人力资本理论、劳资共享收益理论和委托—代理理论，开辟了初次分配公正微观层面研究的全新领域。

舒尔茨认为，在财富增长过程中，人力资本与货币、物质资本发挥着同等重要的作用，甚至是决定性作用，因此，它可以为劳动者带来一定的经济收益。[①] 当企业或个人为了人力资本的增值而对人力资本进行诸如技能教育与培训、员工身体健康投资时，这部分投资理应与其他投入资本一样，平等地分享利润。舒尔茨还认为，在某种意义上，不再是物质资本维持了人力资本，而是人力资本保证了物质资本的增值。因此，企业应该充分重视这一点，加大对这方面的投资，并充分尊重和承认劳动者个人在自身人力资本方面的投资报酬，以提高企业劳动者积极性，提高企业生产效

---

① 舒尔茨的人力资本理论有两个核心观点，一是在经济增长中，人力资本的作用要大于物质资本的作用；二是人力资本的核心是提高人口质量，教育投资是人力投资的主要部分。人力资本，比物质等硬资本具有更大的增值空间，特别是在知识经济初期，人力资本将有着更大的增值潜力。舒尔茨在研究美国半个多世纪的经济增长中发现，物质资本投资增加 4.5 倍收益随之增长 3.5 倍，而人力资本投入量增加 3.5 倍收益却增加了 17.5 倍。

率，最终增加企业的利润。

面对西方市场经济普遍滞胀的现状，经济学家威茨曼具体考察了西方社会的薪酬制度，认为这种制度没有将企业的效益与员工的工资挂钩，造成因企业效益的增加与员工工资没有直接关系，因而导致员工工作积极性不高和劳动效率不高的现象。针对这个问题，威茨曼提出了劳资共享收益理论，主张改革这种不合理的工资制度，通过一定的指数，确定企业所有者与企业员工之间的收入分配比率，让企业的经济效益增长体现在员工的工资增长中，以缓和劳资矛盾，激励员工的积极性。现在英国的产业利润共享计划、美国的职工股份制计划等就是威茨曼这一理论的产物。从实效看，这些分配政策也确实有效地缓和了当时的劳资矛盾，刺激了经济增长。

詹森和麦克林提出了著名的企业委托—代理理论。他们认为，企业委托人和代理人之间的利益不一致和信息不对称问题，会导致代理人首先考虑自身利益而忽视甚至损害委托方即所有者的利益。为了避免这个后果的出现，委托方就会采取各种措施对代理人的经营行为进行监督。那么，什么形式的监督才能让代理人既能发挥自身的积极性和自主性，全力投入企业经营，让企业高效运作，又能避免代理人不为了自身利益而忽视甚至损害委托方的利益呢？詹森和麦克林认为，最有效的办法就是让代理人（主要是经理层）持有一定数量的企业股票期权，将代理人的收入与企业的效益挂钩，实现既能有效激励代理人的积极性和主动性，又能促进企业效益有效增长的目的。应该说，这种理论构想及在此基础上建立的公司内部治理机构，在一定程度上能有效地缓和委托方与代理方的利益矛盾，促进经济的发展；但由于有限理性等因素，也出现了影响较大的股票造假丑闻等现象。

综上所述，建立在现代市场经济条件下的这些分配公正思想和相关理论尽管不能从根本上消除资本主义社会的固有矛盾，这些理论和相关机制确实有利于提高资本主义社会生产力，并实现了一定程度、一定范围内的、有限度的社会公平。在进一步全面推进经济体制改革，完善社会主义市场经济体制的过程中，这些观点对于我们丰富和充实中国特色的收入分配理论体系，是有意义的。

二、国内初次分配公正研究现状

我国关于初次分配公正的研究与当代中国经济社会发展的各个时期密切相关，呈现出明显的中国特色。

（一）国内初次分配公正研究的发展历程

一个时期的初次分配制度，反映了这个社会在这个历史时期对初次分配公正的认知水平和研究成果，因此，厘清了初次分配制度的变迁，也就理清了初次分配公正研究的思想脉络。伴随着当代中国的经济发展和社会进步，我国初次分配制度也有一个不断变化和发展的过程，大体可分为以下几个阶段：

1. 第一阶段，平均分配时期

改革开放以前，我国实行比较单一的计划经济体制，建立在这种经济体制基础之上的收入分配体制主要表现为平均主义的分配方式，几乎所有的分配都由政府统筹安排，生产要素基本不体现在收入分配之中。正如邓小平所指出的那样，这种分配方式没有体现出劳动量与劳动报酬的对应，搞一刀切，大家的生产积极性和主动性受到严重打击。[①]

2. 第二阶段，坚持按劳分配并强调效率原则时期

改革开放初期，邓小平提出"按劳分配的性质是社会主义的，不是资本主义的"[②]论断后，国内理论界、学术界对按劳分配制度的意义及实现方式进行了相当广泛的研究，提出了许多有价值的观点和主张。如张问敏就认为按劳分配只能被限定在公有制经济的统一分配过程中。[③]而何伟将按劳分配理解为按劳动力价值分配。[④]陈昭则认为，按劳分配的依据应该

---

① 参见邓小平：《关于发展工业的几点意见》。

② 《邓小平文选》第二卷，人民出版社1994年版，第101页。

③ 参见张问敏：《关于社会主义计划经济与商品货币关系问题的讨论》，《经济研究》1982年第6期。

④ 参见何伟：《实事求是大胆探索》，《经济研究》1987年第15—17期。

包括价值创造过程中所有的活劳动和物化劳动投入，故此，利息、股息和红利都应该属于这种分配方式。[①] 可以看出，一些学者已经开始考虑在分配过程中体现生产要素贡献的合理性和实现形式。不仅如此，理论界也开始研究社会主义分配方式如何体现分配公正的问题。如许多学者都认为，按劳分配的方式必须要有利于各尽所能，否则，就可能会出现不尽其能的人占有其他尽其能的劳动者劳动成果的不公正现象。张问敏、晓亮则认为，在社会主义社会，如果对所有人的分配都是以其劳动付出为分配消费品主要依据，与其是否已经尽其能没有直接对应关系。[②] 于光远则从两个主体来理解各尽所能：一是社会要尽可能给劳动者劳动的机会，二是劳动者个人要尽其所能。[③] 张维迎则主张，在当前时期，收入分配既要有利于劳动效率的提高，又要兼顾分配的公平性及社会物价的总体稳定。[④]

3. 第三阶段，按劳分配和按生产要素分配相结合，且兼顾效率与公平关系时期

党的十四大对"以按劳分配为主体，其他分配方式为补充，兼顾效率与公平"的分配制度的确定，标志着我国收入分配制度的进一步完善与发展。国内理论界对这种分配方式同样给予了极大的关注。学者们关注的对象集中在当时我国已经开始出现的收入分配差距问题，因为这个问题直接关系到我国的分配制度是否合理和公正。另一些学者认为，当时我国出现收入差距是必然的，而且这种收入差距拉大也不必然会导致社会不稳定（吴敬琏、樊纲）；另一些学者认为，当前的收入差距并没有超限，还是在合理范围内（张维迎）；另一些学者认为，收入存在差距是任何社会、任何地方都会存在的客观事实，中国的收入差距其实正在变小（张五常）；还有一些学者认为，相比于过去的计划经济体制的平均分配，市场经济环

---

① 参见陈昭：《论按劳分配中的价值规律及其作用形式》，《中央财经大学学报》1986年第32—35期。

② 参见张问敏：《评建国以来按劳分配理论问题的讨论》，《东岳论丛》1981年第7期。

③ 参见于光远：《社会主义条件下物质资料生产中经济效果概念（续）》，《经济研究》1978年第13—15期。

④ 参见张维迎：《新时期收入分配政策研究》，《管理世界》1986年第1期。

境下，居民收入会出现一定的差距并不断拉大。这场争论一直到党的十五大"坚持效率优先，兼顾公平"分配制度的确立才结束。

4. 第四阶段，在坚持基本分配制度的前提下，更加关注收入分配不公时期

随着改革开放的逐步深入，在居民平均收入大幅度提高的同时，各行各业、各阶层和各区域之间的收入差距也在不断拉大，已经引起人们的普遍关注乃至不满。如何实现我国的收入分配公正问题成了理论界关注的焦点之一。许多学者都认为政府应该重视这一问题，并着力于从再分配领域入手，缓和乃至解决日益严重的居民收入差距问题。如李实和华生（2010）就认为，我国的收入差距拉大根本上不是由初次分配造成的，而是再分配领域出现了问题。在初次分配领域应该主要依靠市场的力量，政府不能介入过多。即使初次分配领域出现问题，也不能完全归咎于市场，恰恰是因为市场力量被人为扭曲，作用发挥不够。① 也有一些学者将研究焦点放在初次分配领域，认为要实现我国收入分配和平衡，首先要从初次分配入手，保证初次分配的公正，代表性的人物有吴敬琏和樊纲等人。他们认为，造成目前我国居民收入不平等的主要问题出在初次分配领域。当彼此机会不平等、起点不平等时，收入就很容易出现不平等。因此，要调节收入分配，先要从初次分配领域入手。② 刘利等人认为，造成我国目前收入分配格局出现严重失衡的主要原因，在于初次分配领域政府行为的失当。③

同时，随着对我国收入分配差距问题认识的深化，我们党和政府对如何正确处理效率与公平的关系、如何认识初次分配在整个收入分配格局中的作用也在不断深化。如党的十五大认为，要"效率优先，兼顾公平"；党的十六大在坚持"效率优先，兼顾公平"的同时，强调初次分配注重效率，再分配注重公平；党的十七大、党的十八大对此问题有新的深化认

---

① 参见李实：《收入分配不公使中国低收入阶层加剧贫困》，《理论参考》2010 年第 7 期。

② 参见吴敬琏：《妥善处理收入差距过大问题》，《金融经济》2006 年第 15 期。

③ 参见刘利：《我们从金融危机中学到了什么》，《中国财政》2009 年第 13 期。

识，认为效率与公平原则不能分开使用，初次分配和再分配领域都应该同时坚持这两个原则，但在再分配环节更加要注重公平。

（二）当前我国初次分配公正研究的特点

1. 研究内容侧重于对国家分配政策的研究

新中国成立后很长一段时间，受落后生产力影响，再加上对社会主义建设缺少实践经验，当时中国采取的基于计划经济的按劳分配制度在具体实践和操作时走样，结果变成了平均主义的分配方式。改革开放后，随着经济体制改革的推进，分配政策也随之发生变化，按劳分配的基本原则得到较好的体现。理论界对我国的分配政策的演变进行了跟踪研究，其侧重点多是作诠释性、论证式研究。这些对国家层面的分配政策的研究有其必要性，但作为理论研究来说，还是不够，应该在我国分配政策变化的深层次原因、理论渊源等方面做更深入的研究。

2. 研究方法侧重于收入差距的实证分析

从已有的诸多研究成果来看，关于居民收入分配差距的研究，为了论点的科学性和权威性，学者们大多采用了实证研究的方法。如有的通过掌握现实生活中的具体数据进行实证分析，力图说明居民收入差距的大小、收入差距的特点及其成因和差距的变动趋势等问题，并在此基础上进行进一步的理论剖析和说明。也有不少学者将收入差距及其变动置于经济社会发展的整个过程中进行全面考察和预测，在评述库兹涅茨"倒 U 形曲线"规律的基础上，构建出我国社会主义市场经济收入差距模型以及收入差别的倒 U 形假说，并以部分东欧国家的时点资料、当代中国的连续时序资料和分解资料为研究对象，对其进行了较为充分的验证。之后，又将制度变迁因素引入分析，研究了市场经济中公有经济收入差别倒 U 形曲线的"阶梯形"变形，并将此与库兹涅茨关于私有经济收入差别倒 U 形理论进行了横向对比分析。这些实证研究大多采用了国外有关收入分配研究的前沿方法，使分析更加透彻扎实。同时，一目了然的数据分析也使收入差距的具体概况显得更为直观。应该说，国内学者们的实证研究是有积极意义的，但一味的实证分析会导致沉浸于单纯的数据而难以理清问题的本源，从而使深入分析难以为继。例如，这种数据式的论证分析所面临的硬伤是，它很难对产生收入差距的根源问题给予连贯的逻辑阐释。

3. 理论研究的系统性尚不够

从一些有关经济研究的期刊中，我们经常能够看到有些研究成果仅局限于某一个方面或某一点，要么着眼于收入分配依据，要么着眼于收入分配本身，要么着眼于分配过程或结果，系统性研究不够。最重要的是，这些研究工作尚没有进行深入细致的初次分配公正理论体系的构建和初次分配公正思想渊源的挖掘。

第四节　主要创新

本书研究采用了实证分析与规范分析相结合的方法。用实证分析法回答了初次分配公正"是什么""怎么样"的问题，用数据统计分析方法与数学模型分析方法对初次分配的历史和现状、原因和危害进行了较为细致的分析。用规范分析法回答了初次分配公正"应该是什么""应该怎么样"的问题，研究了效率与公平相互关系的理论、历史和现状，进而确立了初次分配公正的基本原则和具体原则，并立足于公正的价值取向，着眼于效率与公平相协调，提出了实现初次分配公正的政策建议。

本书在对初次分配公正的理论与实践、历史与现状、问题与对策等进行广泛而全面研究的基础上，试图在下列几个方面进行创新尝试：

一、提出并论证了初次分配的基本原则，即效率与公平相协调

初次分配公正的基本原则，是整个初次分配领域的灵魂和指导思想，是贯彻初次分配始终的一根红线。强调要在坚持效率与公平的相互协调的前提下，把初次分配公正纳入社会公正问题研究的重点内容，除了予以经济学上的理论技术性分析之外，必须在国民收入分配起始阶段即对初次分配进行伦理价值上的考量，并给予必要的人文道德关怀。认为对收入分配公平的制度安排，特别是初次分配的制度设计方面，没有伦理价值的考量

是缺乏人文生命的。这种理论考量无论是对经济学理论的发展，还是对伦理学、经济伦理学理论的丰富都是大有裨益的。

二、全面梳理了中国古代初次分配公正思想

在梳理从先秦到明清各个历史时期初次分配公正思想发展的基础上，概括了中国古代平均分配、差等分配、得其所应得的初次分配公正三项原则，夯实了本书提出的初次分配公正原则的思想来源和理论基础。

三、在对初次分配公正研究的系统性和全面性上做了新的探索

本书第一次从经济伦理的视角，对初次分配公正进行全面、系统的研究，对初次分配公正思想的发展予以了历史性的全面考察及对比分析，以制度变迁的视角研究了我国初次分配制度变革和当前初次分配不公现象的内因与外因，对初次分配实现效率与公平相协调的可能性在理论溯源和现实依据上进行了充分论证，并以此合逻辑地提出初次分配公正的原则和实现初次分配公正的对策措施。

第二章　初次分配领域的效率与公平

国民收入初次分配中效率与公平的关系问题是一个崭新的理论和实践课题，也是我国分配制度改革面临的突出问题。随着我国分配制度改革的深入，如何处理初次分配中效率与公平的关系问题引起了人们的普遍关注。通过对初次分配中效率与公平关系的历史考察与比较，分析我国效率与公平观的变迁和现实状况，探讨正确处理效率与公平关系的重大意义和对策，有利于充分发挥企业在国民收入初次分配中的主体作用，正确处理国家、企业和职工之间的经济利益关系，调动所有者、经营者和劳动者的积极性；有利于深化分配制度改革，优化资源配置，遏制贫富差距扩大的趋势，完善社会主义分配制度，实现中国特色社会主义分配理论的创新和发展。

第一节　西方效率与公平关系的历史考察和分析

正如马克思所指出的那样："人们自觉地或不自觉地，归根到底总是从他们阶级地位所依据的实际关系中——从他们进行生产和交换的经济关系中，获得自己的伦理观念。"[1] 人类历史上从来不存在永恒的、固定不变的效率观和公平观，效率观和公平观是具体的、历史的。不同历史时期、不同社会地位的人总是根据他们自身的经济和政治要求，提出属于自己的效率和公平的标准与内涵。同是一个"效率"或"公平"概念，不同时代和

---

[1]《马克思恩格斯文集》第 9 卷，人民出版社 2009 年版，第 99 页。

阶级的人自然会给出不同的理解。当二者的利益发生冲突时，他们的效率观或公平观很大程度上也表现为对立。因此，要全面地考察人类思想史上人们对效率与公平关系的认识与实践处理，必须结合当时特定的社会历史条件，才有可能得出科学合理的结论。

一、西方效率与公平关系的历史考察

在西方经济学发展史上的很长一段时间里，基于对市场万能作用的乐观，大多数人都坚信，充分自由竞争的市场能够很好地实现经济发展效率与社会公正的统一，其中以斯密"看不见的手"的理论为代表。在他们看来，市场具有自我纠错的能力，政府没有必要介入市场的运作，只要充当市民的"守夜人"，为资本和私有财产及市场保驾护航就可以。但随着资本主义的发展，特别是到了垄断资本主义时期，人们发现完全依靠市场的自我调整并不能真正实现社会的和谐和公正。相反，市场机制有时会存在失灵的情况，完全放任自由的市场可能会带来部分社会成员的贫困，会给社会的稳定带来威胁。在这种背景下，西方理论界开始探讨效率是否一定会带来公平，公平是否一定不利于效率等问题，效率与公平的关系开始成为西方经济学关注的热点之一。一般认为，效率与公平关系问题的提出始于福利经济学家对当时资本主义社会贫困问题的关注。

福利经济学派关于效率与公平关系论点的理论基础源于其第一定理（自由市场可以而且必须实现帕累托最优）和第二定理（帕累托最优可以也必须经自由市场来实现）。根据其第一和第二定理，针对市场调节机制滞后及失灵现象，福利经济学家普遍认为，完全放任自由的市场竞争并不能实现社会福利的最大化。因此，政府必须改变过去单纯的"守夜人"角色，应积极地干预市场竞争，调控市场中各种主体的市场行为，以实现帕累托最优。福利经济学家们同时认为，政府并不能介入具体的市场经营，影响市场的完全自由竞争，因为帕累托最优只能通过完全的自由市场来实现。因此，政府的作用主要是通过对国民收入再分配的干预，以实现市场效率与社会公平的统一。在福利经济学发展前期，福利经济学主张，为了消除市场的外部性，政府应该通过制定相关财政政策如税收和转移支付政策等，对再分配领域施加影响。这样既不影响效率（市场主体对利润最大化的追求），又能实现社会公平（社会福利的最大化）。福利经济学这种理论框架是建立在基数效用论基础上的。按照基数效用论，基于边际效用递减的原则，继续增加的货币对于已经拥有大量货币的富人来说，只能是锦上添花，而对于处于货币紧缺状态的穷人来说，则是雪中送炭。也就是说，对于穷人来说，单位货币的实际效用远大于富人。因此，当政府通过税收等转移支付手段将一商品化货币从富人手中转移到穷人手中，富人因此而造成的损失总额会小于穷人因此而获得福利的总和。两者相权，社会福利因此获得了最大化。在这个意义上，早期福利经济学者被称为功利主义者。但是，当福利经济学发展到后期，随着序数效用论的兴起，许多人认为同等的货币对于穷人和对于富人的不同效用之间并不具有可比性，也就是说，通过转移支付等手段将一部分财富从富人手中转移到穷人手中，并不一定必然实现社会福利的最大化。因为每个市场主体对利润最大化的追求是宪法赋予的基本人权，不能被以任何理由侵犯；否则，市场主体的积极性就会下降，效率自然也会下降。

同样面对市场机制失灵、失业与贫困等问题，为实现效率与公平的统一，紧随早期福利经济学之后的凯恩斯主义则显得更为激进。与早期福利经济学家主张的政府干预市场的外部条件不同，凯恩斯主义主张政府要积极主动地对市场主体的市场行为进行干预。起初，凯恩斯主义主要集中于对政府收入分配政策的制定及市场资源的合理配置问题进行探讨，以实现充分就业来保证社会稳定。但是，当政府对市场的干预越来越深入，尤其是政府直接充当市场主体进入市场后，出现了一大批国有企业和国有经济部门，政府的经济计划对整个市场的作用明显增强，凯恩斯主义进而又集中于从公有制与私有制、计划与市场等方面去探讨如何实现效率与公平的统一。

从其实质而言，无论是福利经济学还是凯恩斯主义，抑或是斯密的自由市场理论，他们之间的争论不仅仅是理论之争，更是社会经济发展格局变化的产物。从历史上看，当社会经济发展整体出现诸如经济失衡、失业人员剧增时，主张政府对市场进行干预的观点就为人们所重视；而当经济发展平稳、社会相对稳定时，经济自由主义就重新为人们所认同。因此，福利经济学或凯恩斯主义更多的是借助政府这只"看得见的手"来实现社会的公平和福利的最大化；而自由主义则更多地主张通过市场自身来实现效率与公平的统一，他们更多地关注效率问题。这样一来，效率与公平之争就表现为自由主义与干预主义之争。围绕如何处理效率与公平的关系，西方经济学界形成了效率优先论、公平优先论和效率与公平最优交替论三种代表性的观点。

（一）效率优先论

在西方经济学各流派中，坚持效率优先论的都是持经济自由主义观点的学者。米尔顿·弗里德曼和路德维希·艾哈德是效率优先论的代表人物。这些学派的共同观点就是，市场本身具有纠错机制，通过价值规律这只"看不见的手"，能够最有效地实现资源的合理配置；社会公平问题的解决必须依赖于市场效率的实现，尊重和实现市场的最高效率应该是政策制定优先考量的因素或标准。效率优先论者反对通过政府对再分配领域甚至初次分配领域的干预来实现社会公平，他们认为，政府干预下的公平并非是真正的公平，只是强调收入均等的结果公平，会极大地伤害市场效率，最终伤害社会经济的长期发展。效率优先论的理论依据主要有以下两点：

1. 自由的市场行为是天赋人权中的重要权利，不可被侵犯

要实现经济的高效发展，必须遵循和坚守市场的自由；反过来，只有坚持效率，才能真正地实现和保障自由。因为没有自由，将没有充分的市场竞争，必然就没有效率，自由优先实际就是要求效率优先。

2. 效率与公平并不冲突

在某种意义上，效率就是最大的公平。因为，如果没有市场主体的努力、勤奋和相应的驾驭市场的能力，就没有效率。而市场主体越有能力、越努力、越勤奋，其效率就越高，就应该获得更多的回报，否则就不公

平。因此，效率优先其实也是社会公平的要求。

（二）公平优先论

与经济自由主义学派不同，国家干预主义学派一般都认为，由于市场机制自身存在的问题，市场无法真正地实现社会公平，必须依靠政府的外来干预，来弥补市场机制的不足。在考虑效率与公平的关系时，他们一般将公平置于效率之前。凯恩斯、萨缪尔森和加尔布雷思是公平优先论的主要代表人物。萨缪尔森认为，如果市场竞争无法真正有效地保证社会成员的最低生活需要，政府就应该响应居民的要求，制定相关政策来对弱者作出适当的补偿。国家干预主义的理论依据同样有两点：

1. 公平是人的一种天赋权利，是无价的，不能用金钱来衡量，更不应被侵犯

但是在市场的充分自由竞争条件下，社会成员的收入却存在较大的差距，这就是对公平权利的侵害。市场竞争引起的收入分配差距悬殊，是直接对天赋权利的侵犯。

2. 效率与公平存在对立关系，讲究效率优先就是不公平

因为，在现实的市场竞争中，市场主体的起点不同，不平等是天然存在的。各市场主体本身就存在客观上和主观上的差异，他们在接受教育、财产尤其是生产资料的所有权方面的起点就不一样，其自然能力和社会能力自然就存在差别。如果让他们在市场中自由竞争，起点就不公平，结果的公平也无法实现。另外，即使起点公平，市场竞争的结果也会使人们所获得的报酬与其努力付出并不必然成正比。在很多时候，社会并不是按人们贡献的实际大小来分配财富。这些差异和不平等，只能依靠政府的干预才能得到缓解或解决，光靠市场是无法真正解决公平问题的。

（三）效率与公平最优交替论

与效率优先论和公平优先论者各执一端不同，一些思想家认为，效率与公平并不是相互冲突的，不存在哪个更重要因而更优先的问题；对于经济和社会发展来说，效率价值与公平价值同等重要，都必须重视；效率与公平的最好结合状态，就是以最小的效率损失来换取最大的公平，或者追

求最小的不平等来换取最大的效率。美国经济学家阿瑟·奥肯是这种理论的主要代表人物。奥肯既不认可完全放任的自由市场竞争，也不认可过度地以收入均等为目标干预收入分配。最好的状态就是，既对市场竞争施加必要约束和限制，又不因此伤害市场的活力；既要通过政策干预等手段缩小人们的收入差距，又不过度。也就是说，决策者和各市场主体应该尽可能兼顾效率与公平、结果均等与机会均等。即使为了效率不得不牺牲一些公平，或者为了公平而牺牲一点效率，最佳状态就是失去的不能大于所获得的。①

　　奥肯认为效率和公平同等重要，但在不同的社会领域中，两种价值占据着不同的位置。在社会和政治权利领域之中，"社会至少在原则上把平等的优先权置于经济效率之上。当我们转入市场和其他经济制度时，效率获得了优先权"②。他认为，资本主义社会在政治上应强调公平，在经济上应强调效率。他也承认，社会上大多数收入和财富上的不平等都源于市场中的机会不均等，但经济不平等所反映的机会不均等，可以在现行制度结构中进行有效的纠正和克服，使市场中起作用的是"更大效率及更广泛平等的机会"，更大的机会均等则应该为人们带来更大的收入平等。他提出的纠正和克服经济不平等的方法，包括国家增加教育经费，使高等教育为机会均等化服务；将大企业的股票分给工人，让工人参与决定等。奥肯强调，面对效率与平等的冲突时，应该寻求妥协，而不应该明确地给他们排列次序。"如果平等和效率双方都有价值，而且其中一方对另一方没有绝对的优先权，那么在它们冲突的方面，那应该达成妥协。这时，为了效率就要牺牲某些平等，并且为了平等就要牺牲某些效率。然而，作为更多地获得另一方的很必要手段（或者是获得某些其他有价值的社会成员的可能性），无论哪一方的牺牲都必须是公正的。尤其是，那些允许经济不平等的社会决策，必须是公正的，是促进经济效率的。"③

---

① 参见［美］阿瑟·奥肯:《平等与效率》，华夏出版社1999年版，第96页。
② ［美］阿瑟·奥肯:《平等与效率》，华夏出版社1999年版，第86页。
③ ［美］阿瑟·奥肯:《平等与效率》，华夏出版社1999年版，第86页。

二、对西方效率与公平关系理论的分析

每一种观点的产生都不是偶然的，正如马克思所言，人的思想难以摆脱经济社会发展水平的影响，每一种观点都是基于当时的社会状况，特别是基于当时社会的主要矛盾所提出的尝试性的解决方案。从历史发展的角度来看，不管是主张效率优先，还是公平优先，抑或是交替优先，都有其合理性的一面。对于解决当时社会的主要矛盾都有所帮助，对于中国当前处理效率与公平的关系都有所启发和帮助，但也都有其局限性。

（一）三者的理论逻辑是一致的

尽管上述三种观点对于究竟是效率优先，还是公平优先，抑或是交替优先的看法并不一致，但实际上三者的理论逻辑是一致的：即效率与公平两者对于同一主体来说，不可兼得，要么就取效率，要么就取公平。如果取效率，一般就会导致公平受损；而如果取公平，则会导致效率受损。人们之所以有这种理解，主要是基于效率与公平二者之间的矛盾。效率原则要求各市场主体在生产和经营中，充分展示自己的才能，努力工作，尽可能取得更大的报酬，多劳多得，少劳少得，不劳不得。这样一来，人们之间的收入就会因劳动付出的不同存在一定的差距。一个人效率越高，其报酬就越高，反之就越低。而对于公平原则来说，实质就是以收入结果是否均等作为标准。同样作为一个人，如果彼此之间的收入存在差距，就会认为是有违公平原则的，差距越大，就越不公平。

（二）这些争论是西方经济和社会发展战略变更的产物

长期以来，西方发达国家奉行的是"先增长，后再分配"的战略。在先增长的阶段，西方国家面临的主要问题是如何快速实现工业化，提高经济增长速度，做大经济总量。因此，决策者和理论界首先关注的是效率问题，而非公平问题。哈罗德—多马模型就是这种战略的典型反映。这种理论认为，如果要解决社会公平问题，就必须先将蛋糕做大。只有坚持效率优先原则，鼓励社会各阶层充分发挥其才能，提高劳动生产率，实现社会经济的快速增长，增加全社会经济总量，积累大量的社会财富，才能给社

会增加足够多的就业机会，国家也才能有足够的物质基础，来实现必要的财富转移和再分配，最终缩小社会成员之间的收入差距，减少社会的不平等。也就是说，尽管一开始是部分社会成员在经济快速发展中受益，但从长期看，这种经济快速增长的效应也将对社会底层产生正效应，使他们普遍受惠。而当这种战略实行了足够长的时间，西方发达国家的经济实力都有了较大的提高，而同时，社会的收入差距以及由此带来的社会不平等和不和谐也已经积累到一定程度，决策层和理论界开始将目光转向了"再分配"。这时，社会公平问题为他们所关注，长期以来被视为理所当然的"效率优先"的分配原则被人们重新思考，效率与公平的关系的争论也开始兴起。

（三）市场体制要比非市场体制运转得更好

如同查尔斯·沃尔夫所言："从有效的经济运行角度看，经验证明非市场缺陷要比市场缺陷严重很多，市场体制要比非市场体制运转得更好。"① 不论持哪种观点，经济学家们对资本主义的市场经济制度的合理性和必然性并无争议，他们的焦点在于如何采取具体的政策，来实现二者的统一。也就是说，他们所争议的是政府应该在市场经济中扮演何种角色的问题。从本质上看，效率问题实质上属于经济发展的问题，属于经济基础的范畴；而社会公平关注的是政治发展和社会稳定的问题，属于上层建筑的范畴。按照"政治是经济的集中体现"的原理，要实现社会的公平，最终还要依赖于经济领域问题的解决。也就是说，效率问题的解决其实是公平问题解决的最根本途径。效率如何，将最终决定社会公平的实现程度；当然，反过来，社会公平问题也会反作用于效率的可持续性。要保证经济高效率增长的长期性和可持续性，社会公平问题也必须得到关注和最终解决。因此，无论是资本主义，还是社会主义，只要处于市场经济条件下，要实现社会公平，首先都必须关注市场效率，承认效率对于社会经济发展的意义。只有在一定程度上保证效率优先，对因坚持效率优先而出现的一

---

① ［美］沃纳·西奇尔等：《宏观经济学基本经济学概念》，中国对外经贸出版社 1984 年版，第 44 页。

定程度上的收入差距，要给予必要的重视。只有在蛋糕做大到一定程度的基础上，实现社会的公平才是一个现实的、具有可操作性的话题，否则只能是空中楼阁。

第二节　改革开放以来我国分配领域效率与公平观的变迁

效率与公平的关系问题，是一切经济制度的实质与核心问题，是当今世界各国都必须正确面对和解决的重大理论课题和实践难题。马克思曾经指出，"一个时代所提出的问题，和任何在内容上是正当的因而也是合理的问题，有着共同的命运：主要的困难不是答案，而是问题。因此，真正的批判要分析的不是答案，而是问题"。"问题就是公开的、无畏的、左右一切个人的时代声音。问题就是时代的口号，是它表现自己精神状态的最实际的呼声。"① 就当代中国而言，效率与公平的关系，是理论界、学术界关注的热点，也是我们党和政府推进经济社会发展过程中着力处理的一个难点。从某种意义上说，中国特色社会主义的发展史，就是一部中国特色收入分配制度的变革史。在这三十多年的历史进程中，我们党和政府坚持实事求是的原则，立足于中国经济和社会发展阶段的实际，不断地调整自己的收入分配政策，推进我国的收入分配制度的改革，以期更好地实现效率与公平的统一，实现收入分配的公正。

一、克服平均主义、突出效率阶段

从 1957 年到 1978 年，是中国探索社会主义经济建设道路的时期，包括经济建设在内的我国社会主义事业在曲折中发展。在这一时期，我国实行的计划经济体制，奉行的是"一大二公"，吃"大锅饭"。由于新中国成立初期的经济基础十分薄弱，计划经济能迅速调动全国各种资源，集中全

---

① 《马克思恩格斯选集》第 1 卷，人民出版社 1995 年版，第 203 页。

国人力物力开展重点建设，有利于我国国民经济的迅速恢复，为奠定中国国民经济的基础起到了积极的作用。但是，这种体制所带来的平均主义倾向时间长了，必将成为进一步激励社会成员充分发挥自己的主动性和积极性的障碍，不利于劳动生产率的提高。生产力水平的低下必然又会影响人民生活水平的提高。另外，从根本上看，这种分配上的平均主义对于广大人民群众来说，只是形式上的公平，而非实质公平。因为平均主义的分配方式其实无形之中让许多劳动者失去了利用自身才能、发挥自身主观能动性、为自己争取更好发展前景的机会公平。

针对这种体制所带来的生产效率低下、人民生活水平提高不快的弊端，以邓小平为核心的党的第二代领导集体，对高度集中统一的计划经济体制及分配体制进行了深刻的反思。就如何打破传统的平均主义分配模式和体制，建立既能更好地解放和发展社会主义生产力，又能更好地体现社会公平，最终实现共同富裕的收入分配制度，进行了深入的思考和积极的探索。

正如邓小平所指出的那样，"社会主义的优越性，归根到底要体现在它的生产力比资本主义发展得更快一些，更高一些"[1]，否则"怎么体现社会主义的优越性"[2]？面对长期停滞不前的社会生产力发展现状，以及传统的高度集中的经济体制，中央决策层认识到，过去平均主义性质的分配制度已经不适合生产力的发展，必须加以改革。要以经济效率为分配首要价值，允许各社会成员和各社会阶层之间的收入分配存在一定的差距，鼓励一部分劳动者和经营者通过自己的诚实劳动和合法经营先富起来，允许一部分地区利用自身特有的区位优势、资源优势和政策优势先富起来。只有以效率为主要分配依据，才能有效地激发广大劳动者的积极性、主动性和创造性，提高生产效率，增大经济总量，以大幅度提高人民群众的物质文化生活水平。正是基于这种国情，政府和理论界选择了以追求高效率为突破口，这种选择是符合当时的经济和社会发展实际的。由此展开的农村经

---

① 《邓小平文选》第三卷，人民出版社 1993 年版，第 63 页。
② 《邓小平文选》第三卷，人民出版社 1993 年版，第 10 页。

济体制改革和随后的城市经济体制改革及经济特区、沿海经济开放区的设立，都是进行国民收入分配改革，以提高生产效率的突破口。实践证明，所有这些经济体制改革方面的措施都取得了成功，大大促进了我国经济的发展，提高了整个社会的生产效率。在大力推进经济体制改革的同时，我国的政治体制改革也逐渐拉开序幕。从当时的政治体制改革侧重点和主要内容来看，同样是以提高政府工作效率，加快释放社会主义政治制度的活力为主要目的。这场政治体制改革适应了经济体制改革的需要，同时，也为进一步推进经济体制改革、提高经济效率、解放和发展生产力提供了条件，为促进社会公平创造了良好的宏观环境。

　　总的来说，改革开放初期的十多年间，我国收入分配制度的核心原则就是坚持提高效率，强调生产力的快速发展和经济总量的增大。当然，基于社会主义的本质属性，党和政府并没有忘记公平。邓小平本人就多次强调过要实现共同富裕，不搞两极分化。[1] 但是基于当时我国的生产力水平与世界先进水平相比差距甚大，人民群众生活水平太低，因此，在实际的政策操作层面，人们还是将更多的精力放在效率方面，对公平的关注不多。与公平问题相比，效率是绝对优势，两者没有实现有效统一。这种分离的现状，为后来的社会成员收入差距过大，地区差距、行业差距过大局面的出现埋下了种子。

二、"兼顾效率与公平"阶段

　　实现共同富裕是党和政府推进发展中国特色社会主义历史进程中一直坚持的目标。即便在改革开放初期，迫于当时整体社会生产力水平不高、人民群众生活水平较低的现实，在进行国民收入分配时重点提倡效率，但党和政府并没有忽略共同富裕的价值目标。到20世纪80年代末期，经过近十年较快速的经济增长，人民生产水平也有了较大的提高，但国内收入差距、行业差距和地区差距也越来越明显，基尼系数值越来越高，党和政

---

① 参见《邓小平文选》第三卷，人民出版社1993年版，第110页。

府在继续强调效率的同时，开始关注共同富裕问题，甚至将公平摆在与效率同等重要的位置来对待。

这种思路和政策的转变，是从党的十三大开始的。在党的十三大报告中，中央明确提出，今后的分配收入制度改革的方向是共同富裕，途径是在有利于效率提高的前提下，保障社会公平。一方面，继续坚持效率，允许合理的收入差距存在；另一方面，又要重视社会公平，要采用若干措施，将收入差距控制在合理的范围之内，防止贫富过于悬殊，甚至出现两极分化的现象，最终实现共同富裕。经过十年的实践与修正，党的十四大报告在党的十三大报告的基础上，进一步肯定了既要合理拉开差距，鼓励提高效率、发展生产；又要防止两极分化，维护社会公平，实现共同富裕的分配原则。并提出我国今后要继续以按劳分配为主体、其他分配方式为补充的分配格局，兼顾效率与公平。在这个时期，从我国关于收入分配问题的相关政策和党的文件规定来看，效率与公平被视为同等重要。

三、"效率优先、兼顾公平"阶段

自党的十四大正式确立了建立社会主义市场经济体制的目标后，经济体制改革开始向纵深发展，一些深层次的问题开始显现，收入分配领域也是如此。在这个过程中，计划与市场的双轨存在还没有完全消除，与计划经济相对应的平均主义和"大锅饭"思想还有一定市场。同时，尽管我国的经济增长速度很快，但与发达国家相比，整体上依然处于低水平，大力推进经济建设，解放和发展生产力依然是我国的主要任务。此时，理论界和决策层普遍认为，与经济建设这个中心相比，收入分配差距问题依然是次要矛盾。基于此，中央在效率与公平的问题上的认识也开始转变，开始改变前几年要求兼顾效率与公平的思路，重新将效率问题置于公平问题之前，要求优先考虑效率，同时也兼顾公平。在《关于建立社会主义市场经济体制若干问题的决定》中，党中央第一次正式明确地提出了"效率优先，兼顾公平"的原则，1997年党的十五大和党的十六大继续坚持并将其细化和深化。如党的十五大报告一方面要求"坚持效率优先，兼顾公平"，另一方面又要求"保护合法收入、取缔非法收入、整顿不合理收入、调节过高收入、规范收入分配"，以防止贫富两极分化；党的十六大报告则进一步将"效率优先，兼顾公平"原则细化为初次分配注重效率，再分配注重公平。《中共中央关于完善社会主义市场经济体制若干问题的决定》再一次重申了这一原则。

可以说，这种收入分配政策是中国特定经济和社会发展实际的产物，坚持"效率优先、兼顾公平"确实有利于继续清除传统的计划经济体制留下的影响，有利于打破平均主义，促进经济的发展。而且，从制度设计的理念上看，党和政府也是考虑到了社会公平的因素，并没有忽略共同富裕的方向，但在具体的经济生活和收入分配过程中，社会公平问题往往被有意或无意地忽视，效率则是始终坚持的目标。这样一来，我国居民的收入分配差距过大、地区差距过大、行业收入分配差距过大的问题一直没有得到有效解决，且有逐年扩大的趋势。最终我国收入分配不公的问题越来越明显，成为影响中国社会稳定、影响社会主义本质属性发挥、影响经济和社会可持续发展的重要因素之一。在这种形势下，中央再一次坚持实事求是的原则，对我国的国民收入分配政策和理念作了重大调整，从"效率优先、兼顾公平"原则调整为"注重效率、维护公平"。

四、"注重效率、维护公平"阶段

"效率优先、兼顾公平"的分配原则在实践上导致片面追求效率而忽视公平的后果，产生了贫富差距越来越大的问题。公平问题成为影响经济持续健康发展的重要因素。这一阶段，人们在充分享受效率提高所带来的满足感的同时，又产生了对社会诸多不公平现象的不满。"效率优先、兼顾公平"的原则似乎已不再像起初那样能起到神奇的激励作用，一些人甚至开始质疑这种分配原则的合理性。

为解决新阶段社会贫富差距过大的问题，我们党对分配原则又作了进一步的调整，强调要在提高效率的基础上，更加注重公平，实现效率与公平协调并重。自党的十五大开始，国家的发展战略开始逐步由传统的粗放式经济增长方式转向现代集约式经济发展方式，越来越注重经济的增长和社会的发展协调进行。这种强调经济发展与社会发展协调进行的理念逐渐被社会接受，并在党的十六大以后的政策确立中得到体现。如在《中共中央关于构建社会主义和谐社会若干重大问题的决定》中突出了"更加注重社会公平……促进共同富裕"的要求；在党的十七大报告中则明确提出了"初次分配和再分配都要处理好效率和公平的关系，再分配更加注重公平"的观点；党的十八大报告再次重申了这一要求。至此，"效率优先、兼顾公平"的原则逐渐被新的分配原则取代，社会公平越来越被摆在与效率同等重要的意义上加以强调，这是从我国经济社会发展的实际出发，对效率和公平关系认识的进一步深化，也是对收入分配原则的进一步完善。

第三节　初次分配公正视阈中的效率与公平

开展对初次分配中效率与公平关系问题的研究，有利于充分发挥企业在国民收入初次分配中的主体作用，正确处理国家、企业和职工之间的经济利益关系，调动所有者、经营者和劳动者的积极性；有利于深化分配制度改革，遏制贫富差距拉大的趋势，完善社会主义分配制度，丰富中国特色社会主义分配理论，实现收入分配理论的创新和发展；也有利于优化资源配置，构建社会主义和谐社会和全面建成小康社会。

一、初次分配中的效率与公平

所谓效率，是经济增长的尺度，是人类改造自然、从自然界获取物质资料所能达到的能力程度的标志。效率的英文单词是 efficiency，含有效率、能力、效力、效能、功效、实力等意思。效率是西方经济学中的一个核心范畴。微观经济学中的效率，一般表述为产出（产品、服务等）与投入（人力、物力、资金等）之比率，或劳动效果与劳动消耗之比率；宏观经济学中的效率，一般表述为对社会资源配置和利用的合理性、有效性的评价和量度。中国自古就有"人尽其才、物尽其用、地尽其利"以及"资尽其增、物尽其畅"的倡言，说的就是这种宏观的效率观念。

初次分配中的效率，是指投入与产出或成本与收益之间的对比关系，它反映的是资源配置的有效性或资源利用的有效程度。其主要内容包括：第一，劳动生产率或投入产出率的提高；第二，资本循环周转速度和资本利润率的提高；第三，资源配置效率的提高。其基本特征主要有：一是微观性，即效率主要是指企业的效率，不是指宏观经济效率；二是经济性，即效率是指经济效率，不是指社会效率；三是多元性，即衡量效率的高低有多种指标，而不是某一个指标；四是综合性，即初次分配中的效率是综合效率，不是指单项效率。

所谓公平，是对人与人之间各种事物、各种关系的评价称谓。公平最早属于道德、法律范畴。由于公平问题涉及生产关系、社会关系、上层建筑各个领域，所以也属于经济范畴、社会范畴、政治范畴。不同时代、不同阶级、不同阶层都有自己的公平追求。从不同利益需要、不同视角、不同层面研究公平问题，可以得出不同的结论。

初次分配中的公平，是指各种生产要素的所有者在拥有均等参与初次分配机会的基础上，按照要素的贡献率取得相应回报的权利。社会主义市场经济的公平，是商品等价交换，市场准入，自由竞争，按劳分配为主体、多种分配方式并存的公平；也是要素所有权不受侵犯，在经济上得到实现，劳动者合法权益得到保护，收入分配同要素对资本增值贡献相适应的公平。初次分配中的公平主要包括：人们获取财富机会公平和财富分配结果公平。获取财富机会公平是指人们在企业经济运行的过程中处于平等竞争的状态，既要求规则的公平，也要求规则适用的公平。机会公平是结果公平的基础和保障。财富分配结果公平是指人们凭借机会公平所获取回报的公平。结果公平不是指财富的平均分配，人们之间的差异及经济运行的规律决定了平均分配反而是不公平的，它只能导致企业经济的发展缺乏动力。初次分配中公平的主要特征有：一是历史性，即在企业经济发展的不同时期，公平的内容是不相同的；二是差异性，即不同企业特别是不同所有制企业，其公平的衡量标准是存在差异的；三是相对性，即初次分配中公平是相对的，绝对公平事实上是不存在的；四是变动性，即初次分配中的公平是不断变化的，不是一成不变的，随着社会的进步和企业经济的发展，人们对公平的内涵、标准等的认识也是会发生变化和改变的。

二、效率与公平是矛盾性与统一性的辩证统一

效率与公平的关系，既有矛盾的一面，又有统一的一面，是矛盾性与统一性的辩证统一。

（一）效率与公平的矛盾性

效率与公平的矛盾性是效率与公平的非对应性、不相干性、对立性或冲突性。从古至今都有人主张，效率与公平是两个完全不相干的概念，属于根本不同的范畴，犹如风马牛不相及，不具有对应性。亚里士多德用"贪婪"一词表述了我们今天理解的"效率"的相关意思，并认为这是一种"合理的善"。亚里士多德认为，这种"合理的善"与他主张的最高的善、正义是不相容的，是绝对对立的。亚里士多德认为，正义是按中道而行动，贪婪是扩张自身的行动，是非正义之重者，是恶。他在《政治学》第一卷中，对贪婪的原因作了探讨，他说："这一状态的原因是对生活的热望，但却不是对善生活的热望。"霍布斯第一个用英语把贪婪解释为"一种超过其份额的欲望"，贪婪是善要避开的两种极端的恶之一种。麦金太尔认为，亚里士多德关于正义的观念，与现代人认为的"持续而无限制的经济增长是一种基本的善"观念正相反，正义要强加各种否定性的约束。①在这里，麦金太尔认为，亚里士多德的正义观与效率具有某种对立性。

中国古代谚语以极其精练的语言深刻揭示了致富与道德的矛盾，蕴含着效率与公平矛盾的不可调和性。如"要想富，耻不顾、命赌注、亲不护、德躲路"。《荀子·大略篇》引民谚："欲富乎，忍耻矣，倾绝矣，绝故旧矣，与义分背矣。"讲的是要想致富，必须不顾廉耻、倾身绝命、六亲不认、与义道别。

---

① 参见［美］阿·麦金太尔：《谁之正义？何种合理性？》，当代中国出版社 1996 年版，第159—160 页。

不少人把资源的有效配置完全等同于财产的公平分配，然而这是两个关系密切却非等同的问题。如新古典经济学把要素的价值理论以及收入如何在生产要素之间进行划分作为研究对象，主要涉及资源的有效配置问题，而难以回答收入分配是否公平问题。按有效的生产要素的价格配置生产要素问题，可以进入资源配置是否合理的讨论中，却不能到达个人最终收入分配是否公平的考量上。要素在市场上出售与个人收入分配虽然有着密切的关系，但这不是等同的过程。公平分配必须有政策的干预，因为不正当竞争和信息不完全、不对称等因素对其会起很大的负面作用。公平分配最终关心的是个人之间或家庭之间的分配关系，并不是各组要素所有者投入与收入之间的关系。

（二）效率与公平的统一性

在充分认识效率与公平矛盾性的基础上，可以更好地把握二者的统一性。不少学者认为，把效率与公平对应、对举是正确的，因为效率与公平是一对现实矛盾，具有统一性。最早把效率与公平当作一对矛盾加以思考和论证的，是西方福利经济学的鼻祖庇古。他认为，效率与公平是增进社会福利的两大基本要素。只有使国民收入尽可能地增加，才有可能不断地增进社会福利。为此，首先必须使社会资源优化配置，即达到高效率；其次必须改善分配方式和原则，力求实现经济公平。现代福利国家的出现，使效率与公平更加超出经济学范畴，成为整个社会的重大课题。

持效率与公平统一论者，都认识到了效率和公平在经济发展中的重要性，强调二者缺一不可，但对于效率与公平统一的基础问题以及在实践中如何处理效率与公平的关系上，他们的主张还是有所差别的。有的主张效率优先，认为效率决定、包含公平，效率是公平的前提条件和物质基础；效率决定公平，道德合理性植根于经济主导的历史必然性中，公平植根于效率之中。有的主张公平优先，认为公平决定、包含效率。从结果包含前提的意义上说，公平包含效率；从资源配置看，公平是效率的决定者；从互为因果的关系看，公平是决定效率的关键因素；从社会历史发展的角度看，资本主义社会的高效率为共产主义的最大公平创造条件。有的主张制度公平，认为制度决定效率和公平。产权是效率与公平统一的制度保证；制度的正义合法性体现效率与公平的统一性；市场规则公平对提高经济效率有推动生产者减少个别劳动时间、提高经济动态效率，促进资源的合理流动、提高资源配置效率，造成个人收入合理差距、提高微观经济组织内部的劳动效率等作用。有的主张帕累托最优，认为在某种既定的资源配置状态下，任何改变都可能使至少一个人的状况变好，而又不使任何人的状况变坏。这是效率与公平高度统一的理想状态。此外，还有主张本原一体论，认为效率与公平本质上是一致的；主张生产方式论，认为效率与公平统一于生产方式；主张利益基点论，认为效率与公平统一于利益等观点。

三、效率与公平是经济制度的核心价值

任何类型的经济制度都蕴含着两个目标：一是如何提高经济效率，以最大限度地满足社会需要；二是如何分配这些物质财富，以达到执掌分配大权者所满意的公平。因此，从价值取向来看，效率与公平问题确实是一切经济制度的实质和核心。

（一）效率与公平是对经济基本问题认识高度自觉化的反映

对社会矛盾的科学认识，真正重要的是要"把握特殊对象的特殊逻辑"①。经济学研究经济运行中的问题，经济学家的理论就是回答经济"是什么"和"该怎么"这两个系列的问题。人类的经济生活比政治生活、文化生活等更早地陪伴着人类社会的发展，人类的经济生活是一个自然历史过程。然而真正上升到学科的地位，是到18世纪亚当·斯密那里才成为事实。经济学登堂入室的年代就是古典经济学诞生的年代。经济学家面临如山如麻的经济问题，经过抽象、概括，理出了两个基本的问题：一是经济活动是什么样的？包括经济是如何运行的，各种经济问题是如何产生的？二是经济活动应该是怎么样的？即面对种种经济缺陷，应该如何改进、如何运行才能更令社会满意？

---

① 《马克思恩格斯全集》第1卷，人民出版社1956年版，第359页。

在经济状况如何与如何改进两个基本问题之间，存在一个"是否应该改进"的问题。不回答这个问题，如何改进就不可能实行。"是否应该改进"是根据什么标准进行判断的问题。问题是多维度的，改进的方向也是多维度的，侧重于满足哪个维度的改进是可行的呢？于是产生了效率判断与公平判断的矛盾。根据以往经济运行的经验，人们往往不可避免地看到：改进措施如果增进了效率，便会使收入公平受到损害。相反，如果改进措施满足了公平的要求，便挫伤了人们提高效率的积极性。协调和解决这个矛盾，费去了人们一个世纪的努力，在这漫长的过程中，各种有倾向的学说争相登台亮相。效率与公平的矛盾问题，得到了全方位、多维度的探讨，提供了正确或接近正确解决这个问题的理论成果。效率与公平越是成为经济学家的高度自觉意识，便越有利于促进经济学的发展，当全世界的经济学家都把效率与公平当成经济的基本问题看待时，将会把现代经济提高到一个新阶段。

（二）效率与公平是现代化关注的焦点

效率与公平的协调发展，是现代经济理念对人的"终极关怀"。只要把效率与公平弄清楚了，就能从整体上宏观地、历史地掌握一种经济运动形式，揭示出这种运动形式的生命力与局限性，从根本上把握了它的深层本质和运动规律。

现代化既有效率目标，也有公平目标；既要实现物的现代化，也要实现人的现代化。"现代化"概念容易造成把注意力仅仅集中在经济层面上，把它变成一个由一大堆"经济事实"——一系列可量化的经济指标（GDP、人均GDP、经济增长速度、人均收入水平等）论证的"实证概念"。这种误解，实际上源于文艺复兴后现代化运动的开启。文艺复兴后，人类理性主义的兴起及由此带来的自然科学的长足发展，使得人们对于自身的力量非常乐观，认为凭借自身的理想能力，能探寻自然界的秘密，依靠科技的力量就可以为人类带来幸福的生活。在19世纪后半叶，随着第二次科技革命开始兴起，这种过分的自信日益膨胀。许多人过分迷恋现代化的经济效果，而忽视了社会效果，即忽视了对人自身的效果诸如社会公平、人的价值、生存意义等的关怀，而这方面是对"真正的人"来说至关重要的问题。活生生的现代人成了经济物欲的牺牲品和奴隶，惶惶不可终日地热衷于虚幻的繁荣和苦涩的失望之中。

因此，真正的现代化不能只是物质生活的现代化，发展应该是一个全方位的综合立体工程。人们在尽力提高物质生活水平的同时，应该同比充实自身的精神世界，尤其是要坚守人文精神。如在发展经济的时候，要考虑社会的公平；在追求效率的时候，又要追求公平的实现。那种不顾社会公平、不顾环境生态，单一地去实现经济增长的发展观，不仅不能达到目的，而且会适得其反。

（三）效率与公平协调发展，才能实现人类的整体目标

人类的社会活动尽管众多而繁杂，追求的价值目标也不尽相同，但都有一个共同的终极指向：为了人的自由而全面的发展。这个共同的目标，是人类社会总系统这个"共同体"的终极价值目标。效率是社会共同体和企业的结构与机能所必然导致的运动规律，是一种自然过程，是一种"自动机制"。但是如果只有"自动机制"，只能产生盲目的非人所愿的结果：贫富悬殊、两极分化。这种结果妨碍人类总体目标的实现，不利于人类的全面发展。

人不仅仅是"经济人"、物质人，不仅仅追求经济利益、物质享受；人还是伦理人、政治人，还要追求公平、公正、公道，实现社会生活的和谐与完满。这是人与动物的本质区别。这就需要"自律机制"，即人类自己约束自己，不能使一部分人的贪婪超过"时代人"的界限。每个时代的人类所从事的一切，都存在这个问题。邓小平同志曾经指出："风气如果坏下去，经济成功又有什么意义？"[①] 为了实现既要经济的快速发展，又有积极健康的社会风气的发展目标，我们必须效率和公平两手抓，且两手都要硬。一方面，我们要通过各种方式刺激人们的主动性和积极性，提高经济效率，解放和发展生产力；另一方面，我们又要通过各种政策和手段，缩

---

① 《邓小平文选》第三卷，人民出版社1993年版，第154页。

小收入差距，推动公平发展，实现共同富裕，最终实现经济和社会协调发展的目标。

第四节 初次分配效率与公平相协调的理论依据

收入分配制度是经济社会发展中一项带有根本性、基础性的制度安排，是由一系列各个领域的微观制度构成的、具有复合性的制度，影响到个人收入的经济、法律等微观制度都构成收入分配制度的组成部分。由于初次分配主要解决的是劳动、资本、管理和技术等生产要素的所有者之间的利益分配问题，不仅涉及的数额大，而且面儿广，因而，初次分配是基础性的分配。① 这种基础性的分配要实现公正，就必然内在地要求实现效率与公平的协调和统一。

一、中国传统初次分配效率与公平相协调思想

中国传统财富观（如"等贵贱、均贫富"）中蕴含着初次分配效率与公平相协调的思想。在中国古代，调节收入分配很早就被确定为国家统治者的一个重要职责，"平"成为执行这一职责的目标所在。中国古代论及财富分配时，往往体现于思想家们各自的义利观中。义利观是中国传统财富观的价值基础。所谓"利"指的是利益、功效，很多场合下专指私利，与"义"相对；所谓"义"指的是道义，指合乎情理的道德行为。如何理性地对待义和利的关系，是儒家学说的一个重要内容。儒家一般都重义轻利，强调要以义取利、趋义避利，甚至主张有时为了义，可放弃利。应该

---

① 无论从国外的事实或者从国内的现状看，初次分配都是人们利益关系的根本，它占居民收入的80%—90%，再分配只占居民收入的10%—20%（如美国为12.5%），即使在福利国家的分配中，再分配充其量超出不了30%。按照国家统计局公布的数字，2006年我国农民纯收入中初次分配占94.96%，转移支付收入仅占5.04%；城市居民收入中初次分配占77.21%，转移支付收入占22.79%。如果以城乡居民统算，初次分配约占90%，转移支付收入则占10%。

说，儒家这种重义轻利的理念，在一定程度上限制了人们的求利行为。①

古代"义利之辩"蕴含了早期国民财富分配怎样实现效率与公平相协调的思想。以其义利观为基础，儒家对财富的分配也有较深刻的认识。如孔子曾经就财富分配的数量多少与是否均等，提出过"均"比"寡"更重要的观点，认为人们一般是"不患寡而患不均，不患贫而患不安"②。当然，孔子在这里主张的"均"，不能完全被理解为平均分配。按照董仲舒的理解，此处的"均"也包含了某人所得的应该与其应得的（如以身份、地位为标准）相称的意思。朱熹也认为："均，谓各得其分。"③ 换句话说，对于儒家而言，在财富分配中，即使彼此之间有数量的区别，只要是各得其所应得的，也是公正的、合理的。法家韩非曾明确反对"征敛于富人以布施于贫家"（《韩非子·显学》），认为这种形式的均等化会造成"夺力俭而与侈惰"，会打击整个社会生产的积极性，不利于经济效率的提高。韩非子、墨子等人也提出过"得其所应得""偿其所应负"的公正思想，以今天的观点来看，这无疑体现了效率与公平相统一的要求。

由于儒家思想在中国传统社会的正统地位，儒家重义轻利的观点一直影响着后世的义利观。后来的思想家结合当时的历史条件对其作了进一步的发展。从秦汉至隋唐，义与利的分立与统一成为这一时代"义利观"的主要特点。如汉代董仲舒就提出了"正其谊不谋其利，明其道不计其功"的"义利统一观"；而到了唐宋时期，随着商品经济的发展，"利"的重要性逐渐为人们所接受，儒家重义轻利的传统受到较大的冲击。有的思想家公开质疑"义在利先"的合理性，认为人们的逐利性是人的本性。但是，"义在利先"的观念仍然占主流，如陆贽就提出"以义为本，以利为末"的观点。④ 总之，两种观点的争论一直存在，并成为影响中国历史发展的重要因素。

---

① 如孟子把孔子的"贵义贱利"论加以绝对化，提出了"何必曰利？亦有仁义而已矣"的论点（《孟子·梁惠王上》）。

② 《论语·季氏》。

③ 《论语·季氏》。

④ 参见《陆宣公奏议》卷四。

到了南宋时期，言利思想演变成了功利主义，促进了当时以陈亮和叶适为代表的功利主义学派的兴起。这个学派不赞成儒家的"义在利先"的观点，认为那是空谈。追求物质财富是人的正当本性，人应该立志于发展经济以经世致用。到了元明清时代，这种言利思想更加有影响力，得到了越来越多的人的赞成。许多思想家如丘浚、海瑞、黄宗羲等都主张义利之间是兼容并存相生的关系，从而进一步丰富了、发展了传统的义利观。

二、西方经济学初次分配效率与公平相协调理论

经济学史上最早讨论效率与公平问题的主要是一些西方的经济学家。从总体上看，西方经济学界关于效率与公平关系的观点可分为效率优先论、公平优先论、效率与公平最优交替论（兼顾论）三种。20 世纪 80 年代后，随着西方新自由主义经济政策效果的不尽如人意，再加上资本主义经济发展过程中一些深层次问题的凸显，效率与公平兼顾论日益占有市场。①

如前文所述，不管是"效率优先论"，还是"公平优先论"，都是一定意义上的效率与公平协调统一论，只不过两者在发展中的优先顺序不同而已。西方经济学中主张"效率优先论"这种理念是主流。作为经济自由主义者，他们都将效率问题与自由问题联系起来看待，普遍认为只有实现市场的充分自由的竞争，才有可能充分发挥市场对资源配置的作用，才能提高社会的经济效率。因此，在处理效率与公平关系时，必须坚持效率优先原则。因为只有通过市场自由竞争，市场主体才能公平地展示才能，公平、公正地享受自己劳动的应有报酬。如果依靠外力的介入，实现社会成员收入的均等化，则会破坏经济自由环境，侵害市场主体的自主经营权益，伤害他们的积极性、主动性和创造性，最终损害社会的经济效率、影响社会的经济发展；"公平优先论"则坚持认为相比于效率，公平更为重

① 如第二次世界大战后欧洲福利国家所采取的重视社会平衡发展的经济政策，英国布莱尔工党执政时期奉行的"社会正义与经济繁荣兼得"的"第三条道路"政策，都带有"效率与公平兼顾"的倾向。

要，应该置于效率之前。如勒纳将分配结果是否让大家获得最大程度上的满意视为合理的分配。但是，在具体的分配的过程中，个人对分配结果是否满意属于个人主观感觉，外人无法评判，彼此之间也无法比较，这样一来，究竟人们对分配结果是否满意，就无法准确判断。基于这种推理，勒纳认为，只有平均分配，才能最大限度地使人们得到满足。也就是说，只有进行财富的平均分配，才是公正的财富分配，才是公平的。基于对社会正义的追求，罗尔斯也是坚决地主张公平要优先于效率。

随着西方当代资本主义生产关系矛盾的日益尖锐，社会贫富分化现象严重，金融危机也显现多发性。正是在此背景下，以阿瑟·奥肯为代表的一些经济学家在反思新自由主义经济政策的过程中，对比效率优先与公平优先的优劣点，摒弃了"鱼与熊掌不可兼得"的思想框架，提出了效率与公平都要兼顾的思想。他们认为，对于经济和发展的总体而言，效率与公平二者是相辅相成的。讲求高效率，促使经济快速发展，最大可能增加经济总量和维持社会公平，让最大多数社会成员获得最大程度的福利，两者都很重要，没有先后关系。可以看出，效率与公平兼顾论者既不愿意看到市场经济运行的低效率，又不愿意看到因收入差距过于拉大而导致的社会贫困和社会动荡。他们试图寻找一个能兼顾二者关系的折中政策选择。市场能够实现资源优化配置，能够刺激经济主体发挥能动性，提高劳动效率，不能因为它有诸如容易造成收入差距过大等缺陷就抛弃效率，追求公平；同理，追求公平也一直是人们应该坚持的价值观，不能因为效率而不顾公平。因此，必须找到一种能协调二者冲突的办法，"在平等中注入一些合理性，在效率中注入一些人道"①。即使二者不可调和时，也应该找到一种不偏不倚的办法，既考虑效率，又不放弃社会公平。一个公正不偏倚的选择必须是效率与公平之间实现良好平衡的状态，以经济学的专有话语来讲，就是我们选择公平时所带来的利益应该等价于放弃效率时所付出的代价。为此，阿瑟·奥肯明确表态，他既不认同罗尔斯的公平优先，也不认

---

① ［美］阿瑟·奥肯：《平等与效率——重大的抉择》，王奔洲译，华夏出版社 1999 年版，第 116 页。

同弗里德曼的效率优先的观点。① 当然，奥肯所追求和提倡的公平并不是分配结果的绝对均等，他所提倡的公平更多的是机会均等。

三、马克思主义初次分配效率与公平相协调思想

（一）马克思、恩格斯的效率与公平相协调的思想

从马克思和恩格斯的理论著作来看，他们并没有就分配过程中的效率与公平关系进行过专门阐述，但他们的相关论述中蕴含着丰富的效率、公平思想。我们可以从劳动价值论、剩余价值论等重大理论中，尤其是从对资本主义生产方式的中肯评价中，去了解马克思和恩格斯的分配公正思想。社会公平是马克思和恩格斯毕生所追求的价值目标，但马克思和恩格斯反对抽象的公平或绝对的公平，他们始终是坚持用历史唯物主义的方法去分析社会公平的实现及具体的历史内涵与表现形式。马克思和恩格斯认为，公平是具体的、历史的，必须立足于特定社会历史条件尤其是社会生产力的发展程度去探讨社会公平。马克思和恩格斯既反对牺牲公平去追求单纯的效率，也反对牺牲效率去追求那因此不可能实现的公平。马克思和恩格斯效率与公平相协调的思想对于分配公正的实现仍具有重大的指导意义。

1. 马克思认为实现公平能促进效率提高

马克思认为，公平不是一种抽象的标准，更不是某种永恒固定的原则，也不是法权的体现，它受特定社会历史条件尤其是生产力发展水平的制约，由经济关系决定。具体的公平内涵与评价标准会随着社会历史条件的改变而改变，是特定的经济关系产生和决定诸如公平、正义等法权概念，而不是相反。② 在私有制社会中，不同的阶级基于自身的经济利益要求，对于什么才是公平，各有不同的甚至是对立的理解。

可以看出，在论述什么是社会公平时，马克思是严格遵循了他的历史

① 参见［美］阿瑟·奥肯：《平等与效率——重大的抉择》，王奔洲译，华夏出版社1999年版，第90页。

② 参见《马克思恩格斯选集》第3卷，人民出版社1995年版，第302页。

唯物主义立场，将公平建立在经济关系的基础之上。在他眼中，只有符合社会生产力水平和客观需要的分配方式才是公平的。换句话说，只有实现了公平的分配方式，才能更好地促进社会生产力的发展，才能更好地促进劳动效率的提高。同样，在论述未来共产主义社会的公平问题时，马克思也强调要结合共产主义不同的发展阶段来确定何为公平的分配方式。在社会主义阶段，新社会刚刚建立，社会生产力水平并不高，人们之间的收入分配不能平均分配或按需分配，只能是按劳分配。在按劳分配的情况下，人们之间会因劳动付出的质与量的区别而存在一定程度的收入差距。这种差距一方面可能是由于劳动者自身的主观努力不同而引起；另一方面也可能是因为劳动者先天的能力就存在差距，导致提供的劳动质与量不同而引起。另外，即使劳动者所提供的劳动的质与量是相同的，但由于其家庭情况不同，家庭负担不同，也会导致贫富差距事实上的不平等。尽管有这些事实上的不平等存在，马克思仍然认为这种分配方式恰恰体现了社会主义阶段的生产力发展特点，有利于激励劳动者积极劳动，提高劳动效率，实现经济的快速增长，是公平的，至少是机会的平等。

在坚持机会平等的基础上，马克思也认识到了形式上的平等和事实上的不平等现象。他认为，坚持按劳分配的原则，实质上仍然是资产阶级法权支配下的形式上的平等，它体现的是等价交换的原则。不仅如此，马克思特别批判了在资本主义社会中，资本家凭借资本所有权参与分配的不合理性，认为如果从公平原则来说，只有真正的劳动者才有资格参与劳动产品的分配，否则就是不公平的。另外，在进行按劳分配的具体设计时，马克思认为分配的对象只是消费品，而且在消费品分配中，社会还应该将社会财富作一个必要的扣除，用作"补偿消费掉的生产资料的部分、用来扩大生产的追加部分，用来应付不幸事故、自然灾害等的后备基金或保险基金，和生产没有关系的一般管理费用，用来满足共同需要的部分，如学校、保健设施等，为丧失劳动能力的人等设立的基金"①。这表明，马克思

---

① 《马克思恩格斯选集》第3卷，人民出版社1995年版，第302—303页。

在强调劳动者各尽其能的同时，也考虑到社会福利分配上的共同享有，以减少甚至消除事实上的不平等，内在体现了效率与公平统一的关系。

2. 马克思认为一定的效率是实现社会公平的基础

如果没有较高的生产效率，分配的公平将一直成为问题。一方面，只有在劳动效率提高到一定程度，社会有了剩余产品，才会有关于如何分配才是公平的问题。在原始社会早期，人们的生产效率极为低下，产品极为缺乏，也不存在私有现象，平均分配被认为是自然而然的事情，分配及分配公正与否之类的问题根本无从谈起。另一方面，生产和社会组织发生改变，分配方式也会相应地发生改变。一般来说，经济效率越低，经济实力就越差，该社会的收入分配不公问题就越突出，即使存在着平均分配，那也是低层次上的公平。而效率越高，生产力水平越发达，产品越丰富，分配公正越容易实现，决策者用于收入分配调节的手段也越多，可调节的余地也越大。同理，在生产力水平尚不发达的社会主义阶段，还只能实现按劳分配的分配方式。实际上，这种公平依然是较低层次上的平等，属于机会平等，并有可能会导致事实上的不平等。只有到了生产力水平高度发达的共产主义社会，产品极为丰富，劳动由谋生的手段变成了人生的享受与热爱，按需分配的方式才能实现。这种分配方式下的平等才是机会平等与事实平等的统一。

3. 马克思认为分配过程中的效率与公平的结合是一个历史的过程

人类只有消灭生产资料私有制，才有可能实现效率与公平的真正统一。在资本主义制度下，由于资本主义生产资料私有制，劳动归资本家所有，工人从事的劳动是异化劳动，劳动的异化最终引起了人的异化。工人所获得的劳动成果与其所付出的劳动不成正比。生产水平越高，劳动产品越多，资本家就越有资格加大对工人的剥削，工人被异化的程度就越高，社会公平就越不能实现。这就是效率与公平二者失衡的体现，其后果就是社会财富分配差距越拉越大，社会矛盾越来越积累，社会开始趋于不稳定。只有消灭了私有制，才能消除劳动异化的根源，劳动者才能将劳动真正置于自身的控制之下，实现以等量劳动获取等量报酬的分配方式。也只有将劳动处于自己的控制之下，才能真正激发劳动者的积极性和创造性，提高社会生产效率，推动生产力快速发展。相反，那种丢弃生产关系基础，将注意力仅仅放在公平的价值本身，仅仅放在分配技术的完善、分配政策的公平上，是不可能真正实现社会公平的。即使要强行按照抽象的公平原则去设计分配制度，这种分配方式充其量也只能是形式上的公平，与生产力的发展要求是相违背的。

总之，在马克思那里，效率与公平是统一的，不要公平的效率是不可持续性的效率，而没有效率的公平是人为的公平，是形式上的公平，没有经济基础作支撑，同样不可持续。效率与公平的统一过程是具体的、历史的，人们必须结合具体历史阶段的社会历史条件尤其是生产和生产关系去判断效率与公平的关系。在资本主义生产关系的前提下，不可能实现真正的效率与公平的统一。要实现效率与公平真正的有效结合，根本出路在于消灭资本主义雇佣劳动制，建立起符合先进生产力发展要求的社会主义生产方式和经济关系，将生产资料还给劳动者，将劳动还给劳动者。

（二）列宁的效率与公平相协调的探索

列宁的效率与公平思想，经历了一个由效率与公平的绝对统一到效率优先基础上的公平的观念转变。① 基于对私有制弊端的认识，列宁一开始坚持认为，只有实现公有化，才能实现效率与公平的统一。而且公有化程度越高，公平程度也越高，生产效率也会相应提高。基于这种认识，在十月革命胜利后，面对国内外各种反动势力对新生苏维埃政权的联合绞杀，以列宁为首的布尔什维克在俄国实行了战时共产主义政策。这个政策的最主要特点就是取消商品经济，对包括粮食和工业品在内的社会产品实现直接实物配给。这种制度对于新生的苏维埃战胜各种反动势力，恢复国民经济起了重要作用。但是在内战结束后，列宁并没有取消这种政策，还试图将其当作一项常态性政策，结果由余粮收集制度引起了农民的强烈不满，严厉挫伤了他们的积极性。在城市的实物配给制中人为平均主义倾向日益

---

① 参见刘国华：《列宁的效率与公平思想及其当代价值》，《理论与实践》2008 年第 2 期。

严重，同样引起了市民的不满。这样一来，整个苏俄的生产力水平下降，劳动效率大为降低，经济发展停滞不前。残酷的事实证明，用"直接下命令的办法在一个小农国家里……来调整国家的产品生产和分配"① 是错误的。于是，列宁采取了先牺牲一定的公平，换取效率的大幅度提升的效率优先的分配政策。战时共产主义政策被取消，代之以新经济政策。新经济政策的主要内容，是用粮食税代替余粮收集；发展国家资本主义，允许商品和货币存在，通过各种政策和措施鼓励各经济主体提高生产效率，尊重他们生产经营和管理的独立性和自主性；实行工资制，坚持按劳分配。新经济政策实行后，苏俄的整体生产率大幅度提高，生产迅速得到恢复和发展。这种政策的调整说明列宁已经认识到脱离现实的社会历史条件，盲目追求绝对的效率与公平的统一，是不现实的。

（三）毛泽东、邓小平的效率与公平相协调的理论

在新民主主义革命时期，毛泽东等中国共产党人能够坚持实事求是的原则，立足于当时的国情和根据地、解放区的经济社会发展水平，比较成功地兼顾了效率与公平的统一，最终取得了革命的胜利和社会主义改造的完成，中国相对顺利地过渡到了社会主义社会。但是在社会主义建设探索时期，由于实践经验的缺乏，也由于对效率与公平关系认识的失误，毛泽东过于强调社会公平，结果伤害了生产效率，使得在一个较长时期内，效率与公平脱节，最终导致了经济建设的严重损失。

逄先知曾这样评价过毛泽东的效率与公平的思想："不能说毛泽东不重视发展生产……但是，如果把发展生产和防止'两极分化'、实现'社会公平'比作天平上的两端，那么，他的砝码总是更多地加在后一方面。"② 在具体的政策制定和执行过程中，这种相对轻效率重公平的理念，就表现为诸如在人民公社中平均分配劳动成果、主张计时工资、反对计件工资等做法。实践证明，尽管毛泽东的出发点是好的，但这些政策都相对超前，没有很好地考虑到当时中国的社会生产力水平，片面强调生产关系的改

---

① 《列宁全集》第42卷，人民出版社1987年版，第176页。
② 董边、镡德山：《毛泽东和他的秘书田家英》，中央文献出版社1996年版，第93页。

变，结果必然是伤害社会生产效率，生产力水平发展速度缓慢，高层次的分配公平也没有实现。

改革开放后，邓小平吸取了社会主义建设探索时期处理效率与公平关系问题的经验和教训，认识到当时中国的主要任务是解放和发展生产力，增强国家经济实力，以大幅度提高人民群众生活。因此，他相继提出了"以经济建设为中心""突出效率""效率优先、兼顾公平"的政策主张。邓小平认为，我国尽管已经建立了社会主义制度，但我国的生产力水平依然非常低，再加上我国人口众多，人均收入极低，人民群众生活水平也非常低。这就说明我国的主要矛盾不是阶级矛盾，也不是社会公平的矛盾，而是人民群众日益增长的物质文化需要与落后的社会生产之间的矛盾。由主要矛盾所决定，我国的根本任务是如何集中精力，调动人民的积极性、主动性和创造性，提高经济效率，解放和发展生产力，快速增大我国的经济总量，把蛋糕做大。只有这样，才有可能去解决包括社会公平在内的其他社会问题，才能实现社会福利的最大化。相反，如果不试图发展生产力，不提高效率，建立在低水平基础上的公平只会是低层次的公平，甚至只能是旧式的平均主义，共同富裕只能是一句空话。

基于上述认识，邓小平将社会主义本质归结为"解放生产力，发展生产力，消灭剥削，消除两极分化，最终达到共同富裕"①。其中，解放和发展生产力是实现共同富裕的必要手段和前提，消灭剥削、消除两极分化是实现共同富裕的最终价值目标。那么，究竟如何才能更好地提高生产效率，解放和发展生产力呢？邓小平加大了经济体制改革力度，确立了社会主义市场经济体制，主张在特定时期内，要允许一部分地区和一部分人通过合法经营和诚实劳动，提高生产效率，多劳多得，先富起来，而后再通过必要的制度设计，让先富的地区和个人带动后富的群体，最终实现共同富裕的公平价值。

当然，作为一名有着坚定共产主义信仰的领导人，邓小平同志从来就

---

① 《邓小平文选》第三卷，人民出版社1993年版，第373页。

没有忘记社会公平问题。在强调效率优先、集中精力解放和发展生产力的同时，始终坚持改革必须坚持社会主义方向，坚持社会主义公有制的主体地位，坚持以按劳分配为主体的分配制度。邓小平认为，只有坚持公有制为主体，坚持以按劳分配为主体，只有占有生产资料，广大人民群众才有可能真正地当家做主，最终才有可能实现真正的公平分配，否则两极分化可能重新出现。

不过，邓小平的按劳分配制度设计不同于毛泽东时代的分配制度。相比而言，毛泽东时代的按劳分配更强调分配结果的公平性，而邓小平的按劳分配则更强调分配机会的公平性。因此，他反对平均主义式的分配方式，主张在分配时要考虑实际的劳动贡献，即考虑劳动的质量和数量差异，多劳多得，打破"大锅饭"；除了坚持公有制和按劳分配这两个基本原则外，邓小平还一直强调社会主义改革的最终目标是要实现共同富裕。他经常告诫人们，如果再出现严重的贫富分化，那改革就是失败了。从我国的经济体制改革包括分配制度改革的现实情况来看，不管是在哪个阶段，效率与公平的关系谁先谁后，或者是二者兼顾，实现效率与公平的有效统一始终是我国经济改革的主线索。

第三章　初次分配公正的思想资源和理论基础

古今中外的哲人们对初次分配公正问题进行过深入思考。围绕着分配的对象、分配的主体、分配的依据等问题，西方古典主义经济学、新古典经济学以及现代西方收入分配理论都从不同的角度提出了具有开创意义的思想和观点；中国的儒家、道家、墨家、法家都思考过公正的价值问题，并就这一问题提出过自己丰富而独特的公正观念；马克思主义的经典作家在批判资本主义分配制度的过程中，阐发和丰富了初次分配公正思想。整理、发掘中外关于初次分配公正的宝贵智慧资源，对于我们推动收入分配制度改革、构建和谐社会具有重要的理论借鉴和现实意义。

第一节　中国古代初次分配公正的思想资源

在中国古代初次分配公正思想中，对均平的崇尚和追求是各家各派的共同特点，贯穿其初次分配公正思想发展的始终。为实现经济均平理想，中国古代思想家们也从不同的角度对如何实现经济均平提出了平均原则、差等原则、"得其所应得"、"偿其所应负"等原则。平均主义原则主要体现在生活必需品的分配上；差等原则主张"以礼分施，均遍而不偏"，按照"礼"的规定进行社会财富分配，要求贫富、贵贱的差别一定要相称，符合中道，不能失去平衡。

尽管中国古代没有形成系统的、成熟的初次分配公正理论，甚至没有提出"初次分配"的概念，但在悠久的历史长河中形成的丰富的、闪光的初次分配公正思想，对我们当代实现初次分配公正、构建和谐社会具有很好的借鉴意义。

一、中国古代初次分配公正思想的主要内容

（一）先秦诸子的初次分配公正思想

早在先秦时期，诸子百家就对以"均平"为核心的初次分配思想进行过论述，主要表现在平均财富和平均赋役两个方面。

管仲是法家鼻祖，同时也是中国经济思想史中的革命者。管仲所处的时代是中国各种经济制度新旧交替之时，管仲的经济思想是一种富国政策，治国如不能将民生问题解决，则他事皆无从置办，在昔土地之供给多，国家之人民少，人口增加，而土地有不敷之虞，因此，《管子》全书开篇《牧民》即曰："仓廪实则知礼节，衣食足则知荣辱"，这是管仲全部经济思想的纲领。政府与国民之间的关系，纯属经济的，趋利为人民之常情，政府最要之职务，在富国，在利民。管仲曰："民富君无以贫，民贫君无与富"，又曰："田野充则民财足，民财足则君赋敛焉不穷"，强调"君富在民富之后"。均富是管仲的重要主张，"贫富无度则失""甚富不可使，甚贫不可耻"。他推行盐铁政策，就是实行均富的一种具体办法。

孔子是中国历史上举世景仰的大思想家之一，极力倡导天下大同的社会理想。富民之论不但为孔子经济学说之基础，亦为儒家主张之一大特点。在分配观念上，孔子提出："闻有国有家者不患寡而患不均，不患贫而患不安。盖均无贫，和无寡，安无倾。"他意识到贫富是相对的，人人皆富则无所谓富，人人皆贫则无所谓贫。这里讲的"均无贫"，是着眼于在被剥削阶级之间进行分配，使被剥削阶级内部各成员之间的财富彼此相差无几，由此一来，人人皆贫则无所谓贫。孔子主张以人民付税之能力为敛税之标准，务使人民不致感到痛苦为主："百姓足，君孰与不足。百姓不足，君孰与足。"民富则君不至独贫，民贫则君不能独富。

墨子出身于小生产者阶层，是广大自食其力的自由民阶层的代表。墨子的学说旨在改善人民的生活状态，他主张"交利"，以利社会为伦理的基础，信仰实利主义，但是更主张"兼爱"。他所说的利，是指"不独利

己，抑且利人"的行动，所谓"有余力以相劳，有余财以相分"。"兼爱"
"非攻"是墨子学说的核心内容，其根本精神在于平等。如果说儒家所倡
导的"均平分配"，是有差别、有等级的"均平"，那么，墨子则主张无差
别、无等级的"均平"①。"分财不敢不均"是墨子对执政者的要求之一，
这也是墨子具有明确的财富均平分配思想的体现。

孟子是儒家中坚人物，他的经济思想远承孔子，富民政策是其经济思
想中最重要的部分。在他看来，人民占有一定数量的财产是巩固社会秩
序、维护社会稳定的必要条件，所谓"老吾老，以及人之老，幼吾幼，以
及人之幼""分人以财谓之惠"，治天下须将大利扩充，使普天下受其惠。
孟子的富民政策体现在六个方面：恒产、重农、井田、薄敛、荒政、劳民
等。例如"恒产"，孟子认为在使人民有一定之产业，人民有恒产后，不
致流离失所，有冻馁之忧，"易其田畴，民可使富"。这就是孟子的"制民
之产"思想。又如"井田"，孟子认为，井田制度能使人民有一定产业，
勤其工作，不致怠惰，社会上强弱相侵之情形无由发生。

韩非的法家学说以实用主义为根据，他与儒家以"民姓不足，君孰与
足"、以富国、足民为先的说法恰恰相反，他反对足民说，"则虽足民，何
可民为治也"？他认为凡属人类，皆具自私自利之心，个人利益与社会利
益并不和谐，因此其经济学说多偏向于消极一面，但是又带有极为深厚的
唯物观念色彩。他在论法治国的层面上提出了"论其税赋以均贫富，厚其
爵禄以尽贤能"的观点。

庄子的道家学说主张无政府主义，他心目中的理想国乃"至德之世"
"建德之国"，那是一个物质文明消灭至最低限度、经济生活简单、素朴无
为的国家，人民愚朴，欲望减少。庄子在一些论述中提到了"均"的概
念，在他的理解中，平分财富是一种高尚的道德修养。他在《庄子·胠箧》
中勾画描述小品跖之徒与跖的对话："故跖之徒问于跖曰：'盗亦有道乎？'
跖曰：'何适而无有道邪！夫妄意室中之藏，圣也；入先，勇也；出后，义

---

① 孙诒让：《墨子间诂》，《诸子集成本》，上海书店 1986 年版，第 40 页。

也；知可否，知也；分均，仁也。"① 其中的"分均"指的是平均分赃，透露其平均思想。

平均财富作为一种理想或追求，在中国古代的具体实践中是难以如愿推行的，对于早期思想家而言，"财富共享、平均分配"社会理想的部分实现，主要体现在古代的平均赋役政策中，他们大多将目光聚集于如何平均赋役赋税，以达到平均分配财富的目标。在他们的一些著作中，经常可以看到有关平均地政、正经界、均田畴的主张，表达的就是这个思想。孔子反对财政征课的大肆搜刮，认为不可竭泽而渔；孟子以他的仁政为基础，提出"经界不正，井地不均，谷禄不平，是故暴君污吏必慢其经界。经界既正，分田制禄可坐而定也"②；韩非主张"徭役少则民安，民安则无重权"；管仲提出"地不平均和，政不可正也"③"均地分力，使民知时也"④等等，在财富分配问题上，都普遍赞成经济均平的社会价值和普世理念。先秦时期，政府一般是按人口户头为对象、以其土地面积为标准进行赋役征收与摊派。因此，只要每个户头的土地分配是均平的，其赋役必然就是均平的。周朝为此专门设了一个名为"司徒"、一个名为"均人"的官职，分别专门负责清查各户头人口均分土地，征收与摊派平等的赋役。

（二）汉唐时期的初次分配公正思想

西汉董仲舒从"不均平"的危害入手论证了经济均平的重要性。他认为如果社会收入分配不公平，就会扩大贫富差别，导致严重的后果。合理的收入分配制度要做到"使富者足以示贵而不至于骄，贫者足以养生而不至于忧"⑤。实现经济均平的可行性策略在于不"与民争利"。他明确提出，"受禄之家，食禄而已，不与民争业，然后利可均布，而民可家足。此上天之理，而亦太古之道"⑥，即朝廷官员应以所获俸禄为收入，这样社会利

---

①　陈鼓应：《庄子今注今译》，中华书局 1983 年版，第 255—256 页。
②　杨伯俊：《孟子译注》，中华书局 1960 年版，第 118 页。
③　赵守正：《管子注译》，广西人民出版社 1982 年版，第 39 页。
④　赵守正：《管子注译》，广西人民出版社 1982 年版，第 42 页。
⑤　《汉书·董仲舒传》。
⑥　《汉书·董仲舒传》。

益可以被民众均分，民众生活水平可以提高。

　　和先秦一样，西汉的经济均平思想也是通过平均赋役来部分实现的。根据我国古代社会的政治结构特点，平均赋役这个直接关系到普通百姓的民生政策，主要是通过地方官吏来实施的。西汉宣帝就曾说过："庶民所以安其田里而亡叹息愁恨之心者，政平讼理也。与共此者，其唯二千石乎！"[1]

　　北周时期的均平赋役思想承袭了前人的"均平"理念。《周书·苏绰传》记载，北周苏绰为太祖拟革易时弊的六条诏书的第六条是均赋役，其中就引用了孔子的"均无贫"说。原文曰："是故三五以来，皆有征税之法。虽轻重不同，而济用一也。今逆寇未平，军用资广，虽未遑减省，以恤民瘼，然令平均，使下无匿。夫平均者，不舍豪强而征贫弱，不纵奸巧而困愚拙，此之谓均也。故圣人曰：'盖均无贫。'然财货之生，其功不易。"[2] 可以看出，苏绰的均赋税之论，就是"不舍豪强而征贫弱，不纵奸巧而困愚拙"，也即无论豪富之家，还是闾阎细民，都要一律按一定的法式，"斟酌贫富，差次先后"，依法均摊，合理征收，不能依托权势将其转嫁到细民百姓身上而逃避赋税和徭役。

　　唐代的经济均平思想也体现在其不朽的诗篇里。杜甫的《送陵州路使君赴任》诗曰："王室比多难，高官皆武臣。幽燕通使者，岳牧用词人。国待贤良急，君当拔擢新。佩刀成气象，行盖出风尘。战伐乾坤破，疮痍府库贫。众寮宜洁白，万役但平均。霄汉瞻佳士，泥涂任此身。秋天正摇落，回首大江滨。"[3] 白居易的《呈吴中诸客》诗云："候病须通脉，防流要塞津。救烦无若静，补拙莫如勤。削使科条简，摊令赋役均。以兹为报效，安敢不躬亲。"[4] 白居易在经济均平方面也有类似的思想。他提出"利散于下，则人逸而富；利壅于上，则人劳而贫"，主张"贵贱区别，贫富

①《后汉书·百官志》，注引《汉仪》文，中华书局1965年版。
②《周书·苏绰传》，中华书局1971年版。
③《九家集注杜诗》卷二十四，四库全书本。
④《白氏长庆集》卷二十四，四库全书本。

适宜"的有关公平分配的思想。① 不仅如此，白居易还认为要通过诸如
"厚其禄，均其俸"② 等一定的机制来保证这种公平分配。

（三）宋金元时期的初次分配公正思想

宋代是均平思想发展的又一高峰期。首先，宋代思想家深刻认识到，
版籍不明、赋役不均，是社会纷争的诱因，是社会不安稳的祸根。

杜范《便民五事奏札》中说："所谓两县版籍之不明，而经界所当修
复者，盖为州县莫先于明版籍。版籍明则赋役均，赋役均则刑法省，此实
上下公私之所同利也。本府所管南陵、泾川两邑，人物繁伙，财赋浩穰，
最号壮县。曩自遭洪水郁攸之变，百年版籍一旦散失殆尽，为令者不能即
时修复，因循以至于今，于是若催科，若悉受成于奸胥之手，而公与私交
病矣。何者？贵家豪户所管常赋，重赂乡胥，差役或指为坍江逃阁，或诡
寄外县名籍，虽田连阡陌，输税既少，役且不及；村疃小民，仅有田园不
能赂吏，则额外横敛，重催日纳，又为上户承当重役。每一遇役次，则讼
牒纷然。"③ 因此，征收或摊派赋役，必须贯彻公正均平的原则，一旦在赋
税徭役的问题上失去公正或均平，则讼牒纷然、社会嚣乱，甚至会出现大
的动荡。

林希逸《送泳宰安溪》诗中云："好为君王去字人，乃翁知汝耐清贫。
求民疾痛当如子，有道弦歌是悦亲。月解前期须趣办，日生公事怕因循。
扫除诗癖祗勤政，最急无如赋役均。"④ 这里面说的是，诗人林希逸对好友
到安溪赴任寄托了莫大的希望，不厌其烦地交代友人要安于清贫、惜民如
子、公事为上等，后文是最重的嘱托，即希望友人要牢牢记住"最急无如
赋役均"。可见，均平赋役，是当时为官理政的头等大事。只有贯彻公正
均平的原则，为官才可能造福一方。

李樗黄在《毛诗李黄集解》中说："人主苟有均平之心，则虽征役之

---

① 参见《白氏长庆集》卷二十四，四库全书本。
② 《白居易集》第 4 册，中华书局 1979 年版，第 1337 页。
③ （宋）杜范：《清献集》卷八，四库全书本。
④ （宋）林希逸：《竹溪斋十一藁续集》卷四，四库全书本。

重，不以为怨。若有不均之心，则虽征役未甚劳苦，而人亦将怨矣。"① 这说的是社会均平与赋税和徭役之间的关联性。

其次，宋代的思想家明确主张将"平均赋役"作为治国方略，认为只有做到"平均赋役"，才能邦本永宁、政教可行。

张栻《癸巳孟子说》卷七中说："盖善养老，则其仁心之所存，仁政之所行，可知矣。仁人见其然，是以乐从之。自五亩之宅树墙下以桑，而下其善养老之道也。以制田里为先者，田里之制不定，则多寡贫富之不齐，而政教亦末由行也。惟先制其田里，使各有常产，公平均一，而俱无不足之患，然后政教可行焉。"②

南宋时任监察御史虞俦在一奏折中说："盖农桑既劝，则民有余财，差役既均，则民有余力，户口既安，则民无流移，狱讼既理，则民无冤抑，虽有天灾不能使之困，虽有奸民不能使之乱，人心既固，邦本永宁矣!"③北宋吕惠卿在《县法序》中也曾明确地讲过："天下之民，事皆领于县，则奉朝廷之法令，而使辞讼简，刑狱平，会计当，赋役均，给纳时，水旱有备，盗贼不作，衣食滋殖，风俗敦厚，必自县始然。"④

再次，金朝贯彻均平理念可以说是坚定不移的。《金史》卷四十六记载："金自国初占籍之后，至大定四年，承正隆师旅之余，民之贫富变更，赋役不均。世宗乃下诏曰：'粤自国初，有司常行大比，于今四十年矣。正隆时，兵役并兴，调发无度，富者今贫不能自存，版籍所无者今为富室，而犹幸免。是用遣信臣泰宁军节度使张宏信等十三人，分路通检天下物力而差定之，以革前弊，俾元元无不均之叹，以称朕意。'……大定五年，有司奏诸路通检不均，诏再以户口多寡，贫富轻重，适中定之。既而，又定通检地土等第税法。十五年九月，上以天下物力，自通检以来十余年，贫富变易，赋调轻重不均，遣济南尹梁肃等二十六人，分路排推。"⑤ 上述

---

① （宋）李樗黄：《毛诗李黄集解》卷二十六，四库全书本。
② （宋）张栻：《癸巳孟子说》卷七，四库全书本。
③ （明）杨士等撰：《历代名臣奏议》卷一百四十七。
④ （宋）吕祖谦编：《宋文鉴》卷九十，四库全书本。
⑤ 《金史》卷四十六，中华书局 1975 年版。

资料就表明，金朝有几次均平赋役的政策和做法。大定四年是均平兵役，大定五年又对各路之间兵役之通检不均的现象重新调整，按照户口之多寡适中定之，并又通检土地税等，进行赋税均平。大定十年之后，再根据贫富变更出现的新情况，重新通检推排。这种几番调整赋役的做法，其目的在于"俾元元无不均之叹"，贯彻的是一种均平理念，以显示一种以公平、均平治天下的原则。

最后，元朝出现了官吏的设置要遵循均平原则的思想。元人舒天民的《六艺纲目》卷上中云："'平均地政，忧恤庶民，谓之大均。'地官土均，掌平土地之政，以均地守、地事、地贡，谓遍天下皆均之。不均则民患，故大均之礼，所以忧恤其庶民也。王昭禹曰：'因地以出赋，因家以起役，地有肥硗，而赋有轻重，家有上下，而役有多寡，此所以恤其事也。'"①此论者认为，设土均之职以均地守、地事、地贡，都是出于"遍天下皆均之"的理念，不均则违背这样的传统文化观念，则民患之。

（四）明清时期的经济均平思想

到了明清时期，中国古代经济均平思想又有了进一步的发展。

首先，对官吏的设置以及各级官吏对于实现经济均平的意义进行了论述。明人王志长从均平赋役的角度分析了周代官吏的设置问题。他在《周礼注疏删翼》中说："王氏曰：'按治天下之道，唯取其均平而已。冢宰均四海，司马平邦国，而地官特设均人、土均二职者，均平必自土地人民始也。因地以令赋，地有肥硗，而赋由之轻重然。地气有时而衰旺，则田赋不可以不均，因家以起役，家有上中下，而役由之多寡然。户口有时而损益，则力政不可以不均。诸侯之国各有所出，以为岁之常贡，此地贡也。宝藏有兴衰，侯国有因革，故地贡不可以不均。九职之民，各有所业，此地职也。民有所移，业有所更，故地职不可以不均。山川险易道里远近，大而司马均诸侯之守，小而掌固颁士庶子人民之守，地守之谓也。事变不齐，若昔治而今乱，昔险而今夷，故地守不可以不均，此司徒所以有均平

① （元）舒天民：《六艺纲目》卷上，四库全书本。

之政也。然此特均之常耳。至于司空，度地居民，使地周民居而无旷土，民尽地利而无游民，必有待于移民，以实其空，此则司空之事，而宗伯所掌之礼，是之谓大均，非用大众不能，盖必合六官而后可也。'"① 按照此文的阐释，从冢宰到司马、司徒、司空以及地官中的均人和土均，设置这些职位的目的都在于实现社会均平。而均平的体现，则主要是在平均赋税与徭役的问题上。

明太祖朱元璋专门论述了各级官吏对于实现经济均平的意义，特别强调了郡守县令的重大作用。他曾谕来朝守令曰："朕设置百官，各司厥职，以分理庶务。惟郡守县令为牧民之官，凡赋敛、徭役、诉讼，皆先由县次，方至府。若县令贤明，则赋敛平，徭役均，诉讼简，一县之事既治，则府可以无忧矣。苟县官贪虐以毒民，或怠荒以废事，民间利病，尸坐不闻，不惟民受其殃，府亦受其弊矣。为府官者知其弊，能绳其奸贪，去其茸，请更贤者而任之，则上下皆安矣。"②

其次，强调了均平对于大众心理影响和社会成员教化的意义，认为如果实现了社会财富均平，则有利于社会成员心理稳定，让他们认同朝廷的统治，从而实现政治教化的目的。如明人丘浚在《大学衍义补》中就指出："教化之所以不行者，以利心胜而义心微也。民间之讼多起于财产，兄弟以之而相阋，骨肉以之而相残，皆自此始也。为守令者，苟能为民分理而使之均平，则词讼不兴，人和而俗厚矣，教化其有不行也哉？"③

最后，通过独特的视角分析经济均平的重大意义。明清之际的黄宗羲指出，历朝历代每推出一次税制改革，起初用意在于减轻百姓负担，但是结果都适得其反，实际上是进一步增加了赋税负担，他们不仅没有得到减负的实惠；反而成了税制"改革"中的利益受损者。在他看来，人民苦于暴税已经陷入积重难返的程度。黄宗羲曾经尝试提出通过降低赋税的等级来使民众分得更多收入和财富，他把赋税分成下下、上上等类别。

① （明）王志长：《周礼注疏删翼》卷十，四库全书本。
② 《钦定执中成宪》卷四，四库全书本。
③ （明）丘浚：《大学衍义补》卷八十二，四库全书本。

经济均平思想贯穿中国古代分配思想发展的始终，体现在赋役思想、赋役制度和政策、国家有关的法规律令以及大众心理等多个层面。可见，经济均平思想是中国古代初次分配思想的核心，实现经济均平是中国古代思想家和广大民众的共同理想和追求。

二、中国古代初次分配公正的原则

实现经济均平是中国古代思想家和广大民众的共同理想和追求，但是，经济均平并不意味着分配上的绝对平均。面对当时的社会现实，中国古代思想家们提出了富有价值的分配原则。

（一）平均分配原则

儒家主张建立一个无处不均匀、无处不饱暖的平均主义社会。孔子提出"大道之行也，天下为公"的社会理想，主张"不患寡而患不均"的平均主义分配原则，荀子也明确提出了"天下莫不平均"的治世理想。

管仲在他提出的《正地论》中，提出了实行"均地分力"与"与之分货"的土地政策。"均地分力"是指使农民获得比较平均的土地，让他们在自己的土地上独立劳动，靠土地上获得维持一家人生活的农产品。"与之分货"则是指佃农用封建地租来代替无偿劳动，与地主分取劳动产品。农民从"分货"中就会知道，被地主征取一份之后自己还得到一份，就会尽力劳动。这样，农民将"父子兄弟不忘其功"，一家人积极地从事劳动生产。

在孟子形象、质朴的文字中可隐约捕捉到这一可贵思想的萌芽。孟子的经济伦理思想可以集中表述为"制民之产"。孟子曾设想，如果按照古制，"八口之家，分田百亩，勿夺农时，予五亩之宅，树之以桑"，这样将土地和财富平均分配，就可以使民免于饥寒之苦，达到"老者衣帛食肉，黎民不饥不寒"的大同社会局面。孟子认为，保证这些需求的物质财富应平均分配。

（二）差等分配原则

当然，儒家不是绝对的平均主义者，他们重"礼"、执"礼"。"礼"

是当时社会公共生活的规范与秩序。礼义可以用来划分人群，使社会财富与权力的分配有等级、有节度、有秩序，并导之以整体和谐。人们有贫富贵贱的差别，但贫富贵贱的差别一定要相称，符合中道，不能失去平衡。可见，古代"礼"的功能就是儒家秉持的差等分配原则。

这一原则虽然无法同现代公认的平等分配原则相提并论，但它在战乱频发的春秋战国时期，对于缓解社会矛盾和冲突，调整各阶级或等级之间的关系，维护国家的稳定和发展，曾发挥了相当积极而重要的作用；同时，它也是对当时盛行的纯粹出于私利的"强者为王"的自然差等法则的有力否定。从这个意义上说，儒家这种差等分配原则，无疑也是出于正义的角度考虑，是一种正义的分配原则。

虽然儒家的差等分配正义原则主要是按照人的贤能高下与否来分配与之相应的名位权势，而没有明确用于物质财富的分配，但由于物质财富的分配总是与名位权势几乎成一一对应的关系，因此也可以视之为物质财富的分配原则。

这种分配原则在从君王到各个层次的官僚群体中得到了应用。名位权势的分配要与其贤能相称，一切都要符合礼义差等。荀子说："上贤禄天下，次贤禄一国，下贤禄田邑，愿惠之民完衣食"①，"礼者，贵贱有等，长幼有差，贫富轻重皆有称者也……德必称位，位必称禄，禄必称用"②。又说："凡爵列官职赏庆刑罚皆报也，以类相从者也。一物失称，乱之端也。夫德不称位，能不称官，赏不当功，罚不当罪，不祥莫大焉。"③ 儒家认为差等分配原则是合乎天道、顺应民心、合乎正义的。因为自然运行法则就表现为天地有别、万物不齐。荀子深刻地认识到了这一点，他肯定贫富之间的差距是一种合理的现象，认为"分均则不偏，势齐则不壹，众齐则不使"。

儒家还从社会分工的角度来论证他们的差等分配原则的合理性与正义

① 《荀子·正论》。
② 《荀子·富国》。
③ 《荀子·正论》。

性。如孔子说:"君子谋道不谋食。耕也,馁在其中矣;学也,禄在其中矣。君子忧道不忧贫。"① 这里体现了"谋道"与"谋食"或"耕"与"学"的社会分工。孟子认为:"有天爵者,有人爵者。仁义忠信,乐善不倦,此天爵也,公卿大夫,此人爵也。古之人修其天爵,而人爵从之,今之人修其天爵,以要人爵,既得人爵而弃其天爵,则惑之甚者也,终亦必亡而已矣。"② 在儒家看来,按社会分工所形成的等级差序来进行分配,显然是合乎正义的。相反,如果人人平等,事必躬行,反倒会乱了社会秩序,使人人疲于奔命。故孟子说:"或劳心,或劳力;劳心者治人,劳力者治于人;治于人者食人,治人者食于人;天下之通义也。"③ 为了使一切符合礼义差等的原则,儒家主张"正名",因为"名不正,则言不顺;言不顺,则事不成;事不成,则礼乐不兴;礼乐不兴,则刑罚不中;刑罚不中,则民无所措手足"④。此外,孟子认为"尊贤使能,俊杰在位,则天下之士皆悦而愿立于其朝矣"⑤。

同时,儒家还不遗余力地通过种种外在的形式来强化人们的"差等"观念。在儒家看来,不同等级的人穿什么衣服、戴什么帽子、坐什么车子、垫什么席子、奏什么音乐……都是不同的。否则,就是对"礼"的僭越,就是非正义的。这从孔子对于某些诸侯越礼行为的愤怒的责问中可以看出,"八佾舞于庭,是可忍也,孰不可忍也"⑥?"'相维辟公,天子穆穆'奚取于三家之堂"⑦? 子贡曾想在礼仪中省一只羊,孔子听说后也非常不高兴,他说:"赐也,尔爱其羊,我爱其礼!"⑧

（三）"得其所应得""偿其所应负"原则

中国古代思想家对"得其所应得""偿其所应负"的原则有着精辟的

---

① 《论语·卫灵公》。
② 《孟子·告子上》。
③ 《孟子·滕文公上》。
④ 《论语·子路》。
⑤ 《孟子·公孙丑上》。
⑥ 《论语·八情》。
⑦ 《论语·八情》。
⑧ 《论语·八佾》。

论述。法家论述了按才能及功过进行赏罚的观点。《韩非子·六反》云：
"故明主之治国也，适其时事以致财物，论其税赋以均贫富，厚其爵禄以
尽贤能，重其刑罚以禁奸邪，使民以力得富，以事致贵，以过受罪，以功
致赏而不念慈惠之赐，此帝王之政也。"韩非认为，"得其所应得""偿其所
应负""不念慈惠之赐"是"帝王之政"需要关注的重要方面。

　　墨子也主张按才能和贡献进行分配。首先，墨子把劳动作为分配的前
提，显得尤为可贵。他认为："今人固与禽兽、麋鹿、飞鸟、贞虫异者也，
赖其力者生，不赖其力者不生"①。在墨子看来，与动物不同，人和人类社
会是靠生产劳动而立于世、而生存、而发展的，因此只有先付出劳动，才
会有收获，不劳而获是不合正义的。墨子认为，"譬若筑墙然，能筑者筑，
能实壤者实壤，能欣者欣，然后墙成也。为义犹是也，能谈辩者谈辩，能
说书者说书，能从事者从事，然后义事成也"。就当时的思想发展而言，
墨子关于"是其所应是，为其所应为，得其所应得"的思想是非常超前
的。在主张大力进行生产劳动的同时，墨子对商品交易行为以及商人的劳
动价值给予了充分的肯定和认可。墨子认为，商人承担风险，社会无商不
活。他说："商人之四方，市贾倍蓰，虽有关梁之难，盗贼之危，必为
之。"② 在重农抑商的小农经济社会，墨子看到了流通领域在实现价值中的
重要作用。

　　中国古代初次分配思想对中国的历史发展产生了深刻的影响，是我国
经济思想史上一个值得深入开掘的研究方向。

第二节　西方初次分配公正思想

　　初次分配公正是西方经济史上的一个重要命题。在 18 世纪末以前，分
配公正关注的核心是政治权利分配而不是财富分配，直到亚当·斯密和康
德等哲学家把正义开始用在贫困问题上，现代意义上的分配正义才正式被

---

① 《墨子·非乐》。
② 《墨子·贵义》。

提出来。围绕着分配的对象、分配的主体、分配的依据等问题，西方古典经济学、新古典经济学都从不同的角度提出了具有开创意义的思想和观点。

一、初次分配公正关注的核心

分配公正在现代意义上是指物品和权利义务等社会资源的公平分配。这一观念的形成只有两百年的历史。以 18 世纪末为分水岭，分配公正思想的发展以关注的核心为划分标准可分为两个阶段：关注权利分配的阶段和关注财富分配的阶段。在 18 世纪末之前，分配公正关注的是政治权利分配而不是财富分配。只是到了 18 世纪末，分配公正才开始被用在贫困问题上。

（一）按照美德分配阶段

在这一阶段，柏拉图、亚里士多德、西塞罗、格劳秀斯等都把美德作为讨论分配公正的核心。柏拉图认为，公正是所有美德之中最基本的美德，是"普遍正义"或"整体美德"，它根源于人的内心，包含着一个人与他人的所有关系。作为柏拉图思想的继承者和发展者，亚里士多德提出了特殊正义的命题，他把特殊正义划分成两类，一类是"矫正公正"，另一类是"分配公正"。

分配公正把美德作为分配的决定因素，美德是分配的依据，荣誉、政治职务、金钱，也即声望、权力和财富则是分配的砝码。德行越高，分到的越多；反之，德行越低，分到的则越少。美德上平等的人要同等对待，被同等对待的人必须是美德平等的人。矫正公正则是要求做错事者按造成伤害程度给予受害者赔偿，即使是缺少美德的人，也要享有最起码的权利和尊严，而不至于陷于绝境。分配公正属于一种积极的公正，是几何意义上的比例平等，它所关注的是奖励，而不是惩罚和补偿；矫正公正属于消极的公正，是算术意义上的严格平等，只有当不公正的事情发生之后，它才会发挥矫正的作用。

此后一直到 18 世纪的两千多年里，后世的思想家，包括古罗马思想家西塞罗、中世纪神学家阿奎那以及 17 世纪的法学家格劳秀斯都未能撼动亚里士多德分配公正的根基。

西塞罗在《论义务》中提出公正和善行两分法，他把公正和慈善对立起来，类似于亚里士多德关于矫正公正与分配公正的区分。西塞罗认为，公正是每个人都必须履行的义务，一旦被破坏，就会造成"积极的伤害"，善行是正义的一部分，所有善行都应该指向公正，没有公正就没有善行，没有公正就不存在自由。他坚决反对所有财产重新分配。

受西塞罗的公正和善行两分法启发，格劳秀斯引入"附加"与"属性"，提出所谓附加公正和属性公正的命题。他认为前者的依据是法律，可以强制履行；后者主要是依据人的德性，不具有严格的义务性。"属性正义"可以理解为"笼统的社会美德"，它不能依据法律规定而强制实施，既不能强行要求对方给予，也不能强行要求对方接受，给予方更不能要求受益方必须给予一定的回报。对于给予方来说，可能只是基于德性的需要自行将义务加之于自身，不能因此要求对方承担些许义务。这就好比富人可以基于自身的德性如慈善或慷慨给予穷人大量帮助，但穷人并不能因此认定富人有帮助自己的义务。在爱的法则下不能强迫实施无穷无尽的义务，否则就不是爱。

可以看出，格劳秀斯关于附加公正和属性公正尤其是属性公正的理论与亚里士多德的分配正义观有很大的区别。但是，从实质上看，格劳秀斯附加正义和属性正义理论的理论根据依然是美德。

（二）关注财富分配阶段

到了启蒙时期，出现了分配公正关注核心改变的迹象。洛克为美德增添了"劳动"这个新品种，而在亚当·斯密看来，分配财富的决定因素仍然是美德，分配正义仍然不是主要为了救济穷人痛苦的。亚当·斯密不仅坚决不认同穷人与富人相比其德性更为低下的观点，而且提出了许多与实现分配正义有关的观点和建议，例如，向富人征收更高的税，帮助穷人获得起码的教育权利与机会，提高其基本的道德和政治判断力等。

卢梭一方面把社会不平等和社会冲突归结为当时的财产制度，主张彻底消灭这些恶瘤；另一方面又认为财产权是一种甚至比自由更为重要的公民的神圣权利。他对人们眼中的所谓社会进步标准表示出极大的怀疑，并且非常肯定地预言，这些社会罪恶终将被克服和消除，一个天堂般的社会终将出现。在一个"没有财产的天堂"，也就无所谓分配，进而也就无所谓分配公正与非公正的问题。他看到了不合公正的财产分配方式所造成的巨大的贫富差距给平等社会状态带来的危害，不是把社会状态的正义简单地与等级、社会地位等直接挂钩，而是将它与财产的分配状态联系起来，把追求人与人之间的平等状态而不是精英等级状态作为自己的社会理想。

就如何实现分配公正等问题的回答与探讨而言，康德比卢梭表现得更为激进。他极力主张国家和政府有义务开办公益医院、学校，设立救助无家可归者的机构，用纳税人的钱直接救济穷人。不仅如此，康德还揭示了现实社会中一些慈善行为和慈善现象所带来的等级关系。他认为，拥有真正美德的慈善者不会因为帮助了别人而有自我优越感，甚至自觉不自觉地贬低受益方的德性，他应该将慈善理解成一种有关"荣誉的债务"，是尊重另一个人固有权利的体现。只有这样，一个平等、理性的社会才能形成。

总之，在卢梭和康德眼中，理想的分配公正应该是以人天生具备的平等价值为标准，不管人们的德性有多大差异，获得美好幸福生活是每个人应得的权利。这样一来，主要以是否具有美德及具有多大程度的美德作为衡量财富分配标准的传统分配公正观被现代意义上的分配公正观彻底颠覆。

当然，斯密、卢梭和康德等人并没有从理论上对现代意义上的分配公正做过准确的界定，这项工作由德国的费希特和法国的巴贝夫（G. Babeuf）完成。作为一名空想社会主义者，巴贝夫认为摆脱贫困应该是人的一项政治权利，因此，他首次提出，国家的政治议程应该将实现社会的经济地位平等考虑进去。至此，国家或政府有义务让每一个社会成员都有权利获得一定程度的物质财富分配机会，就明确成为现代分配公正观的确切内容。思想家逐渐有了共识，那就是所有人都有可能通过自身的努力而获得相应的社会地位、权力，包括那些生活在最底层的人。

伴随着经济和社会的发展，到 19 世纪末 20 世纪初，传统的"按德分配"的分配公正观基本被人们所抛弃，洛克、马克思等人的"按劳分配"原则基本被人们认可、接受。与此同时，主要由于社会经济发展水平的限制，现代分配正义观中所隐含的"按需分配"原则依然显得太过理想，而不被人们接受。直到 20 世纪五六十年代，罗尔斯、诺齐克、沃尔泽等人之间的争论才把分配公正带入政治哲学思考的中心地带。

二、初次分配公正的依据

确定物质财富为分配对象后，经济学家们需要说明该以何种方式分配才是公正的以及为什么公正。围绕如何实现价值分配的公正，西方经济学从不同的角度提出了各自的理论，主要包括劳动价值论、要素价值论、边际效用价值论和均衡价值论等，并在此基础上，提出了工资理论、利润理论、利息理论和地租理论。

（一）劳动价值论的逻辑演进

自威廉·配第首先提出"以劳动时间决定商品的价值"这一根本命题以来，劳动价值论经亚当·斯密的系统论述与大卫·李嘉图的充分全面阐述，再经马克思的发展，最终成为一种系统的价值理论。劳动价值论的基本内核是：资本与土地并没有参与价值的增值，只是实现了价值的转移，在各生产要素中，只有劳动才具有能动性，才能实现价值的增值。

1. 第一阶段：命题的提出——威廉·配第的劳动价值论

威廉·配第是古典劳动价值论的奠基人之一，他的自然价值论是劳动价值论的一种萌芽。他从劳动引出财富，并进一步引向价值论，认为商品交换的基础就是劳动，劳动时间决定商品的价值。配第区分了"自然价格""政治价格"以及"真正的市场价格"。他以"自然价格"为研究重点，目的就是寻找价格的自然标准，从而找到决定价格的基础。他指出，生产商品时所耗费的劳动决定商品的自然价格，生产两种商品的劳动时间相等，价值就相等。他进而指出，创造价值的劳动与创造使用价值的劳动是有区别的。配第还对商品价值和劳动生产率的关系进行了分析，他提出，劳动生产率与商品价值大小成反比例，劳动分工会促进劳动生产率的提高。

配第的劳动价值论也是较原始的、粗糙的劳动价值论，仍然存在着缺陷和错误。他把价值、交换价值和价格混在一起，把其他商品的价值的产生理解为只是依赖于金银的交换，混淆了交换价值和价格的概念。

2. 第二阶段：系统理论的初现——亚当·斯密的劳动价值论

亚当·斯密是首位比较深刻、系统地解释劳动价值理论的古典经济学家。他的一大理论贡献，是厘清使用价值和交换价值两个概念的界限，并以此为基础，提出了"劳动是衡量一切商品交换价值的尺度"的论断，认为商品的交换价值是由劳动决定的，而不是由价值来决定的。他从商品交换过程中所表现出的劳动量的关系来说明衡量商品交换价值的尺度。这里的劳动是商品价值在交换过程中的外在表现，或者说是指价值的外在尺度。商品价值量与生产中所耗费的劳动时间量之间成正比例关系。生产时耗费的劳动量决定交换时购买的劳动量。

斯密就商品真实价格的构成提出了他的观点。他认为，在前资本主义社会，在简单商品生产和交换中，价值的外在尺度与内在尺度具有一致性，耗费在商品生产上的一般劳动量是决定商品交换价值量的唯一因素。但是，在资本主义条件下，"商品的真实价格"已不再是单由耗费的劳动所构成，而是由工资、利润、地租三者构成。斯密把和生产费用相对应的价值称为自然价格，把高于或低于自然价格的价格称为市场价格或实际价格。生产者的利害关系会因市场价格的升降而波动，从而相应地扩大或缩减生产，调节供应量，最终会在长期内使市场价格与价值趋于一致。

斯密的价值理论具有二重性，科学与非科学的成分混杂在一起。斯密创立的古典经济学随着 18 世纪末资本主义社会阶级矛盾的尖锐化而出现了分化。萨伊从斯密教条中分离出来，加以理论化，继承斯密的"收入构成价值论"，并将其发展成为一种为资本主义经济辩护的政治经济学；李嘉图则继承斯密的"劳动价值论"思想，将古典经济学发展到了一个新的阶段。李嘉图的劳动价值论思想又为马克思所吸收和改造，成为马克思主义政治经济学的重要理论来源。

3. 第三阶段：系统理论形成——大卫·李嘉图的劳动价值论

大卫·李嘉图在《政治经济学及其赋税原理》中，对劳动价值论作出了充分的全面阐述。他继承和发展了斯密的劳动价值论的正确方面，同时采取分析的态度，对其理论进行了批判，摒弃了其中的错误。一方面，李嘉图认为财富是不能够按照它所买到的劳动量来衡量的，除了劳动之外还应该把自然因素包括进去；另一方面，劳动的价值和其他商品一样，并不是一成不变的，而是会受到各种因素的影响经常变动，劳动所决定的价值并不取决于劳动的价值。另外，生产中的必要劳动量决定商品的价值。

李嘉图对劳动价值论发展的一大贡献，就是对价值和交换价值作出了初步区分。他已经认识到，价值是由劳动决定的，是内在的，而劳动价值是价值的表现，是外在的，商品的使用价值是其交换价值的物质承担者。

李嘉图关于劳动价值论的观点是一个演进的过程。他曾经指出，商品价格受到货币相对价值的变动和特定商品的价值变动的双重影响，在《政治经济学及赋税原理》一书中，他坚持并创造性地发展了劳动决定价值的基本原理。他指出："商品的价值或这个商品能交换到的任何其他商品的量，取决于生产这个商品所必要的劳动的相对量，而不取决于付给这一劳动的报酬的多少。"① 他针对斯密所提出的购买到的劳动决定价值的观点提出反驳，认为并不是劳动者以换取劳动的各种商品的相对量，而是劳动所生产的各种商品的相对量规定各种物品的现在相对价值或过去相对价值。

李嘉图考察价值规律是放在资本主义大工业生产和自由竞争的大背景下进行的，但是，他的劳动价值论的最大缺陷，仍在于他缺少斯密的历史

---

① 王志伟：《西方经济思想史》，东北财经大学出版社 2013 年版。

性视角和眼光，并不理解商品生产的社会性。这一理论缺陷导致了在李嘉图的理论体系内产生了两个不可克服的最大矛盾和逻辑困难。一是价值规律同利润规律或劳动和资本的交换之间的矛盾。如何运用价值规律去说明资本主义社会生产方式下资本和劳动的交换现象？如果资本家严格遵守价值规律进行等价交换，利润就无从谈起。如果是工人所获得的工资收入实际小于其所出卖的劳动，这又违背了价值规律。二是价值规律同等量资本获得等量利润的规律相矛盾。如何运用价值规律去说明资本主义社会生产方式下平均利润的产生与获得？这也是价值规律与利润平均化规律或生产价格规律的矛盾。在资本主义生产条件下，商品价值已经转化为生产价格，他不能理解这个微妙的转化过程，把商品价值和生产价格直接等同，无法理解遵循价值规律与等量资本获取等量利润是同时存在的这一矛盾现象。

（二）要素价值论的历史发展

要素价值论是当今世界上流传最广、影响最大的价值理论，是西方经济学的理论基础。这种理论认为，土地、资本、劳动力、技术、管理等一系列要素共同创造了商品的价值，各要素依据其稀缺程度及其在产品形成过程中的作用获得报酬。要素价值论在西方经济学理论中占有相当大的市场。凭借生产要素的投入数量和质量获取若干收入分配权，进行个人收入分配，被相当多的西方经济学家认为是不证自明的、理所当然的规律而接受。

法国经济学家让·萨伊是公认的要素理论的创始人。他从斯密教条中分离出来，进一步理论化，创立三要素理论，这一理论被经济学界奉为"萨伊定律"。以"萨伊定律"为基础，马歇尔进一步提出了四要素说，从而发展了"萨伊定律"。

1. 萨伊要素价值论

萨伊指出，所谓生产，不是创造物质，而是创造效用。资本、土地、劳动是生产中的三个必要的要素，从生产三要素出发，它们既然创造了效用，也就同时创造了价值，它们共同创造了产品，因而也就共同创造了价值。物质生产过程其实就是人们投入一定量的劳动、资本和土地等要素，并相互补充、相互影响，使自然界呈原生状态的各种物质改变其状态和性质，为人类提供各种需要的过程，劳动、资本和土地是价值和效用的源泉。价值既然是由效用决定的，价值量当然就可以用效用的量来决定和衡量。在其中，不仅劳动者提供劳动，是效用创造者，资本和土地的拥有者同样也为效用的创造提供了服务，也是劳动者。因此，资本、土地投入者和直接投入劳动的人一样，同样拥有获得财富分配的权利。最终，直接劳动者获得劳动所生产出来的那部分价值，这个部分实际上是对其劳动和服务支付的代价和报酬，因此称为工资；而土地投入者获得其"实行节约和发挥智慧"得到的工资，因此这个部分被称为地租；资本投入者获得对于资本的效用或使用所付的租金，因此这个部分被称作利息（利润）。生产三要素论提出了生产要素协同创造价值以及生产要素参与收入分配的合理性命题，但他并没有真正揭示出各生产要素在商品价值创造过程中的实际作用，因此，他关于各生产要素因价值创造而获得财富分配的理论实际上是缺少有力依据的。

2. 马歇尔的四要素论

马歇尔是现代微观经济学体系最直接的和最主要的奠基者，也是当代新古典经济学的奠基人。他在均衡价格理论的基础上，又继承和发展了分配理论。马歇尔把分配与生产要素的投入联系起来考虑，对萨伊的要素理论进行了补充和扩展，在劳动、资本、土地三要素参与财富分配的基础上，将"企业家能力"并列为第四要素参与财富分配，从而提出了四要素论。他认为，企业家作为生产的组织者和领导者，他包括两个方面预测判断生产消费趋向的能力以及启发被领导者的创造力并使他们相互合作的能力，他必须把握和组织相关行业生产、销售大势，要面对若干潜在的经营风险，同时，要使整个企业各种部门、各种人才相互配合，企业协调、高效运转。马歇尔将三要素扩充为四要素的做法说明：一是无论是企业的管理者还是经营者，抑或是直接的劳动者，都不能忽视知识和管理的重要性；二是随着经济和社会的不断变化，参与价值创造的各要素也是在不断变化，其作用也在不断变化，社会财富的分配方式、分配标准、制度也要随之发生相应的改革。

3. 克拉克的边际生产力论

19 世纪末 20 世纪初，美国经济学家克拉克根据其边际生产力理论，较大程度地发展了萨伊的要素价值和财富分配理论。首先，进一步研究了土地收益变化和生产力发展变化的相互关系，发现几个规律：当对于土地的连续投资到一定程度，收益会发生递减；当其他生产要素包括劳动和资本的持续投入达到一定程度，收益会发生减少；当将这些生产要素的收益综合起来考察，递减规律对于生产力总量同样有效。以此为基础，克拉克引出了"劳动和资本的边际生产力"的概念，认为，如果其他条件不变，土地、劳动和资本三个主要生产要素的边际产量就代表着它们在价值创造中的作用。因此，三种生产要素所有者的收入多少取决于上述三种生产要素的边际产量。另外，克拉克还特地分析了资本家和企业家的收入问题。他认为，资本家是资本的所有者，他的收入以利息形式归他所有，而企业家则是企业生产的具体组织者和经营者，他和其他工人一样付出劳动，其收入也表现为工资。因此，和其他工人一样，其工资收入总额取决于其劳动的边际产量。

随着经济和社会的发展，西方关于要素价值论的理论也是在不断变化。如在科学技术对于生产力发展作用尚不明显，资本的积累对于价值创造的作用非常突出的时代，经济学界大都侧重于论证资本对于价值创造的重要性，而突出资本家作为资本所有者凭资本投入获得财富分配权益的合理性和正当性；而自 20 世纪末起，相比于资金投入而言，科学技术能够让价值创造呈指数增长，科学技术对于社会价值创造的重要性日益为人们所认识，此时的西方经济学界则要为技术精英和知识权贵服务，开始侧重于强调技术作为生产要素参与社会财富分配的合理性和正义性，对再分配领域分配公平问题关注不多。这种理论倾向在现实政策建议上表现为积极主张社会福利支出，取消各种社会福利制度。

4. 边际效用价值论

区别于以往经济学界侧重于从商品生产的角度去研究劳动等生产要素对于商品价值创造的意义，边际效用价值论开始从需求角度对价值进行定义和衡量。边际效用价值论是效用价值论和边际分析方法相结合的产物，创立之初，其代表性人物有英国的杰文斯、奥地利的门格尔等人，后来的庞巴维克和维塞尔进一步将其完善和系统化了。

边际效用价值论认为，商品有无价值、价值多少，不仅仅取决于商品本身的特性，还取决于该商品对于所有者的福利具有多大的重要性。也就是说，只有当该商品对于所有者来说是不可缺少的时，其价值才会得到体现。换句话说，商品价值不仅反映了商品本身的特性，更反映了商品所有者的一种主观心理需求。基于该理论逻辑，不少经济学家认为，一方面，商品的价值主要表征着商品能否以及多大程度上满足商品所有者需要的关系，取决于所有者对该商品的主观评价。从这个角度来理解商品价值，学者们将其称为主观价值。另一方面，商品的价值又表征着商品自身的客观性能，更多地是取决于商品自身的自然属性。从这个角度理解，则为客观价值。一些经济学家如庞巴维克等认为任何一种商品价格都是在市场主体之间的相互竞争中形成和确定的，商品的价值应该取决于其边际效用。

边际效用价值论概括起来有以下主要观点：

第一，某一物品有价值必须具备两个方面，效用是其基础，稀缺性是其条件。首先物品必须有效用，能够满足主体某种需要；其次是物品必须具有一定的稀缺性，即数量有限，人们只能通过交换才能获得该物品的效用。有的物品数量很多，可以无代价地自由取用，它们只有效用而没有价值。它们只能满足人的一般需要，不是人类福利不可缺少的条件。有的物品供给数量有限，不能随意无代价地享用，也叫作"经济物品"，它们能够满足人的需求欲望。这类物品不但有效用而且也有价值。因此，只有当稀缺性与效用结合起来时才能确定物品的价值。第二，物品的价值量取决于它在多大程度上能够满足人们的需要，人们越需要，就意味着其价值量越高。就某一类商品而言，其价值量就是该物品的边际效用量。第三，消费品的价值反映了该消费品的供需关系。如果某物品数量有限，且需求量大，则其边际效用高，价值也高，需求越高于供给，其价值量就越高；相反，如果某物品数量众多，而且人们对其需求量也不高，那其边际效用也不高，价值量也不高。即使商品数量不变，人们对其需求量下降，其价值量也会随之降低。第四，生产资料的价值取决于以它为主要手段而生产出来的所有产品的价值量。而如果该生产资料是由几个可单独存在的物品组合而成，则其价值量是由这个综合整体的边际效用决定。第五，边际效用递减与边际效用均等。边际效用递减是指当某种消费品的数量供给不断增加时，人们对其的消费需求欲望程度会随之下降；相反，边际效用均等则是指和几种需求欲望最初的绝对量无关，要使人们获得的总效用最大化，就必须让各种需求欲望达到一样的满足强度。

边际效用价值论立足于个人消费心理的视角，研究物品的消费与需求问题。这种理论以要素价值论为基础，更多的是立足于在流通分配领域的商品供给方与商品需求方的主观心理评价的竞争去理解商品的价值决定。商品的价值最终与商品的生产成本没有直接关系，与其边际效用有直接关系，即商品的价值量与商品的需求方和供给方对该商品效用的主观评价直接相关。

(三) 马歇尔的均衡价值论

马歇尔的均衡价值论主张从全面的角度去综合考察商品价值量决定国民财富的分配问题。在这种理论逻辑下，马歇尔引进了供求的变动来说明价格的不同情况，同时，也引进了生产费用论和边际效用论，结合要素价值论、边际效应论等理论，创立了他的著名的均衡价格理论。他首先将不同的生产要素、供给与需求等各种影响商品价值量决定的经济因素之间的相互影响与制约关系转化为某种达到均衡的函数模型；以此为基础，他将商品的劳动价值、成本价值、边际效用价值等，都解释为各种经济因素之间的按一定比例建立起来的均衡关系。他以均衡观念来说明价格，均衡是由相反力量的均势构成。具体到价格，就是由商品的供给和需求双方力量相互冲击和制约所决定的，市场供求力量的均衡就形成了均衡价格。马歇尔认为："当供求均衡时，一个单位时间内所生产的商品量可以叫作均衡产量，它的售价可以叫作均衡价格"①，这种价格也就是供给价格同需求价格

---

① [英] 马歇尔：《经济学原理》下卷，朱志泰、陈良璧译，商务印书馆 1983 年版，第 37 页。

一致，或者说供给量与需求量相一致时的价格。

马歇尔认为，包括土地、劳动在内的所有生产要素都可被视为商品，都有各自的需求价格和供给价格；然后，通过彼此的相互制约和影响，每种商品的需求价格和供给价格之间又形成一种较稳定的比例关系，最终形成其均衡价格，即各种生产要素所能享受到的分配权益的依据。①

三、实现初次分配公正的形式

为了实现各自的价值理论，西方经济学家们相继提出了各自的实现初次分配公正的形式，即收入分配理论，包括工资理论、利润理论、利息理论和地租理论。

（一）古典经济学的分配理论

1. 威廉·配第的收入分配理论

威廉·配第是第一个揭示分配本质的古典经济学家。他在劳动价值论的基础上，以工资理论为前提，从地租理论和利息理论展开，对工资、地租和利息之间的分配问题进行了分析和探讨。

（1）工资理论。配第的分配理论是以工资理论为前提，以地租理论和利息理论来展开分析的。配第从劳动价值论出发，认为工资的高低应该完全等于维持工人所要求的生活资料的价值，多于这个标准或者少于这个标准都不行，多了对社会将造成损失，少了则对劳动者不公平。他把工资理解为工人劳动所创造的相当于他所必需的生活资料的那部分产品，包括为生存、劳动和传宗接代的最低限度的生活资料，实际上是把工资归结为工人的必要劳动，而把工人被迫超过自身需要而进行的额外劳动即剩余劳动看作是社会收入的源泉。配第指出，劳动所获得的工资与其剩余部分的收入之间存在一定的此消彼长的关系。这表明，配第的工资理论揭示的是当时劳动者阶级与资本所有者阶级之间的一种收入分配关系。而这种收入分配关系也在一定程度上影响着两大阶级之间的利益关系及经济的稳定

---

① 参见［英］马歇尔:《经济学原理》下卷，朱志泰、陈良璧译，商务印书馆1983年版，第215页。

增长。

（2）地租理论。配第重视土地对于财富创造的重要作用。他认为，地租就是扣除所有的农产品价值必需的生产资料（种子、生产工具等）和工人工资之后的差额。他认为，生产资料的价值是市场交换决定的，不能随意变动，是一个相对固定的常量，地租的多少就取决于工人工资的多少。实际上，对于配第来说，他所说的地租实际就是前述的由工人创造的价值扣除工资后，被当作社会收入的全部剩余劳动或剩余价值部分。地租作为工人创造的余额，即全部剩余价值，也说是地租包括利润，而利润则还没有和地租分开。他把总收获物的价值分解成为工资和地租两部分（忽略生产资料），那么，他认为，工资上涨地租就要相应下降，工资下降地租就会相应上涨。工资和地租是互相对立的关系，是反比例的关系。

（3）利息理论。配第从地租的存在进而类比推导出利息分配的合理性。如果说配第把地租理解为土地的租金，那么在他看来，利息就是货币的租金。因为资本所有者用资本直接购买土地，他就可以获得地租收入，如果他不直接购买土地，而是将这部分货币让渡给其他人进行生产，他同样也应该凭货币所有权获得一定的报酬，这部分把货币让渡给别人收取的报酬就是货币的利息，等于用这部分货币购买土地而获得的地租量，是对让渡者造成不便或者遭受损失的一种补偿或报酬。

从上面的分析中可以看到，配第把地租看作剩余价值的一般形式，把利息看作剩余价值的派生形式，从而以此说明利息的合理性和合法性，较好地揭示了资本主义社会劳动者、资本所有者和土地所有者三大阶级之间的利益分配关系，并触及各个阶级的收入源泉，从而使人们进一步认识收入分配的实质，为人们理解按要素分配理论和实践奠定了基础。

2. 亚当·斯密的收入分配理论

亚当·斯密在其收入分配理论中，首先界定了分配主体，然后对其收入分配的权益进行了划分。他根据当时资本主义社会中人们与生产条件的关系不同和获取收入方式和数量的不同，将国民划分成了工人阶级、资产阶级和地主阶级。其中，工人阶级凭借其劳动的付出获取工资报酬，资产阶级凭借购买各种生产条件的资本而获得利润，地主阶级则凭借经营者获取地租。[①] 除了工资、地租和利润三个组成部分之外，其他各种收入最终都是由这三种基本收入转化而来。

（1）工资理论。斯密提出："工资是劳动的价格。"在私有制产生之前，全部产品都是工资，但是在土地私有、资本积累的资本主义文明社会，工资、利润和地租都是由劳动所创造的价值，此时的工资不再是全部的生产所得，它只是占有生产所得的一小部分，其余大部分价值被以地租的利润的形式分配给了资产阶级和地主，而工人出卖的是劳动，只有工资才是劳动的报酬。斯密还认为，工资作为劳动的价格可以划分为自然价格和市场价格，自然价格是维持工人自己及家庭生活、传宗接代所必需的生活资料的价值，而市场价格是工人实际得到的工资量，市场价格围绕自然价格波动，是由劳资双方竞争决定的。工人的工资升降取决于市场上劳动的供求情况，会随着资本的积累及国民财富的增长而不断提高。

（2）利润理论。亚当·斯密的一大进步，是把利润看作一个特殊的经济范畴进行研究。他把利润的获得与劳动的付出分离开来，将资本家利润的获取与其对资本的所有权联系起来。一方面，如前所述，他认为利润是除工资以外的劳动创造价值中的一部分。工人通过自己的劳动在资本家所提供的原材料价值上增加价值，工人的工资这部分由雇佣工人所创造的价值去除工人的工资，就是利润。资本家获取利润的依据是其提前垫付原材料和工资的那部分资本的所有权。这样一来，资本的利润在斯密的眼中，成了剩余价值，从而初步揭示了利润的真正来源，说明他的理论已经有剩余价值论的萌芽。另一方面，斯密认为资本家获取利润收入是资本作为生产要素的自然报酬，属于资本家提前垫付的成本之一。为了维持资本家的生活，这种收入的获取对于资本家来说，也是必需的。非常明显，斯密这一观点又割裂了资本与工人劳动创造价值的关系，将利润的源泉归结为资

---

① ［英］亚当·斯密：《国民财富的性质和原因的研究》，郭大力、王亚南译，商务印书馆 1983 年版，第 245 页。

本所得，粉饰了资本家对工人的剥削，充分反映了他的阶级立场。

（3）地租理论。斯密对地租先后有过不同理解和观点。一方面，与对利润的本质理解一样，斯密同样认为地主获取的地租也属于工人创造的价值的组成部分，即工人投入在土地上的劳动所创造的价值中扣除工资、利润外的那部分余额；另一方面，他又认为地租是资本家使用地主土地的代价，即土地的自然报酬，构成商品价值的一部分。他指出，当地主与资本家签订租约时，凭借其对土地的所有权，在租约中就会规定，最后土地上的所有生产物的价值中扣除租地人投入土地上的包括种子、农具等在内的原材料、工资和他正常应得的利润，全部返还给地主，形成依靠土地所有权而获得的地租收入。

3. 萨伊的收入分配理论

萨伊认为，既然劳动、资本和土地都可被视为生产商品必不可少的生产要素，对于商品价值都有决定意义，那么工人、资本家和地主都应该参与社会财富的分配。法国学者萨伊就是以他的"生产三要素论"为基础，发展了"三位一体"分配理论，即劳动者凭借劳动付出获得工资，资本所有者凭借资本付出获得利息，土地所有者凭借土地付出获得地租，参与价值创造的每一要素都从总价值中得到相应的合理的回报。

（1）工资理论。萨伊认为，工资就是工人劳动所生产出来的那部分价值，劳动所有者在生产过程中提供了生产性服务，工资就是对工人劳动和服务支付的代价和报酬。不同部门或不同行业的劳动报酬多少主要由其劳动性质决定。一般来说，危险、困难程度越高，劳动报酬越高；工作所需劳动者的才干和技能越多，报酬也越高；而一部门或行业的劳动报酬变化主要由该行业的劳动力供求关系决定；一般来说，脑力劳动比体力劳动更为复杂，工资应该高于体力劳动者。同时，萨伊还主张为了提高社会消费水平，要实行低工资政策，降低商品成本，以降低商品价格。

（2）利息理论。萨伊认为，这是资本家所拥有的资本为商品生产提供生产性服务所创造出来的价值。资本家获取的利息就是他的资本付出的报酬，也理解为资本生产力价格的表现。基于此，萨伊将古典经济学家眼中的"利润"分解为资本拥有者所得（利息）和企业经营者所得（企业收入）。① 按照萨伊的利息论，利息和企业收入的来源不同，前者是凭借资本所有权获得资金的租金，其具体标准取决于资本的供求关系；而后者则是企业家的劳动所得。

（3）地租理论。萨伊认为，地租也是土地在商品生产中提供的生产性服务的报酬，表现为土地生产力的价格。与利息一样，地租量的高低变化同样取决于土地的供求关系的变化。一般来说，农产品的最终价值扣除劳动报酬和资本利息后，剩下的就是地租所得了。反之，如果没有余额，就没有地租。不同性质的土地能够给经营者带来不同的生产所得，因此，他们支付给地主的地租数量也不同，不同性质的土地有着不同数量的地租。

4. 李嘉图的收入分配理论

李嘉图经济理论的核心部分就是他的分配理论，而分配理论的核心又是剩余价值如何分割为利润和地租的问题。他的分配理论实际上是从工资出发的，让工资份额在分配中起决定作用，按照地租、工资、利润的次序，把地租作为第一个扣除，把工资当作定额，把利润当作余额。利润和地租的多少取决于劳动者获得工资的多少，劳动者的工资收入越高，利润和地租收入相对就越低。

（1）地租理论。李嘉图以劳动价值论为基础和标准，阐述了地租的性质、产生、变动规律。他认为地租是资本家为了弥补地主出让土地使用权而转让给地主的超过平均利润的超额利润，其本质依然属于工人劳动创造的价值之一。当某块土地被地主投资作了一定改良后，资本家付给地主的收入应该被分成两部分：一部分确实是基于地主对土地的所有权而支付的地租；另一部分应该是地主投入改良土地的那部分资本的利润，对于土地投资所产生的这部分利润和利息，以及支付给地主的全部地租产生的利润和利息，不应该被看成地租，应该看成资本所得。李嘉图否认绝对地租的存在，也没有区别绝对地租和级差地租。他认为，最坏的土地不能提供地

① 参见［法］让·萨伊：《政治经济学概论》，陈福生、陈振骅译，商务印书馆1997年版，第387页。

租，而最初的土地也不能提供地租，于是他的全部探讨就集中于级差地租。对于地租的发展趋势，李嘉图指出，地租绝不加入自然价格，它不是农产品自然价格的构成部分，地租只是农产品价格高昂的结果而并不是原因，"即使地主放弃地租，土地所生产的商品也不会更便宜"。李嘉图还探讨了利润和地租的比例关系问题，揭示了地主的地租和资本家的利润的反比关系。他指出，随着生产力的进一步发展，资本投入规模的不断扩大，人口的不断增加，数量有限的土地获得的地租会随之上涨，结果会导致利润下降。利润和地租是对立的，地主阶级的利益和社会发展的利益是矛盾的，因此，资本家和工人应该一起去反对地主阶级，联手要求地主降低地租，以提高工人的工资比例和资本家的利润率。

（2）工资理论。李嘉图把工人工资作为分配中的一个定额，把利润作为一个余额来处理。他从一开始就把劳动当作商品，并从自然价格和市场价格两个角度来理解劳动价格（工人工资）。他认为，工人劳动的市场价格与自然价格经常是不一致的，自然价格取决于维持其本人及家庭成员正常生活所必需的生活资料的价格总和，相当于平均工资水平；市场价格是实际支付的价格，与劳动力供给和市场对劳动力需求的对比有关。在短时期，工资是变动的，劳动的市场价格会相对其自然价格发生波动；长时期看，因为随着人口规模的不断扩大，资本增长的速度却没有相应跟上，再加上地主的土地供给也是有限的且质量不一，结果即使资本增加，劳动产品并不一定会随之成比例增加，甚至会出现降低的现象。这样一来，工人的实际工资就会有可能下降。李嘉图甚至反对《济贫法》，认为它会助长工人懒惰。国家方面不应实行对工资的规定和干涉，应由自由竞争决定。

李嘉图工资理论最突出的贡献，在于他提出的相对工资和比例工资的学说，这是他具有独创性的理论。李嘉图认为，因为在不同的阶段，社会的最终产品在三个阶级中分配的比例并不相同，因此判断工人所获得的工资是否合理，收入分配状况如何，不能仅仅看其实际工资量，应该看其工资量相比于资本所有者和地主所获得的利润和地租的比例关系，即相对产品量，分析利润和地租时，同样也是如此。工资与利润加在一起具有同一价值，在既定的总价值中，工资和利润的分配总是呈现相反方向的变动。工资直接影响着利润的增长，但是由于工资的自然价格有一个最低限度，所以必需品的价值就具有了重要意义。马克思高度评价说，对"相对工资"和"比例工资"的分析是李嘉图的巨大理论功绩之一，在其研究中，工人是被李嘉图放在社会关系中来考察的。阶级和阶级之间的状况，不完全决定于工资的绝对量，而更多的是由比例工资所决定的。

（3）利润理论。李嘉图认为，利润尽管是由资本所有者享有，其本质依然是劳动者劳动创造的价值之一。工人的工资和资本所有者的利润共同构成商品的最终价值。至于利润的多少，李嘉图认为在商品的总量不变的前提下，如果工人的工资高，利润就会相应降低，反之亦然，也就是说二者成反比例关系。按照前述关于工人货币工资会上涨的结论，李嘉图认为在工人货币工资上涨的同时，资本所有者获得的利润会相应地随之下降。

（二）新古典经济学的收入分配理论

1. 马歇尔的收入分配理论

马歇尔从他自己提出的生产四要素论出发，进一步解释各生产要素所有者的收入分配问题。他将各市场主体最终各自获得的工资、利息、地租和利润等称为这些生产要素的均衡价格，并提出工人、资本家、地主和企业家获得的最终收入比例关系，实际上就是拥有的生产要素的均衡价格的比例关系。

（1）工资理论。马歇尔首先从劳动供需两个角度来理解工资的实质。他指出，一方面，工人的工资与需求价格相关。劳动需求价格由劳动的边际生产能力决定，当其劳动边际生产能力高，也就是产量高时，需求方对其需求也增加，需求价格上涨，工资就上涨，反之亦然。但是这种上涨不是无止境的，因为当工人劳动量增加到一定程度时，其边际生产能力会随之递减，需求价格也随之降低，工人的工资必然也要下跌。另一方面，工人的工资与劳动的供给价格相关。马歇尔的劳动供给价格类似于配第的自然价格，是由维持工人个人及家庭成员正常生活必需的生活资料价格及必需的教育培训费用决定。这个价格也决定了工人劳动力的价格。综合上述两种理解，马歇尔认为，最后工人实际获得的工资收入就是劳动的供给价格和需求价格的均衡价格。

（2）利息理论。马歇尔认为，当企业家向资本所有者借贷资本时，必须支付一定量的报酬给资本所有者，这就是利息。从本质上说，利息是资本作为生产要素参与商品生产过程的价格。利息量的高低取决于市场和资本所有者对资本的供需价格的均衡。其中，资本的需求价格取决于资本的边际产量，供给价格则是资本家对于资本投入的预期报酬。

（3）地租理论。马歇尔根据农业报酬递减的趋势，从土地生产力论和土地报酬递减规律出发，提出了级差地租理论。马歇尔认为，土地作为一种生产要素参与商品生产过程，必然要获得报酬，这就是地租。但是土地是一种特殊的生产要素，它的供给是固定不变的，总量变化不大，而且既没有生产成本，也没有供给价格。土地的需求价格是由土地的边际生产力即土地边际耕作得到的纯产品来决定的，这个土地产品决定全部农产品的价格，各次投资的收入与边际收入之间产生级差地租。此外，马歇尔还提出了"准地租"概念，意指在短期内土地本身以及土地以外的各种生产要素所得到的超过平均水平的收入，不管这种形式是工资还是利润。

（4）利润理论。马歇尔认为，企业经营者担负着整个企业的生产、运营、策划和组织管理等工作，必须具备专门的经营、管理、组织和协调才能。这种能力对于商品生产同样起了重要作用，因此，企业家凭这种能力也应该获得报酬。这种报酬是以利润的形式回报给企业家或职业经理人的。至于利润应该是多少，马歇尔认为这同样由这种特殊的能力的供需价格的均衡所决定。其中，需求价格的高低视该企业家运用他的特殊才能于企业的生产与管理所带来的纯收入而定。这种收入越高，意味着企业家的能力越高，利润就越高。供给价格则由企业家个人的消费和接受专门的教育与培训的费用所决定。两者相比，对于利润的高低，需求价格作用高于供给价格。

2. 克拉克的收入分配理论

克拉克依据他创立的边际生产力理论来分析和论述分配问题。克拉克认为，各种生产要素都具有生产力，都创造价值，因而都可从生产成果中取得各自相应的一份报酬。劳动和资本也和其他物品一样，它们的价值是由它们的最后单位所提供的产品来估计、确定的，即由它们的边际生产力来确定的。

（1）工资理论。为了说明其工资理论，克拉克首先假定了一个前提，那就是假定资本的投入规模不变，但工人的供给却在增加，结果每个工人所能获得的生产要素如技术设备将相应减少，最终其生产能力也将降低，人数增加越多，其生产能力越低。克拉克将最后增加的那个工人称为边际工人，将他的生产力称为边际生产力，并认为该工人的工资就取决于他的边际生产力，也就是说工人工资的自然标准应该是其边际产量。不仅如此，其他和他处于同等生产条件下的工人的工资也和他一样，否则，雇主出于成本原因会让其他同等生产力的边际工人取代他的工作。

（2）利息理论。与工资理论的假定前提一样，在说明利息理论时，克拉克同样假定在工人供给不变的前提下，如果资本供给不断增加，则会导致每一单位的资本所能支配的劳动不断减少，其产出能力也会随之下降。资本供给越多，其产出能力就越低。边际产量决定该单位资本的利息率，进而决定该单位资本所能获得的利息量及全部资本的利息量。在此基础上，工资、资本与利息存在以下关系：在资本供给总量不变的前提下，工资与工人的人数成反比；同样，在工人供给规模不变的情况下，资本的利息水平与资本的供给数量成反比。

（3）地租理论。与其他古典经济学家不同，克拉克将土地也当成是一种被投入生产的特殊资本，同理，地主获得的地租也是其资本投入的报酬，只是形式不同而已。这样一来，地租的变化规律就和利息的变化规律一样，也是呈递减趋势的。

（4）利润理论。克拉克认为，利润是个别企业家凭借其技术进步而获得的高于其他企业家的超额利润，而并不是所有企业家经营管理和组织能力的报酬。而且，该企业家并不能长期拥有这种利润，因为这种技术会逐渐普及。最后，该企业家的生产和管理优势不复存在，超额利润也将消失。①

第三节　马克思、恩格斯初次分配公正思想

马克思、恩格斯没有对公正讨论的意见进行公开批评，而是以劳动价值论为基础创立了剩余价值论，从理论上揭示了资本主义条件下收入分配的根本性质；进而运用制度分析的方法，从理论上厘清了财产制度、生产关系和分配方式之间的关联，形成了分配公正的思想。

一、马克思、恩格斯的初次分配公正理论

马克思的伟大之处在于，他不仅仅在分配领域谈论分配公正，还从分配与所有制、分配与生产力的关系入手。马克思认为，分配公正是历史的、相对的，公正不是永恒的，其实现程度取决于生产力的发展水平，并提出了初次分配的主体和参与者以及初次分配的基本原则，充分论述了按劳分配理论。马克思、恩格斯所提出的一些观点，为分配公正现代含义的充分发展发挥了非常重大的作用。

（一）初次分配公正的理论基础和方法

1. 初次分配公正的理论基础：劳动价值论

马克思对于先后由威廉·配第、亚当·斯密、大卫·李嘉图等人提出的劳动价值论并没有全盘照收，而是基于自己的立场，运用其历史唯物主义的方法论，对古典经济学的观点进行分析和批判，取其精华、去其糟粕，最终创立劳动价值理论。

总的来说，马克思劳动价值论的创新之处主要有以下几点：一是区分了商品的使用价值和价值两个属性，揭示了商品价值概念的本质，克服了古典经济学中"价值"概念宽泛的不足，从而为提出剩余价值学说准备了理论基础；二是首次从两个层面来解读人类劳动，将使用价值与价值的来

---

① 参见［美］克拉克：《财富的分配》，陈福生译，商务印书馆1983年版，第356页。

源区分开来，从而为更好地说明商品价值的创造和原有生产资料价值的转移总量、为更好地说明可变资本和不变资本对于价值创造的作用和意义、为准确揭示工资、利润、利息和地租等收入的本质提供了帮助；三是深刻地揭示了价值和商品的本质，尤其是通过对商品拜物教和货币拜物教的揭露，进一步揭露了资本主义雇佣劳动制生产方式的本质；四是通过强化生产资料所有制在生产关系中的基础性意义，为如何分析和解决收入分配中的问题提供了理论指导。

2. 初次分配公正的分析方法：制度分析法

与前述的古典经济学家不同，马克思在探讨初次分配问题时，并不仅仅是就分配讲分配，而是以劳动价值论为基础，结合资本主义制度尤其是生产资料私有制来研究资本主义社会制度下的财富分配问题，从而使得分配公正问题与社会现实尤其是社会制度紧密地结合，更有说服力，更有理论深度，更能说明资本主义制度下分配公正的本质。

马克思认为，在商品经济过渡到资本主义商品经济，并成为主导性的社会经济形式时，当劳动被作为一种商品出卖给资本家后，在一定期限内，劳动力成为资本家的生产要素。在这种前提下，劳动的过程、产品的分配等完全是资本家的事。也就是说，工人并不拥有劳动，所出卖的只能是劳动力，而不是劳动。工人所获得的工资只能是其劳动力价值的收入，不可能是劳动的报酬。在这种经济形式和经济前提下，工人最终只能获得相当于其劳动力价值的工资。而劳动力价值就是维持工人能够生产其劳动力的必需成本，即他的基本生存需要、必需的教育培训费用、家属的必需生存费用，除此以外，再也没有剩余。因此，当劳动结束后，工人重新又是一无所有，又不得不为下一周期的生存继续出卖其劳动力，工人所获得的只能是贫困，不可能是富裕，造成这种分配状况的就是被古典经济学家们认为是天经地义的资本主义生产资料私有制。正是在这种劳动和生产资料分离的前提下，资本和劳动之间的这种交换成为规律，[①] 劳动变成商品。

---

① 参见《马克思恩格斯全集》第 46 卷，人民出版社 1979 年版，第 252 页。

恩格斯也指出，在资本主义私有制条件下，工人的劳动被分成属于工人的活劳动和属于资本所有者和土地所有者所有的积累劳动，资本家的资本"又分为原始资本和利润，利润也分裂为利息和利润本身"①。恩格斯指出，无论是资本和利润还是利息，都是工人劳动的产物。

通过对生产资料所有制对于生产、分配、交换和消费的基础性意义的揭示，马克思指出了那种仅仅集中于分配问题本身谈分配问题的错误，认为所谓收入分配，实际上并不是独立的。采取何种收入分配方式，归根结底是生产资料所有制所决定的。在资本主义社会，生产资料紧紧掌握在剥削者手中，其收入分配方式必然是向资产所有者倾斜，工人只能获得其劳动力价值的收入。②

可以看出，以产权制度性质为理论前提和逻辑出发点来探讨分配公正问题是马克思主义初次分配理论的一大特色，从而与所有的古典经济学的分配理论划清了界限，最终实现了对古典经济学分配理论的扬弃。基于这种理论逻辑和框架，马克思深刻而准确地揭露了资本主义制度下的收入分配不公的最终根源，在于其生产资料与劳动的分离。按照马克思主义的分配公正理论，资本主义社会分配不公问题的根源不在于分配过程和分配形式本身，而在于分配的前提，根本原因在于资本主义生产资料私有制。

（二）初次分配公正的两个前提：所有制和生产力

马克思认为，生产关系尤其是特定社会阶段中占主导地位的生产关系状况决定了该阶段的收入分配的性质和状况，不同的生产关系前提下，收入分配的性质和结构不同。而在具体的社会历史阶段采取何种生产关系，最终又是由这一阶段的生产力水平决定。也就是说，特定的生产力水平决定了特定的生产关系结构的性质，进而也直接决定了该生产关系下初次分配制度的质与量。

1. 初次分配公正的所有制前提

马克思认为，"分配结构完全由生产结构来决定"，一些庸俗经济学家

① 《马克思恩格斯全集》第 46 卷，人民出版社 1979 年版，第 13 页。
② 参见《马克思恩格斯选集》第 3 卷，人民出版社 1995 年版，第 13 页。

把经济分配和生产分开，仅仅就分配谈分配而不谈所有制关系的方法和观点是错误的。首先，在分配食物、衣服和住房等消费品之前，需要分配的最重要物品是土地、工具和其他资本品。所谓的分配方式和标准最终是由建立在一定生产力水平基础上的生产关系尤其是特定社会阶段中占主导地位的生产关系状况决定的，任何仅仅就分配过程和分配方式作技术分析，而不谈其生产关系尤其是所有制前提的努力，最终都无法真正揭示任何一种分配制度的本质。

正是正确地看到了所有者关系对于财产分配的决定性意义，马克思、恩格斯在设想未来社会的财富分配方式时，特别强调，在未来社会，私有制和异化劳动、旧的分工将消除，商品生产与交换也将退出历史舞台，产品的分配方式也将发生质的变化，广大的劳动者将分配重新收归自己支配。

在私有制社会中，产品的分配首先要服务于私有者的利益，这种分配方式在本质上不取决于抽象的公平或伦理道德，而是取决于生产资料归谁所有。同理，在生产资料资本主义私有制被消灭后的未来社会，财富的分配结构和性质同样也要由未来社会的生产关系尤其是生产资料所有制状况所决定。在未来的社会主义、共产主义社会，要真正实现收入分配公正，必须实现生产资料公有制。只有在劳动者不再和生产资料分离的"自由人联合体"中，劳动者"用公共的生产资料进行劳动，并且自觉地把他们许多个人劳动力当作一个社会劳动力来使用"①，收入分配公正才能真正实现。

2. 初次分配公正的生产力条件

在阐述了只有在生产资料公有制后的前提下才有可能实现真正的收入分配公正的思想后，马克思和恩格斯又强调，这种分配方式和状况只能是发达的生产力条件下的产物，因为人们在选择分配方式时，首先必须考虑社会到底有多少可分配的财富；② "历史过程中的决定性因素归根到底是现

---

① 《马克思恩格斯全集》第 44 卷，人民出版社 1979 年版，第 96 页。
② 参见《马克思恩格斯选集》第 4 卷，人民出版社 1995 年版，第 691 页。

实生活的生产和再生产"①。

基于生产力发展水平对于人们选择财富分配方式和标准的基础性作用的认识，无论是在设想社会主义社会的按劳分配制度，还是在设计共产主义社会的"各尽所能，按需分配"的分配制度时，马克思都强调这一切的实现都必须以高度发达的生产力为前提。例如，当论述共产主义社会的分配制度时，他明确这种制度必须以生产力增长、财富充分增长为前提。②

（三）初次分配的主体和参与者

为了说明其社会财富分配的对象，马克思首先从理论上提出了社会总产品的概念，并将社会总产品理解为社会所有物质生产部门集体的劳动所得。③ 然后，他认为，初次分配的对象应该是从社会总产品中扣除"用来补偿消耗掉的生产资料的部分"后的剩余部分财富，即现在我们所说的国民总收入。之所以要对社会总产品作一定的扣除，是为了维持社会再生产及满足社会成员的共同需要。马克思认为，在未来社会，生产资料归社会所有。以这种所有制为基础的社会中，没有商品交换，整个社会以社会为主体，在全社会有计划、按比例地组织生产，对社会总产品作一定的扣除后再按一定的原则直接进行分配。

社会既是社会生产的组织经营者，又是社会的管理者，因此，它既是社会分配的主持者，又是社会财富分配的参与者之一；而国民收入初次分配的另一参与者为劳动者，他们所参与分配的对象是对社会总产品作必须扣除后剩下的消费资料；初次分配的参与者——全体劳动者，享有参与对社会总产品扣除后的消费资料分配的机会和权利。在社会组织劳动者进行消费资料分配过程中，也要遵循"一种形式的一定量劳动同另一种形式的同量劳动相交换"④ 的原则，使得所有劳动者均能分得应得的消费资料。何谓"应得"？马克思认为每个劳动者应得的就是他给予社会的。⑤

---

① 《马克思恩格斯选集》第 4 卷，人民出版社 1995 年版，第 695—696 页。
② 参见《马克思恩格斯选集》第 3 卷，人民出版社 1995 年版，第 305—306 页。
③ 参见《马克思恩格斯全集》第 19 卷，人民出版社 1963 年版，第 20 页。
④ 参见《马克思恩格斯选集》第 3 卷，人民出版社 1995 年版，第 304 页。
⑤ 参见《马克思恩格斯选集》第 3 卷，人民出版社 1995 年版，第 304 页。

（四）初次分配公正的两个原则：公平和效率

1. 初次分配的公平原则

马克思认为，在资本主义生产资料私有制前提下，劳动力成为商品的情况下，生产不同种类的劳动力需要花费不同的劳动量，这就使得不同的行业、不同部门的劳动力的市场价格并不一致，即工资水平并不一致。在这种情况下，要想实现所谓的平等工资或平等报酬，是不可想象的。① 只有在消灭了这种所有制形式，代之以公有制的未来社会，才能保证这种公平的分配方式的实现。资本主义社会里之所以会出现贫富的两极分化，最根本的原因就是资本家占有了绝大部分生产资料，因而占有了绝大部分的社会资源，而工人却是一无所有，只能出卖劳动力，不可能拥有和资本家同等的机会和起点。

而在未来社会，全体社会成员共同占有生产资料，劳动者彼此才有了一个公平的起点。人们都公平地拥有参加劳动、接受培训和教育的机会，从而都有机会充分发挥自身的潜力，求得更好的发展。因为，即使拥有同等的潜力或能力，机会不同，彼此的未来肯定不同。因此可以看出，公平地拥有机会，对于劳动者未来的收入分配机会和分配权利是多么的重要，又是多么不可或缺的前提。只有以统一的尺度——劳动而不是以出身、资本拥有多少等其他因素作为分配的唯一标准，分配才是公平的。②

当然，在强调分配公平的同时，马克思仍然坚持历史唯物主义的评价原则，他认为，在不同的社会，基于不同的生产力发展水平，分配的公平标准和内涵都是不同的。公平是历史的、具体的、相对的，必须要结合具体的社会生产力发展水平，具体的民族心理和文化等要素去考察公平的内涵，不存在永恒的、固定的公平标准。即使以劳动为分配标准的社会，劳动者所享有的公平也只能是机会上的公平，而非事实上的公平。

2. 初次分配公正的效率原则

和许多古典经济学家一样，马克思也非常重视财富和收入分配中的效

---

① 参见《马克思恩格斯选集》第 2 卷，人民出版社 1995 年版，第 76 页。
② 参见《马克思恩格斯全集》第 3 卷，人民出版社 1963 年版，第 304 页。

率问题。马克思认为，不同的劳动者在自然能力和社会能力方面的差异是客观存在的，因此，不同的劳动者对于生产的贡献在客观上也存在异质性。在分配中，承认这个事实有利于激励他们充分发挥自己所长，提供更多、更优质的劳动，以获得更多、更好的报酬。在分配中考虑效率原则，就是鼓励劳动者在既定的劳动条件下，创造更多的产品，提供更多的更优质的服务。劳动者的效率越高，意味着社会的总产品将越多。效率原则就要求在进行个人消费品分配时，等量劳动应该获取等量报酬。也就是说，劳动者所能获得的报酬与其所付出的劳动是成正比的，付出的越多、越好，其所获取的报酬也相应的越多，其生活水平和发展机会也就更好。这就是所谓的"多劳多得、少劳少得、能劳动者不劳动则不得"的原则。因此，遵循效率原则，就有利于激励劳动者发挥其主观能动性，尽其所能进行劳动生产，最终也有利于社会生产水平的提高。

二、马克思、恩格斯的按劳分配理论

正如恩格斯所强调的那样，"最能促进生产的是能使一切社会成员尽可能地全面发展、保持和运用自己能力的那种分配方式"[①]。马克思认为，在共产主义第一个阶段即社会主义阶段，实行以劳动的质与量作为个人消费品分配基本标准的按劳分配制度是符合公正原则的选择。

（一）按劳分配的前提和形式

1. 前提之一：生产资料公有制

如前所述，马克思、恩格斯认为，生产关系尤其是特定社会阶段中占主导地位的生产关系状况决定了该阶段的收入分配的性质和状况，不同的生产关系前提下，收入分配的性质和结构不同。采取什么性质的分配制度，并不是基于什么抽象的公平或正义原则的产物，是特定生产资料所有制的产物。如果离开具体的生产资料所有制，就分配问题谈分配问题，只能解决技术上和程序上的问题，解决不了根本问题。按劳分配制度的存在

---

① 《马克思恩格斯全集》第 20 卷，人民出版社 1963 年版，第 218 页。

同样如此，它是处于特定生产力发展阶段的生产资料公有制条件下的要求和产物。在少数人占有生产资料、大多数人被剥削的社会制度下，其最后的社会财富分配首先必然向有产者倾斜。只有在公有制社会里，广大人民才有可能实现经济独立，真正分享社会发展的成果，充当财富分配的主角和主人，按劳分配甚至按需分配才有可能实现。

2. 前提之二：社会主义社会较高程度、却又没有得到充分高度发展的生产力水平

正如恩格斯所言："分配方式本质上毕竟要取决于有多少产品可供分配。"① 在社会生产力水平极低的人类社会早期，只能是平均分配，而只有出现了剩余产品后，才有可能出现其他分配方式。当生产力水平发展到较高的阶段，社会化大生产要求社会占有和支配生产资料，公有制取代私有制有了可能和必要，按劳分配也才有了可能。但这个时候的生产力水平还不是很高，产品还不是很丰富，劳动依然是谋生的第一需要，这就意味着此时的收入分配最多只能是按劳分配，不可能是按需分配。

3. 按劳分配的形式：劳动券

马克思认为，社会主义社会没有个别劳动与社会劳动的区别，不存在商品生产和商品交换，没有货币，按劳分配可以采取让劳动者领取可以证明其劳动数量与质量的"劳动券"，在社会储存中领得与劳动量等量的消费资料。②

（二）等量劳动获取等量报酬的原则

马克思认为，社会主义社会"刚刚从资本主义社会中产生出来的……还带着它脱胎出来的那个旧社会的痕迹"③。在这个阶段，尽管是公有制，但此时的生产力水平仍然不是很发达，劳动产品还不能满足全体社会成员的所有需要，只能是按照一定的原则进行有差别的分配；而在劳动依然是人谋生的第一手段的情况下，以有效劳动为收入分配的唯一依据是最恰当

---

① 《马克思恩格斯选集》第4卷，人民出版社1995年版，第691页。
② 参见《马克思恩格斯选集》第3卷，人民出版社1995年版，第304页。
③ 《马克思恩格斯选集》第3卷，人民出版社1995年版，第304页。

不过的。因此，等量劳动获得等量报酬应该成为社会主义社会收入分配的基本原则。

（三）劳动权利的平等性和不平等性

在马克思看来，劳动权利的平等性体现为：所有个人的劳动都直接地成为社会总劳动的构成部分，每个社会成员都以其劳动量的多少来进行分配，在分配标准同一的情况下，其分配权利与劳动付出是成正比的。这就意味着，每个劳动者都拥有机会上的平等，即平等地拥有劳动机会、平等地拥有参与公正分配的机会和权利。

然而，基于社会主义特定的生产力发展水平，劳动仍然是人们赖以谋生的第一手段，尽管平等地拥有劳动致富的机会，但劳动者及各家庭之间却存在事实上的差异，如体力劳动与脑力劳动的差异、劳动者个人自然能力如体力、智力等差异。如果某劳动者拥有比其他人更好的自然天赋或因客观的社会原因造成的社会优势和能力优势，那么在同等条件下，他的有效劳动量必然更大，则其劳动报酬就多于其他处于劣势的劳动者；同样，各家庭之间也是如此。出于客观的自然原因或社会原因，各家庭的成员在劳动者人数和劳动者的体力、智力及其他方面有着差异，占优势的家庭就会有更多的分配机会和分配权益，导致家庭之间也会存在贫富差别。因此，在按劳分配的条件下，劳动者所获得的实际报酬实际上存在着差异。而这种差异与劳动者的主观努力并没有直接关系，更多地是因为自然原因或客观的社会原因。这就意味着，在社会主义阶段，按照按劳分配的原则，劳动者之间存在不因个人主观原因，仅仅因为天赋或客观的社会原因而存在着事实上的劳动权利不平等。对于这种事实上的不平等，马克思认为，"就它的内容来讲，它象一切权利一样是一种不平等的权利"[1]，这种不平等在共产主义第一阶段是不可避免的。正是这种劳动权利的不平等，导致在社会主义阶段，劳动者之间的收入分配会存在客观上的差异，从而导致社会成员及其家庭之间也会存在不可避免的贫富差别。

---

① 参见《马克思恩格斯选集》第3卷，人民出版社1995年版，第305页。

（四）按劳分配的界定

按照马克思的解释，在商品交换刚刚出现之初，交换只是作为一种偶然的现象存在。在这个阶段，商品的占有者和商品的劳动者是同一个主体。因此，商品的交换其实就是劳动者之间劳动量的平等互换。此时的收入分配基本还是劳动者自己的事。然而，这种现象不会持久，因为价值规律的作用必然会促使商品生产者之间的竞争而带来优胜劣汰。结果最终是在商品生产和交换中占据优势的人则会拥有更多的商品，而弱者则会相应失去商品的占有权。当这种分化成为常态，占有商品的人就会利用手中的经济优势尤其是生产资料所有权优势，用部分消费资料换取一些人为自己劳动，剥削就产生了。此时的收入分配主导权基本由生产资料所有者掌握，与劳动者则渐行渐远。

正是基于对资本主义生产关系下收入分配方式的揭露与批判，马克思、恩格斯设想，在未来的公有制社会里，收入分配的主导权将重新回到劳动者手中。在那个理想的社会中，生产力水平高度发展，产品极为丰富，直接在人们中按需分配，充分满足所有人的需要。但是，基于在这种高度发达的社会完全实现之前，还存在一个刚刚从旧的社会中脱胎出来的社会形态。在这个阶段中，生产资料已经归公有，但生产力水平尚未发展到按需分配的阶段，只能先是以按劳分配为过渡阶段。当然，对于马克思来说，实行按劳分配并非其对未来社会的基本原则设计，只是一个过渡性措施，因此，他主张的按劳分配是有其特定内涵的。

从马克思本人关于"按劳分配"的理解，至少包括以下三个要点：首先，作为按劳分配的"劳"主要指的是劳动时间或劳动强度，劳动者个人客观能力的差别并不是分配的直接或主要依据。因此，分配的差别主要是因为劳动者个人主观原因造成的不同的劳动时间或劳动强度而引起，同时也要将因为不同劳动者客观能力的差别会导致不同劳动者从事同类劳动时所花费的时间或劳动强度的差别考虑进去。其次，因为马克思所设计的社会主义并不存在商品经济，因此，即使因劳动时间和劳动强度不一样，在收入分配中处于相对有利的一些劳动者，也无法通过交换将剩余的消费资料转化成货币积累去购买生产资料，雇佣其他相对处于劣势的劳动者或社会成员，剥削现象和因剥削导致的严重贫富差距现象不可能重新出现。再次，马克思一直强调，"按劳分配"仍然属于资产阶级的法权，只能是在生产力水平尚不很发达的社会主义阶段才出现的分配方式。最后，社会主义者仍然要继续解放和发展生产力，将社会主义阶段过渡到共产主义阶段，实现"各尽所能，按需分配"的分配方式。①

　　总之，马克思从劳动价值论出发，运用制度分析方法深入地研究了初次分配的前提、主体和参与者、分配的基本原则，并对未来社会的初次分配进行了充分的分析和论证，提出了按劳分配理论，创立了马克思式的初次分配理论体系。

三、马克思、恩格斯初次分配公正思想的特点

　　马克思主义的初次分配公正观，一方面是出于他对人类自由解放的理想而产生，更重要的是基于对资本主义雇佣劳动制条件下的分配制度和分配模式的揭露与批判而最终确立。总的来说，马克思并不是简单地就分配问题本身谈分配制度和分配程序的完善，而是将其置于生产关系尤其是生产资料所有制中进行研究。在生产资料私人占有的前提下，无论怎样设计收入分配原则和模式，都不可能真正解决收入分配的公正性问题。要实现收入分配包括初次分配的公正，必然用公有制取代私有制，让广大的劳动者做生产资料的主人、劳动的主人和分配的主人，真正的收入分配公正才有可能实现。

　　（一）公正的初次分配是形式平等与实质平等相一致的分配

　　在马克思的理论框架中，公平与平等是作为两个不同的概念分开来使用的。从相关著作来看，在谈到收入分配问题时，马克思尽管谈到了公平问题，但他关注更多的是平等问题。

　　马克思指出，收入分配的平等，实际包含两层含义：一是形式上的平

等，二是实质上的平等。前者更多关注程序的平等，即公平对待每个分配参与者。它主张用同一种标准对待所有的人，至于实际结果如何，关注不多。马克思认为，不同的人会因各种客观的自然原因或社会原因，在能力上存在一定的差距。这种不由自己选择的能力的差距，就会使他们在面对同一种尺度的分配方式时，得到不同的、不平等的分配结果。就是说，形式上的平等分配可能会带来实质上的不平等分配；实质上的平等分配强调的是要关注分配的全程，既要注重分配原则、分配程序对大家的平等，更要关注最终分配结果的平等。也就是说，只有形式上的平等（公平分配）与实质上的平等的结合，才是真正的平等分配。当然，马克思也认为，这种真正的平等只能存在于未来人类社会的高级阶段。在此之前，还是必须从具体的社会历史阶段来决定分配方式的选择与取舍。对任何一种分配制度的评价，都没有完全固定的、永恒的标准，都必须将其置于具体的历史条件下去分析。社会主义阶段的收入分配方式的选择与取舍也是如此。

按照马克思的逻辑，即使变革"按资分配"，代之以按劳分配的制度，劳动者之间客观上的自然能力和社会能力的差别，也会导致他们在初次分配时出现消费品分配结果的差异，最终导致劳动者及其家庭在生活水平和发展潜力的客观差别，即事实上的不平等。也就是说，在社会财富还没有达到极大丰富水平的社会主义社会阶段，公正只能是依然在路上，分配公正只能是相对公正，在分配制度上将是形式上的平等与事实上的不平等并存。这显然也与马克思主义的最终社会价值目标不相一致。但马克思并没有因此否定这种分配方式的相对合理性。这种分配方式"默认劳动者的不平等的个人天赋，从而不同等的工作能力，是天然特权"，从而应该对不同劳动者加以区别对待，但他"不承认任何阶级差别……每个人都像其他人一样只是劳动者"①，从而给每个劳动者提供了平等的机会和平等的发展前景；另外，由于每个劳动者的家庭负担并不相同，因此，即使拥有相同劳动能力和劳动强度的劳动者能够分配到同等数量和质量的消费品，他们

---

① 《马克思恩格斯选集》第3卷，人民出版社1995年版，第305页。

彼此之间依然会存在贫富差别。但这种差别仅仅是由客观上的原因引起的，与其他如等级差别、阶级差异或对生产资料的所有制关系不同等社会原因无关。最终，当社会生产力有了极大的发展，社会财富足够丰富时，实行"各尽所能、按需分配"后，因上述原因而导致的贫富差别就会消失，真正的公正分配才能实现。

（二）公正的初次分配是历史性与相对性相统一的分配

当马克思在阐述只有在共产主义的高级阶段（共产主义社会）里，才有可能实现真正的公正分配时，按照历史唯物主义的观点，他也是一直在强调公正分配的最高境界的实现也永远在路上。

马克思认为，一方面，人类追求的公平其实并不存在永恒的标准；人类对公平的追求从来就不是固定不变的，从来都是与特定的社会历史阶段尤其是特定的生产力水平联系在一起的。初次分配公正的内涵与标准具有社会历史性，是一个历史的概念，也是一个历史的过程。另一方面，就算不存在永恒的、固定不变的、可适用于任何历史阶段的初次分配公正标准，但如果能找到某种能够适用于几个阶级的分配尺度或标准，那么在该特定的历史阶段，这种分配尺度或分配标准就具有历史的合理性。这种分配方式就可被理解为公正的。[1] 当然这种合理性和公正性是相对于该特定的历史阶段和特殊的阶级而言。在这里，马克思实际上是承认初次分配公正内涵和标准的相对稳定性和共同性的。基于此理论，我们可以推论出：尽管资本主义"等量要素投入获得等量报酬"的分配方式从其本质上说是不平等的，但是马克思并没有否定在特定的历史条件下，这种资本主义的初次分配方式的相对合理性和公正性，因为这种分配方式同资本主义生产关系完全适应。

（三）劳动是初次分配公正的衡量尺度

具体的劳动形式是多样的，不具有可比性。因此，马克思所说的按劳分配中的"劳动"实际指的是抽象掉具体形式的一般劳动，而且是经过了

---

① 参见阳芳：《五种分配公正观及其当代价值》，《山东社会科学》2011 年第 8 期。

换算的简单抽象劳动。只有这样，彼此之间才有可能按照同一个尺度（劳动的时间和强度）进行比较，并按一定的比例关系进行财富的分配。生产者的权利是同他们提供的劳动成比例的，平等就在于以统一尺度——劳动来计算。按照马克思的设想，在生产力不够发达的条件下，唯一的公平分配方式就是按劳动的数量和质量进行分配。个人对社会的劳动付出和社会对劳动者的个人满足，两者之间达到一致，这是马克思分配公正思想的重要主张。

第四章　新中国初次分配制度的变迁

新中国成立以来，初次分配制度的变迁有其特殊机理，它和新中国经济发展的历史阶段密切相关。新中国初次分配制度的变迁，先后经历了新民主主义时期的"公私兼顾、劳资两利、四马分肥"的初次分配制度，高度集中计划经济时期的"一大二公、平均分配"的初次分配制度，"按劳分配为主体、其他分配方式为补充、多种分配方式并存"的初次分配制度，"劳动、资本、技术、管理等生产要素按贡献参与分配"的初次分配制度四个不同的阶段。其间虽有反复和挫折，但初次分配制度总体上适应了各个时期我国经济社会发展的需要。尤其是改革开放后的收入分配制度改革，调动了人民群众的生产积极性，提高了劳动生产率，促进了社会生产力的快速发展。

第一节　改革开放前初次分配制度的变迁

从1949年新中国成立到1978年改革开放的29年间，以1956年年底社会主义改造完成为分界线，可以将这一阶段分为两个时期，前一时期实行新民主主义经济体制，后一时期实行高度集中的社会主义计划经济体制。与此相适应，在初次分配制度上，前后分别采用了"公私兼顾、劳资两利、四马分肥"和"一大二公、平均分配"的制度。

一、公私兼顾、劳资两利、四马分肥

从新中国成立到社会主义改造完成，我国实行的是新民主主义经济体

制，其中以1949年至1953年期间最为典型。这种经济体制表现为以直接计划、间接计划为主导，并伴之以少量和必要的市场调节的特点。[①] 新民主主义经济体制依靠直接计划来统筹安排国营经济的产供销活动，国家统一调配人、财、物；依靠订立合同，采取间接计划如加工订货、包销、经销、代销等经济措施来规范和引导合作社和部分私营企业，以将其纳入国家计划的整体布局；在保证国家通过必要的经济手段的总体调控下，运用市场的手段对部分私营、手工业、社员个体经营进行调节。

为了解决当时社会各阶级、阶层之间的财富分配问题，消除民族资本家的顾虑，防止资本外逃，毛泽东于1949年4月25日发表"公私兼顾，劳资两利，城乡互助，内外交流"[②] 的讲话，明确提出要兼顾国家、资本家、工人、企业四方利益。依据此精神，中国创造性地设计了"四马分肥"的初次分配制度。

"四马分肥"[③] 的经济模式，它最初是为了废止民国时期股份制"先分股息"的陋习。1953年，李维汉在《关于资本主义工商业中的公私关系问题的调查报告》中，介绍了在"公私兼顾，劳资两利"八字方针指导下，资本主义经济利润按照"四马分肥"的比例进行分配的格局，"企业新产生的价值，首先分为工人的工资、私方利润、公方利润三部分，三分天下，工人阶级有其二；而后企业利润又可以分为国家税收、资本家的股息和红利、工人的奖金和福利、企业的公积金，四马分肥，工人阶级得其大半"。同年8月，毛泽东在全国总工会送审的《关于加强资本主义工业企业中工会工作的指示》上有一段批示，肯定了"四马分肥"的利润分配格局。

1953年国家正式规定，私营企业每年结算盈余，其利润分配依照"四马分肥"的方式，即将利润分为国家所得税、企业公积金、工人福利费、

---

① 参见任立新：《新民主主义经济体制理论与社会主义市场经济理论之比较》，《中国特色社会主义研究》2008年第1期。
② 薄一波：《若干重大决策与事件的回顾》上卷，中共中央党校出版社1991年版，第52页。
③ 薄一波：《若干重大决策与事件的回顾》上卷，中共中央党校出版社1991年版，第52页。

资方红利四个方面进行分配，分配比例规定如下：国家税金占30%，企业公积金占10%—30%，工人福利奖金占5%—15%，股东红利、董事、经理、厂长的酬金约占25%。资方红利大体只占四分之一，企业利润的大部分归国家和工人，基本上是为国计民生服务的。1956年实行全行业公私合营后，资方的股息红利被定息，即年息五厘所代替。

"公私兼顾，劳资两利，四马分肥"的分配制度照顾到了各方利益，符合当时中国的国情，在制度的设计上充分体现了中国和谐文化的特质，公与私、劳与资都以民生为本，顺应了当时经济的发展要求，充分调动了中国社会各阶级、阶层的积极性。中国共产党运用非凡的政治智慧和政治魄力，带领全国人民，仅用了三年时间就奇迹般地在战争废墟上恢复了国民经济，并在贫穷落后的基础上开始了大规模的经济建设。"一五"时期开展了以"156项工程"为中心的大规模工业建设，为我国基础工业体系的形成奠定了重要的基础，大大缩短了中国与发达国家工业发展水平的距离。1957年的国民收入比1952年增长53%，人们生活水平得到提高，实现了社会的和谐稳定。

二、计划统筹、一大二公、平均分配

从1957年起，我国进入社会主义建设时期，这是探索中国社会主义经济建设道路的时期。这一时期，包括经济建设在内的我国社会主义事业在曲折中发展。社会主义改造完成后，因为国营企业的全民所有制性质，再加上计划经济体制影响，我国的国民收入初次分配基本由国家控制。在城市中，企业生产出来的新增产值被分成两部分：一部分是职工的工资和福利，另一部分则是国家作为资产所有者分得的利润。企业本身也是国家的附属，并没有独立的经济地位，因此它在整个初次分配体系中，也是国家的附属，没有单独的享有财富分配份额的权力；劳动者的工资级别、标准及调整也都由政府决定。在农村，建立了人民公社体制，追求"一大二公"，在分配上平均主义色彩浓厚。总的来说，从1957年到1978年的21年间，我国实行计划经济体制，在分配上吃"大锅饭"现象严重。从收入分配的角度来说，呈现出以下特征：

（一）城乡收入分化，二元结构特征明显

城乡二元经济结构形成了城乡之间的收入分配制度的二元性特征，城乡之间的分配机制和收入水平存在着较大的差异。新中国成立以后，受苏联模式影响，中国推行加快国家工业化的发展战略，重工业被放在优先的位置发展，而农业和农民则处于被忽视的地位。为了尽快实现工业化，国家对城市居民实行低工资的收入分配制度，同时给予全面的福利保障，如养老、医疗、住房等，而这些福利保障在农村却没有。国家采取强制转移农业剩余和资源的制度安排，以促进城市工业化。通过人民公社体制，将农民的收入压低到仅能维持简单生存的水平。农民主要通过集体劳动，在人民公社或生产队获得实物分配，现金收入很少。有的家庭虽搞一些副业，但也只能增加少量的收入。这种城乡二元收入分配制度，导致了我国城乡收入失衡的长期存在。①

（二）实行计划分配，平均主义特征明显

当时的收入分配制度，是一种计划性很强的制度安排，所有收入分配事项都要服从中央的计划安排。在城市的各类国营企业和农村的人民公社中，不存在市场化的收入分配规则，计划性的收入分配制度安排得到全面而彻底地施行。因为国家无法掌握每位职工的实际劳动贡献，只能按照一定标准划分工资等级，在全国实行计划等级工资制度。处于同一等级的收入分配必然表现出平均主义特征，这使得职工工资同其实际劳动贡献严重脱节。在计划经济体制下，除了货币分配外，国营企业的收入分配还包括许多非货币形式的分配，如职工的养老、住房、医疗、教育和就业等方面的需要都由国营企业统筹安排和相对平均地提供。

（三）中央主导分配，权力集中特征明显

与高度集中的计划经济体制相适应，收入分配由中央主导，分配的权力集中于中央。分配权力的集中性主要表现为，作为分配政策制定者的政

---

① 参见于金富：《马克思按劳分配理论与我国现阶段社会主义分配制度》，《当代经济研究》2006年第11期。

府尤其是中央政府在整个国民收入的分配体系中，对国营企业、人民公社、普通劳动者等分配主体有相当的控制力，对整个分配过程或分配流程有绝对的主导权。在这种中央集权的体制下，政府或其主管部门全面负责国营企业收入的具体分配事务，如工资总量、工资标准、工资晋升和调整等都归政府尤其是中央政府决定，连企业的具体财务往来都要由国家主管部门负责"统收统支"。在分配实施过程中，地方政府、国营企业、劳动者几乎没有任何的自主余地，只能是被动地接受国家的安排。

在实行高度集中的计划经济的 21 年中，是我国从社会主义改造全面完成和"一五"计划成功实施开始，历经了"大跃进"和"文化大革命"，最后带着对"文化大革命"的痛苦反思、对计划经济体制的困惑而结束的过程。与世界上其他国家和地区相比（尤其是欧洲和日本），尽管经济增长在加速，但仍然慢于世界总体经济的增长速度，经济发展表现不佳。在这个时期，我国的初次分配制度与生产力的发展水平不是很协调，没能很好地调动广大人民群众的积极性，影响了人民生活水平的提高，但这个阶段的探索为我国改革开放后初次分配制度的改革提供了极为宝贵的经验和教训。

第二节　改革开放后初次分配制度的变迁

以 1978 年 12 月 18 日召开的中国共产党十一届三中全会为起点，我国进入了改革开放的新时期。改革开放后，党和政府对于确立什么样的初次分配制度，如何实现初次分配公正进行了不懈的探索。这一时期我国初次分配制度的变迁，经历了四个不断调整、逐步递进的阶段。

一、修正平均分配阶段：打破"大锅饭"，试行承包制

从党的十一届三中全会至 20 世纪 80 年代中期，是修正平均分配阶段。党的十一届三中全会提出了克服平均主义、遵循按劳分配的基本原则，要求按照劳动的数量和质量计算报酬。邓小平多次强调，必须打破"平均主

义"的"大锅饭","允许一部分地区、一部分企业、一部分工人农民,由于辛勤努力成绩大而收入先多一些,生活先好起来"①。自此,高度集中的计划经济体制下形成的平均主义收入分配制度开始被打破,社会主义的按劳分配原则逐步得到体现和尊重,一部分地区和一部分人通过自己的努力,开始先富起来。这一分配制度的改革,首先是通过实行家庭联产承包责任制,在推进农村经济体制改革的进程中得以实现。

　　改革开放前,农村实行以公社和生产队为基本单位的生产和管理模式。在这种模式中,农民作为直接的劳动者,只能获得所有农业收入中的一小部分,且多以实物形式实现,另外的大部分收益则为人民公社和国家所占有。在实行家庭联产承包责任制后,家庭成为农业生产的基本单位,农村此前的分配模式也随之被打破。按照承包合同,家庭上交一部分收益给国家,并留下一部分收益给集体,剩下的则由自己支配,多劳多得,多产多得。农民在农村收益的分配中有了自己独立的地位。由于分配制度的改革,农民长期被压抑的积极性和主动性得到极大的释放,农村生产力也得到极大的提高,粮食产量快速增加,农民收入也得到快速增长。一部分地区和一部分农民因为自己的辛勤劳动逐步实现了富裕。在农民能自由支配剩余产品的情况下,农村商品交换日渐发展起来,市场对于农村经济和农村收入分配的影响也越来越明显。

　　在随后的改革中,当国家大力扶持乡镇企业的政策确定后,大批乡镇企业得到发展。在乡镇企业的经营和管理方面,尽管地方政府对乡镇企业仍然有较大的影响,但从经营管理的模式来看,我国乡镇企业经营和管理基本上走向了市场,逐渐由市场发挥主导作用。在乡镇企业的收入分配中,市场化特征比较明显。尤其是从工人的工资分配来看,基本不受计划经济的影响。乡镇企业的劳动力主要来自市场,其工资水平主要由市场的供求关系决定。不仅如此,在资金筹集方面,除了集体注资外,还出现了

---

　　① 《邓小平文选》第二卷,人民出版社1994年版,第152页。

社会集资、股份合作制等新的筹资模式。① 这种新的出资模式意味着资本所有者也要参与到乡镇企业的收入分配中来。

实行家庭联产承包责任制以后，随着生产效率的提高，农村出现了大量剩余劳动力，大量农民涌向沿海发达地区寻找务工机会，外出打工成为农民收入的重要来源。农民打工者大多从事体力强度大、条件恶劣、工资水平低的工作，有的从事服务业工作，他们的就业及收入主要由劳动力的市场供求关系决定，但一般要高于务农收入。

受农村经济体制改革的影响，我国国有企业也开始实行承包制改革。这种承包制主要是围绕着企业所有权和经营权的分离进行。在所有权和经营权分离的情况下，企业获得了比以往更多的经营自主权。其中，企业收入分配的主导权部分地由国家转移到企业手中。在承包制下，虽然政府依然从总体盘子上规定了诸如工人工资定级、发放、企业积累等企业的收入分配。但在具体操作上，企业有了更多的自主权。企业只要按照承包协议完成了应该上缴的利润和税收后，剩下的收入部分的分配事项，企业有很大的自主权。因此，在工人劳动报酬收入方面，除了统一的工资收入外，企业还可以将企业的一部分收入以奖金、福利等形式，根据工人的具体工作绩效，有差别地发给工人，以激发他们的工作积极性和责任心。

另外，农村经济体制改革也在一定程度上改变了城市劳动者的经济地位和在初次分配中的地位。不过这种影响对于劳动者来说，既有积极的一面，也有不利的一面。从积极的一面来看，受农村承包责任制影响的国有企业承包制确实在一定程度上解放了企业的劳动者，提高了他们的收入水平；同时，城市逐渐增多的非公有制经济也为这些城市劳动者提供了更多通过自己的劳动提高收入的机会。这样一来，从整个国民收入的分配总布局来看，劳动者收入分配的绝对总量确实在增加。从不利的一面来看，因

---

① 参见张宇：《过渡之路：中国渐进改革的政治经济学分析》，中国社会科学出版社 1997 年版。

为工业企业的有机构成远远高于农业生产，企业的资金投入的重要性越来越明显，劳动者的重要性则越来越不突出。因此，在工业企业中的收入分配格局中，劳动者收入分配份额出现下降，资金参与分配的份额则相应的增大。

二、改革探索阶段：推进按劳分配，探索按要素分配

从 20 世纪 80 年代中期至 90 年代初期，是初次分配制度的改革探索阶段。随着社会主义市场经济体制的确立，分配制度改革也取得突破性进展，主要表现是资金在分配中的地位不断凸显。1984 年，全国劳动收入的分配份额为 68%，到 1993 年则下降为 49%。从全国范围来看，劳动者劳动收入分配份额在整体分配格局中的占比逐年下降，出现这一变化的主要原因就是城市工业企业改革所带来的劳动者地位相比资金投入的重要性越来越不明显，导致其分配份额下降。

在这一阶段，除了资金要素参与分配外，其他各种生产要素也开始参与社会财富的分配。1984 年《中共中央关于经济体制改革的决定》正式提出了我国实行有计划的商品经济，市场对于社会生产的作用越来越被承认和重视，我国的收入分配制度也相应的得到进一步的改革。一是企业劳动者的收入分配与企业经济效益的联系更为紧密；二是劳动者的收入越来越与劳动者提供的劳动质和量相对应，多劳多得、少劳少得的原则被普遍承认，彼此的收入分配差距同样也被认可，平均主义被打破。在收入分配制度改革实践的基础上，党的十三大报告明确提出了"以按劳分配为主体，其他分配方式为补充"的初次分配原则和制度。此后，除了按劳分配收入和个体劳动所得外，凭购买企业债券产生对企业的债权而获得利息、凭借企业出资所占股份获取分红、企业经营者获取经营风险收入等多种分配形式和分配依据，都成为合法收入而受到承认和保护。

这一时期的初次分配制度及具体的分配过程呈现出三个新的特征：一是分配形式的多样性。随着以生产资料公有制为基础、多种经济成分并存的生产关系结构的出现，国民收入分配的形式也呈现多样化，包括劳动者

在内的居民收入来源也出现多元化。其中，既有占主体地位的按劳分配形式，又有其他如利息收入、经营风险收入、劳动力价值收入、股权红利收入等多种分配形式。分配结果也开始呈现差距，且越来越明显。如何对我国的收入分配制度和各种分配结果加以必要的调节，将国民收入的分配差距限定在合理的范围内，使社会分配更能为社会大众所接受和认可，就成了重大的理论和实践问题。二是国家调控的宏观性。在经济体制改革的进程中，市场主体的自主经营、自主管理权力越来越被尊重，政府对市场主体的影响主要通过宏观调控手段来实现，对其内部具体的微观经营和管理行为的干预越来越少。同样，国家对于收入分配的调控也不可能再采取直接的指令性计划或直接插手各市场主体的具体分配行为，而主要是通过经济、法律和必要的行政手段对国民收入分配的外部环境施加影响来实现其目标。三是收入分配的复杂性。由于社会转型期各种改革的不到位、不健全和法制的不完善等原因引起的分配过程中的不合法现象，导致了当时社会成员在分配机会、分配权益等方面的不公平。尽管经济体制改革已经到了一定深度，分配收入制度改革也有了较大的进展，但平均主义分配思想依然在一些人身上、一些领域时不时地表现出来，加大了分配制度改革的难度。

三、全面改革阶段：明确按要素分配，重视规则公平

从 20 世纪 90 年代开始，尤其是自邓小平 1992 年"南方谈话"明确提出了社会主义也有市场的论断后，我国的收入分配制度也随之进入了加速推进、全面改革的阶段。党的十四大正式确立了社会主义市场经济体制的改革目标，1993 年通过了《中共中央关于建立社会主义市场经济体制若干问题的决定》，在强调继续坚持以按劳分配为主体、多种分配方式并存的基本收入分配制度的基础上，提出了效率优先、兼顾公平的原则，要求在进行劳动者个人劳动报酬分配时，优先考虑有利于提高市场主体积极性，有利于发展社会生产力，多劳多得，合理拉开差距。[①] 党的十五大则明确

---

① 参见《中共中央关于建立社会主义市场经济体制若干问题的决定》，人民出版社 1993年版。

提出，在分配时要体现效率优先、兼顾公平的原则，既要体现按劳分配的基本原则，又要体现其他生产要素参与国民收入分配的必要性和合理性，从而将我国收入分配制度改革大大地推进了一步。党的十六大进一步将我国的收入分配制度表述为"确立劳动、资本、技术和管理等生产要素按贡献参与分配的原则，完善按劳分配为主体、多种分配方式并存的分配制度"[①]。同时，继续强调了共同富裕的目标，要求采取措施，扩大中等收入者比重，提高低收入者收入水平。为了应对日益扩大的收入差距问题，党的十六届三中全会在继续坚持十六大提出的收入分配制度的基础上，提出了采取必要措施，尤其是加强对垄断行业收入分配的监管，以进一步调节和整顿收入分配秩序，防止社会成员之间出现收入差距过大的问题。

纵观这一阶段我国收入分配制度的演进，可以总结出其内在的演进逻辑：开始是继续坚持了以按劳分配为主体、多种分配方式并存的基本框架，并着重突出了效率优先的原则，强调了生产要素参与收入分配的合理性和必要性；而后在强调效率优先原则的同时，根据当时我国收入分配中因相关法律和制度的不健全或缺失引起的分配公平失序、收入分配差距过大的问题，又开始强调要兼顾公平（初次分配和再分配领域），以实现共同富裕的目标，并将如何更好地实现收入分配公平的问题引向纵深，如强调分配机会的公平、垄断性行业的收入分配问题，并就此提出了更为具体、更有针对性的措施，以促进分配规则的公平。

四、制度完善阶段：突出初次分配公正，强调共享发展成果

随着经济体制改革的逐步深化，我国的综合国力快速提升，人民的生活水平也得到快速提高。但同时，受多种分配方式及我国分配制度改革不到位、初次分配领域存在不公等多种因素的影响，我国社会成员之间的收入差距在不断拉大，这种收入分配的差距已经演变成为严重影响我国经济和社会可持续发展的因素。为了尽量缩小社会成员之间的收入分配差距，

---

① 江泽民：《全面建设小康社会　开创中国特色社会主义事业新局面——在中国共产党第十六次全国代表大会上的报告》，人民出版社 2002 年版，第 28 页。

党和政府进一步推进收入分配制度的改革，努力实现分配公正尤其是初次分配的公正。但是，至于具体如何去操作，政策的着力点放在哪儿，则应该随着我国经济和社会发展不同阶段的变化而变化。因此，在前期，尽管总的来说，党和政府一直强调分配的公平，强调共同富裕，但在初次分配领域，依然强调的还是"效率优先、兼顾公平"。进入 21 世纪以来，面临收入分配出现的新问题，党和政府对收入分配政策及时作了调整，将初次分配公正摆在收入分配政策的突出位置，把促进初次分配公正作为收入分配制度改革的首要要素。

立足于改革开放以来收入分配制度改革的实践，通过对收入分配制度改革的反思，并结合我国经济和社会发展的新情况，自 2006 年起，我国的收入分配制度改革越来越突出公正原则，包括初次分配领域的公正问题，从过去的初次分配优先效率、再分配领域注重公平的设计转向为初次分配既要讲效率，又要讲公平，再分配领域更加注重公平。从 2006 年起的"十一五"规划中着重对如何按照社会公正的原则，更好地调节国民收入分配，整顿和规范收入分配秩序，尽可能地缩小行业之间、地区之间以及个人之间的收入差距，缓解社会矛盾提出了具体规划。① 以此为基础，党的十七大报告中将合理、公正的收入分配制度视为社会公平的重要维护手段，明确提出要改革收入分配制度，要求在初次分配和再分配都要考虑公平，再分配领域更加注重公平，并就如何更好地调节收入分配提出了一系列有针对性的措施。党的十八大报告则再次强调，初次分配和再分配领域都要兼顾效率和公平，再分配更加注重公平，让全体社会成员共享经济和社会发展的成果。② 2013 年 2 月通过的《关于深化收入分配制度改革的若干意见》再一次强调了这一原则和要求。

总之，从改革开放三十多年的收入分配制度的变迁史可以看出，党和

---

① 参见《中华人民共和国国民经济和社会发展第十一个五年规划纲要》，人民出版社 2006 年版。

② 参见胡锦涛:《坚定不移沿着中国特色社会主义道路前进　为全面建设小康社会而奋斗——在中国共产党第十八全国代表大会上的报告》，人民出版社 2012 年版，第 36 页。

政府及理论界对实行一种什么样的、适合中国国情的分配政策和制度的认识是在实践中不断得到深化的。在这个变迁过程中，历届党和政府都高度重视国民收入分配问题，对如何利用分配公平促进社会公正越来越重视。尤其是在近几年，初次分配领域的公正也越来越被强调，让所有社会成员共享经济社会发展成果已经逐渐成为决策层和理论界的共识。党的十八大报告明确提出了"努力实现居民收入增长和经济发展同步、劳动报酬增长和劳动生产率提高同步""提高居民收入在国民收入分配中的比重，提高劳动报酬在初次分配中的比重"[1] 的要求。强调初次分配公正，一方面源于中国共产党对社会主义共同富裕的价值目标的恒久追求，另一方面也是由于当前我国分配领域尤其是初次分配领域存在不公正现象的反思。面向未来，中国的经济体制和社会结构以及政府治理结构还会发生新的变化，初次分配制度也会面临新的问题。只要坚持分配公正的价值取向，不断深化对分配公正问题的认识，坚持与时俱进，就能够根据经济社会发展的新状况，作出合理的促进初次分配公正的制度安排。

---

① 胡锦涛：《坚定不移沿着中国特色社会主义道路前进　为全面建设小康社会而奋斗——在中国共产党第十八全国代表大会上的报告》，人民出版社 2012 年版，第 36 页。

第五章　我国初次分配不公正的现状

在整个国家的国民收入分配体系中，初次分配居于基础性的地位。初次分配的公正与否，将在很大程度上决定了社会财富分配的公正与否。如果初次分配领域的公正问题得到很好的关注与解决，则整个社会的收入分配格局基本确定，再加上再分配领域的进一步调整、完善与补充，整个社会的公正问题将得到有效的解决。反之，如果初次分配领域显失公正，居民收入分配差距过大，再分配领域是无法从根本上扭转这种不公正状况的。改革开放以来，我国国民经济得到快速发展，然而，城乡居民收入和劳动报酬并没有随之相应增长，明显滞后于 GDP 的增长速度。不仅如此，城乡居民收入在整个国民财富的分配盘子中的比重还在不断缩小。这就反映出我国初次分配环节上存在不公正因素。对初次分配不公正所导致的贫富差距及其带来的一系列社会问题，既要正视这一事实，更要客观冷静地分析，以找到解决问题的途径和方法。

第一节　当前我国初次分配不公正的表现

改革开放之前，计划经济体制下居民收入受平均主义思想支配，收入差距不大或几乎微乎其微。1978 年后进行经济体制改革，特别是党的十四大确定建立社会主义市场经济体制之后，在收入分配领域推崇效率优先政策，居民收入来源日益多样化，有的居民迅速富裕起来。然而，由于市场机制不健全、竞争秩序不规范和制度安排不完善，由初次分配所引发的不公正问题也明显增多。这种不公正问题一般表现为初次分配中劳动报酬偏低、居民收入在国民收入分配中占的比重也偏低，从而导致居民收入存在不合理的差距，贫富悬殊日益严重。

一、劳动报酬在初次分配中的比重偏低

劳动报酬是劳动者凭借其体力或脑力劳动的有效付出而享有的报酬，体现了社会对其个人劳动的承认。一般而言，用人单位在生产过程中支付给劳动者的全部报酬包括三部分：一是货币工资，这是用人单位以货币形式直接支付给劳动者的，包括工资、奖金、津贴、补贴等；二是实物报酬，即用人单位以免费或者低于成本价提供给劳动者的各种物品和服务形式的酬劳；三是社会保险，指用人单位按照国家相关法规为劳动者直接向政府和保险部门支付的包括人身、医疗、失业、养老等保险金。

初次分配涉及政府、资本和劳动者三个主体，既需要调整政府和市场之间的利益分配关系，又需要调整市场中资本和劳动之间的利益分配关系。纵观我国六十多年的发展历程，改革开放以前，受计划经济体制的影响，按劳分配成为我国占主导地位的方式，劳动是衡量个人收入报酬的最主要的依据，劳动者的劳动报酬得到了较好的尊重与体现。改革开放后尤其是1992年社会主义市场经济体制被确立后，除了劳动这个依据外，其他要素如资本、土地和技术等对于价值创造的作用日益受到重视，也作为生产要素参与国民收入的分配。而且，由于改革开放初期，我国国有和集体的资金严重缺乏，整体科技水平也不高，导致整个社会对资本和技术在社会财富创造过程中所起的作用尤其重视。这样一来，在整个国民收入的初次分配环节中，资本、土地和科技等生产要素的分配权益比重越来越高，而劳动要素的分配权益比重却越来越低，其增长远低于 GDP 增长速度。

（一）我国劳动分配率与西方发达国家比较

从劳动分配率看，我国的劳动报酬在初次分配中的比重偏低。所谓劳动分配率，就是企业在用人过程中，人工的成本在企业的资本增加值中所占的比例，是反映劳动报酬在初次分配中的比重的重要指标。一般来说，一个国家的劳动分配率越高，则表示该国劳动者的工资收入总额，在该国的初次分配中所占比重就越高；反之，一个国家的劳动分配率越低，则表

示该国劳动者的工资收入总额，在该国初次分配中所占比重就越低。研究
表明，党的十四大以来，我国的劳动分配率在短时间内有一定小幅度上
涨，但之后便开始持续下降，至 2007 年降到最低点，为 39.74%；虽然从
2008 年开始小幅度回升，并在 2011 年达到 44.94%，但仍低于 20 世纪 90
年代初的水平（见图 5-1）。

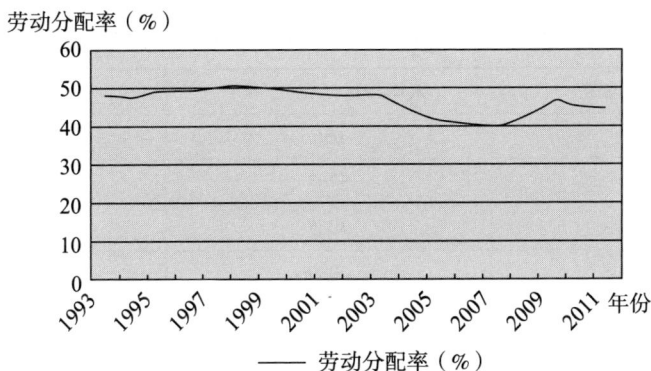

图 5-1　20 世纪 90 年代以来我国劳动分配率变化情况

与此同时，与发达国家水平相比，在西方发达国家 2008 年的数据中，
除德国略低于 50% 以外，其他均超过 50%，而我国 2011 年只有 44.9%，
低于西方世界发达国家的水平（见图 5-2）。[1]

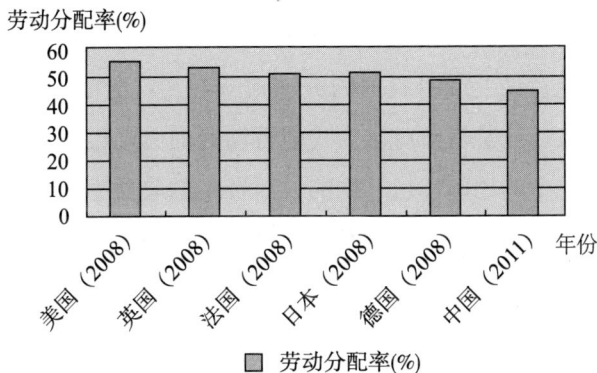

图 5-2　中国和西方发达国家的劳动分配率比较

---

① 参见郭志栋、邸敏学：《中国劳动报酬占国内生产总值比重偏低的成因及对策分析》，《当代世界与社会主义》2013 年第 2 期。

通过以上国内纵向比较和与国外的横向比较都充分说明，我国劳动者的工资收入在初次分配中的比重是比较低的。

（二）我国职工工资水平与西方发达国家比较

从人均月工资收入来看，我国职工的实际工资水平远低于发达国家（见表5-1）。

表5-1　2012年中国与其他国家、地区人均月薪工资收入比较①

国别（地区）	人均月薪（美元/月）	全球排位
中国	656	57
美国	3263	4
英国	3065	5
卢森堡	4089	1
挪威	3678	2
奥地利	3437	3
韩国	2903	10
新加坡	2616	14
日本	2522	17
中国香港	1545	30
中国澳门	758	52
印度	295	69

这也在一定意义上说明我国的劳动报酬在初次分配中所占比例偏低。无论是纵向比较，还是横向对比，我国劳动者的劳动报酬在国民收入的初次分配总体格局中的比重都是下跌的，而资本的收益率则同比上涨。这种下跌与上涨的不平衡趋势，意味着劳动者的地位和权益保护也是处于下降趋势。由此可以看出，在我国国民收入整体分配格局中，"强资本、弱劳

---

① 数据来源：2012年4月联合国国际劳工组织公布的全球72个国家人均月薪排行榜。见http://finance.ce.cn/rolling/201204/03/t20120403_ 16854157.shtml。在这次全球人均月薪排行榜中，72个国家和地区的人均月收入是1480美元，约合人民币9327元。其中中国内地员工的月平均工资为656美元，约合人民币4134元。人均月收入尚不到全球平均水平的一半。

动"的问题越来越严重，劳动报酬在初次分配中的比重过低，表明我国广大劳动者并没有充分分享到经济高速增长所带来的成果。

梳理历史，我国劳动报酬占初次分配比重的演变历程大致如下：

在实行改革开放的前30年内，在高度集中的计划经济体制内，公有制占据绝对主导地位，非公有制几乎没有，即使有零星存在，对整个国民经济也构不成任何影响。同时，在资源配置方面，市场的作用基本没有发挥出来，进入流通领域的基本都是个人消费品。在这种经济体制下，按劳分配也成为居民收入的绝对主要来源，其他收入来源几乎没有。劳动者的劳动报酬主要是由国家按照统一的标准进行分配。对于城镇单位职工来说，他们的劳动报酬主要表现为国家（企业）统一发放的工资（主要以货币形式存在）。在这种分配方式下，劳动者的劳动报酬都按照统一的标准执行，其具体变动和调整都得由国家统一安排与组织。尽管个别地方和企业也可根据自身经营情况对职工的工资收入进行一些调整，但这种调整也是非常有限的。这一阶段的劳动者工资在总体国民收入中的比重呈现出缓慢增长的趋势。一直到1961年国民经济大调整后，这种缓慢上升的情况才发生变化。面对"大跃进"带来的国民经济严重失衡问题，1961年到1966年"文化大革命"开始，中央制定了调整、巩固、充实、提高的"八字方针"，对国民经济进行大范围调整，大量精减城镇职工人数，并将工资标准制定、调整及招工等权限完全收归中央。因此，这一时期职工工资总额在整个国民收入中的比重呈下降趋势。在"文化大革命"期间，我国原有的劳动人事管理制度被打破，新的管理体制迟迟没有建立。管理体制的混乱和无序带来的就是我国各企业事业单位用人的混乱。在大量的城镇学生上山下乡接受锻炼的同时，又有大量的农民被作为临时工招进企事业单位。人员进出管理的混乱，带来的就是工资报酬管理的混乱，按劳分配原则基本没有得到很好的贯彻。这种情况一直延续到1972年才有所改变。1972年中央重新加强对劳动工资制度的管理，再一次将单位用人权限和工资管理权限收归中央，对原先企事业单位相对混乱的用人、工资发放和调整现状有所纠正，但总的来说，这种混乱其实并没有得到根本改观。这一段时间，全国的职工工资收入平均水平并没有得到增长，甚至还有所下降。

改革开放拉开序幕后，党和国家将工作重心重新转向经济建设，并加强对各经济环节的有序管理，我国整个劳动人事管理才开始逐渐完善起来。企事业单位人事管理的各种规章制度得以建设，企事业单位尤其是企业的用人权限日益得到尊重。如原来也归属于中央管理的劳动指标审批被下放到省级单位管理。同时，允许企业将工资的一部分与劳动者的劳动数量与质量及企业经营管理者的经营管理绩效结合起来，以奖金的形式发给他们，以激励劳动者和企业经营管理者的劳动积极性、主动性和创造性，提高经济效率。这种用人制度和工资分配制度改革有利于落实企业的自主经营权，提高经济效率，推动经济发展。实践证明，这种劳动人事管理和劳动报酬分配制度的改革对于提高劳动报酬在整个国民收入中的比例，提高居民的平均收入水平和生活水平，推进社会经济发展，起了很大的作用。但是，随着我国经济体制改革的逐步深入，尤其是市场经济体制基本确立后，除了劳动力外，其他各种生产要素也参与收入分配，尽管我国劳动者的劳动报酬实际数字在增长，但我国的劳动者的劳动报酬在国民收入分配中的比例仍呈现出下降的趋势。政府和企业的收入份额的年平均增长率不仅高于整个国民收入增长率，还高于居民的年平均增长率。而居民的收入年均增长率不仅低于政府和企业的收入增长率，还低于整个国民收入总额的年均增长率。总体上，我国国民收入的初次分配中，有比较明显地向政府和企业尤其是向企业倾斜的倾向。还有要值得注意一点的是，对居民收入增长的贡献不仅是其劳动报酬的增长，还在于居民其他财产性收入如利息等收入的增加。如果无视这些财产性收入的增加对于我国居民收入增长的意义，那么，劳动报酬占比下降的事实很容易被忽略甚至被有意掩盖。事实上，统计结果也证明了近年来劳动报酬的绝对量虽然在增加，但其在 GDP 中所占的比重却偏低。

二、居民收入在国民收入分配中的比重偏低

政府、企业、居民之间的收入分配关系是宏观收入分配格局中最基本

的分配关系。20 世纪 90 年代以来，国民收入分配重大格局中出现了一些结构不合理的现象，国民收入初次分配存在不公正的因素，导致劳动报酬比重下降，也直接使城乡居民收入在国民收入中所占比重下降，城乡居民收入增长率低于 GDP 增长率。虽然我国国民经济快速增长，但由于居民收入增长缓慢，不少居民对经济的快速增长感受不到，社会消费需求动力不足。正因为如此，党的十八大提出要 "提高居民收入在国民收入分配中的比重"[①]。

居民收入在国民收入分配中的比重偏低具体表现在四个方面：一是政府财政收入在 GDP 的占比上升。1992—2009 年我国财政收入增速连续 18 年保持在 15.0% 以上，平均增速达 18.0%，远远高于同时期 GDP 增速。特别是在 2001—2009 年这 9 年间，国家财政收入平均增速更是高达 19.9%，使得这些年财政收入占 GDP 比重逐年上升。2000 年，国家财政收入占 GDP 的比重还仅为 13.5%，而到了 2009 年这一比重则上升到了 21.0%，提升了 7.5 个百分点。二是企业利润总额大幅提升。2002 年以来，随着国有大中型企业改革成效的逐步显现以及我国经济进入新一轮的增长周期，我国规模以上工业企业利润总额增速也大幅上升，2002—2009 年其平均增速高达 25.7%，要比同时期 GDP 增速高出 15.2 个百分点。从 2002 年到 2009 年企业收入占国民收入的比重从 20.0% 上升到 23.6%，上升了 3.6 个百分点。三是居民收入增长低于国家财政收入和企业利润增长。政府收入和企业利润所占比例的不断上涨，很大程度上挤占了城乡居民参与初次收入分配的空间，最终结果即是名义工资增长率远远低于名义 GDP 的增长速度。[②] 据时任国家发改委社会发展研究所社会管理研究室主任常兴华的研

---

① 胡锦涛：《坚定不移沿着中国特色社会主义道路前进　为全面建成小康社会而奋斗——在中国共产党第十八次全国代表大会上的报告》，人民出版社 2012 年版，第 36 页。

② 据国家统计局相关年度统计数据表明，1990—2006 年我国财政收入从 2937.1 亿元增加至 38760.2 亿元，年均增长 17.5 亿元；财政预算外资金收入从 2708.46 亿元增加至 5544.16 亿元，年均增长 4.58%。而同期，城镇居民人均可支配收入从 1510.2 元增长至 11759.5 元，年均增长 13.69%，农村居民人均纯收入从 686.3 元增长至 3587 元，年均增长 10.89%。国家财政收入年均增长幅度分别比城乡居民收入增长高 3.81 个与 6.61 个百分点。

究，在 1992 年至 2007 年间，政府、企业和居民收入分别增长了 9.83 倍、19.35 倍和 7.52 倍。政府和企业初次分配收入增长速度超过居民收入增长速度，这是一种并不对称的增长。四是居民收入增长低于 GDP 的增长。1979—2011 年，中国人均 GDP 年均增长 8.8%，城镇居民人均可支配收入和农村居民人均纯收入年均增长均为 7.4%，比人均 GDP 增速低 1.4 个百分点。[①] 再以 2012 年经济运行的具体数据分析，政府、企业和居民所得均保持了快速增长，其中财政收入增长 12.8%，规模以上工业企业利润增长 5.3%，城乡居民收入实际分别增长 9.6% 和 10.7%（但同比城镇居民收入只加快 1.2 个百分点，而农村居民收入则回落了 0.7 个百分点）。即便采用不变价计算，政府和企业所得增长明显快于居民所得增长，如果考虑物价上涨的因素，则这种收入分配的差距更大。

综合 1978 年至 2014 年居民收入情况可知，城乡居民人均可支配收入或人均纯收入的增长指数[②]和增长率均低于同期 GDP、人均 GDP 的数据（见表 5-2、表 5-3），这说明居民收入在国民收入分配中的比重偏低。

表 5-2　中国 GDP、人均 GDP、城乡居民收入增长指数比较[③]

年份	GDP 增长指数	人均 GDP 增长指数	城镇居民家庭人均可支配收入增长指数	农村居民家庭人均纯收入增长指数
1978	100	100	100	100
2005	1210.4	887.7	607.4	624.5
2010	2058.9	1471.6	965.2	954.4

[①]　参见中国社会科学院 2012 年 12 月 18 日发布的《社会蓝皮书：2013 年中国社会形势分析与预测》。

[②]　增长指数，是指反映一定时期内 GDP、人均 GDP 或居民人均收入变动趋势和程度的相对数，以 1978 年为基期计算的定基指数（即 1978 年 = 100）。

[③]　数据来源：《中国统计年鉴》（2011 年）。

表5-3　中国GDP增长率、人均GDP增长率、城乡居民收入增长率比较①

年份	GDP增长率 (%)	人均GDP增长率 (%)	城镇居民人均年可支配收入增率 (%)	农村居民人均年纯收入增长率 (%)
1979—2005	9.6	8.4	6.9	7.0
1990—2005	9.7	8.7	7.8	4.6
1998—2005	9.2	8.1	8.7	4.6
2003—2006	9.9	9.2	9.2	6.2
2010—2014	8.6	8.03	7.92	10.3②

三、居民收入存在不合理的差距

国民收入初次分配不公正直接导致居民收入存在不合理的差距，表现为不同行业的居民收入、城乡居民收入、区域居民收入的差距已经超过了居民可以承受的范围，而且彼此差距越来越明显。据统计，目前我国收入最高10%群体和收入最低10%群体的收入差距，从1988年的7.3倍已经上升到23倍，不同行业居民差距达到8倍，城乡差距达到3.1倍，地域差距近3倍。③另据国际货币基金组织（IMF）2015年3月27日发布报告称，尽管从整体而言，中国人的生活水平在提高，贫困人口在减少，每天生活费少于1.25美元国际贫困标准④的赤贫人数在大幅骤降，但由于收入差距不断拉大的原因，国民收入分配不平等的现象却急剧扩大。"当前收入最高

---

①　数据参考各年度的《中国统计年鉴》《国民经济和社会发展统计公报》及赵振华：《关于提高初次分配中劳动报酬比例的思考》，《中共中央党校学报》2007年第6期。另据国家统计局2015年1月20日公布的数据显示，2014年中国居民人均可支配收入增幅终于"跑赢"GDP。

②　2010年至2014年，农村居民人均纯收入增长率分别为10.9%、11.4%、10.7%、9.3%、9.2%。这5年间，农民增收的关键得益于国家出台了一系列惠农政策，因而出现了农民人均年纯收入增长率首次超过GDP增长率现象。

③　根据《中国统计年鉴》（2011年）的数据，2010年城镇居民家庭占总体10%的最高收入组家庭人均可支配收入为51432元；占总体10%的最低收入组家庭人均可支配收入为5948元。最高组与最低组的收入之比由2000年的5.02扩大到8.65。

④　世界银行2015年10月4日宣布，为反映近10年全球不断上升的生活成本，将国际贫困线标准从此前的一人一天1.25美元上调到1.9美元。这意味着包括我国在内的全球减贫重任仍需付出巨大的努力。详见《光明日报》2015年10月6日第3版发表的《世行上调国际贫困线标准》一文。

的 1/5 人口占据了全国总收入的将近一半，而收入最低的 1/5 人口占全国收入总量的不到 5%。"该报告估计，全中国资产超过 100 万美元的家庭已经达到 240 万个，仅比美国少一些，居全球第二位。①

（一）不同行业的从业者之间收入差距过大

按照所从事经济活动的性质不同，依据经济行业国家标准 GB/T 4754②，国家统计局于 1985 年将我国的经济活动分为三个大的产业：第一产业为农业，包括林业、牧业、渔业等；第二产业为工业，包括采掘业、制造业、自来水、电力、煤气和建筑业；第一二产业以外主要是指向全社会提供各种各样劳务的服务性行业为第三产业。2002 年的新国家标准（GB/T 4754—2002），共设农、林、牧、渔业，采矿业，制造业，电力、燃气及水的生产和供应业，建筑业，交通运输、仓储和邮政业，信息传输、计算机服务和软件业，批发和零售业，住宿和餐饮业，金融业，房地产业，租赁和商务服务业，科学研究、技术服务与地质勘查业，水利、环境和公共设施管理业，居民服务和其他服务业，教育，卫生、社会保障和社会福利业，文化、体育和娱乐业，公共管理和社会组织，国际组织等 20 个行业门类。

由于各行业对于国民经济发展的直接和间接贡献不同，也由于在不同的历史时期，各行业在国民经济发展战略布局中的地位不同，在整体产业链中的地位不同，再加上各行业的产品附加值不同，还受一些诸如人们的行业观念等其他的社会因素影响，不同的行业在经济和社会发展总体布局中的地位并不相同，不同行业的从业者的收入水平必然存在一定的差距，这是正常的。但如果行业之间的差距过大，就会影响国民经济的总体布局。因为，如果彼此之间的收入差距太大，必然会影响低收入行业的劳动积极性和主动性，也会抬高行业之间流动的门槛。以 2011 年的职工平均工资统计为例，在国有或集体所有的企业中，金融业职工的平均工资为 9 万元以上，而农、林、牧、渔等行业则只有 2 万元左右，彼此差距非常大；

① 参见《IMF 报告：中国贫富差距扩大》，《环球时报》2015 年 3 月 28 日第 3 版。
② 《国民经济行业分类与代码》（GB/T 4754—84）于 1984 年制定，1985 年 1 月正式实施。

而在非公有制单位中，信息传输、计算机服务和软件业为 35562 元，公共管理和社会组织类只有 1 万元出头，相差 3 倍多。① 而如果将公有单位的金融行业的收入与非公有单位的公共管理等行业相比，那差距更为惊人，超过 8 倍多。非常明显，不同行业之间的劳动者收入差距如此之大，极为不合理。不仅如此，这种行业之间的收入差距还在拉大。这些问题将严重影响劳动者的积极性发挥，影响劳动力的自由流动，最终影响社会的和谐。另据李实教授的研究，我国垄断行业的收入与其他一般行业的居民收入差距更大，问题更为严重。而且，这些行业收入如此之高，也从一个方面反映了这些行业的高额垄断利润明显高于其他行业的利润。李实还指出，在目前这种国民经济发展战略布局下，按照现有的收入分配体制，公有单位与私营单位的收入差距将持续扩大；与多数私营市场主体相比，大企业在市场容量和资源占有量等方面都占明显优势，其收入分配环境和权益也明显占优。②

（二）城镇与农村的居民收入也呈现出不合理的差距

据统计，1978 年城镇居民可支配收入是农村人均纯收入的 2.57 倍，2009 年达到峰值为 3.33 倍。按照许多学者的研究分析，如果把农民收入当中用于来年的生产投入（如购买种子、化肥等）扣除，再把城镇居民的各种隐性收入和福利因素加起来，中国的城乡收入实际差距可能会达到 5—6 倍。此后两者差距虽有所缩小，但仍偏大（见表 5-4）。

表 5-4　部分年份城乡居民收入对比表③

年份	城镇居民可支配收入（元）	农村居民人均纯收入（元）	倍数
1978	343	134	2.57
2009	17175	5153	3.33
2012	24565	7917	3.10
2014	28844	9892	2.92

① 相关数据来自《中国统计年鉴》（2011 年），国家统计局官网 2012 年 5 月 29 日亦有公布。

② 苏海南与李实的观点可参见人民网·时政：《聚焦收入分配改革系列报道之一：我国居民收入差距数十倍，行业、区域方面突出》，2012 年 10 月 23 日。

③ 数据来源：《2012、2014 年国民经济和社会发展统计公报》。

（三）区域之间居民收入差距偏大

我国国土辽阔，不同地域的自然条件、自然资源分布和历史上社会经济发展水平必然存在差别。这种差别是过去各地区居民收入存在差距的主要原因。但改革开放后，由于国家的经济发展战略发生变化，各种经济发展政策向各地区的倾斜程度不同，又进一步造成了我国各区域的收入差距。再加上我国的分配制度设计的原因，导致东、中、西部三大区域的居民收入差距日益增大，已经到了不合理的程度。据统计，1978 年，东、中、西部地区人均收入之比为 1.37 : 1.1 : 1，标准差①仅为 23.52 元，变异系数②为 0.13。但是在改革开放后，由于党和政府在财力和物力有限的条件下，试图利用东部地区的区位优势，着力于将东部地区打造成对外开放的窗口，因而在发展政策、资金倾斜和人才培养等方面都向东部地区倾斜，同时要求中部和西部地区服从这个大局，向东部提供资源和人才服务。在这个政策背景下，东部地区迅速实现了经济腾飞，东部地区的居民收入快速增加，生活水平也快速提高。而中部和西部地区尤其是西部地区的居民收入水平增长速度明显慢于东部地区。到 1990 年，东、中、西部地区居民人均收入之比为 1.63 : 1.13 : 1，标准差增加到 84.33 元，变异系数为 0.174。进入 21 世纪以来，尽管先后提出了西部大开发、中部崛起等区域发展战略，中部和西部地区居民收入有了较大的增长，但由于以前相差的基数太大，再加上经济发展的惯性等原因，东、中、西部居民的收入差距仍然在不断扩大。2000 年，三个地区的居民人均收入之比为 1.95 :

---

① 标准差又称"标准偏差"，在概率统计中最常使用作为统计分布程度上的测量。标准差定义是总体各单位标准值与其平均数离差平方的算术平均数的平方根。它反映组内个体间的离散程度。简单来说，标准差是一组数据平均值分散程度的一种度量。一个较大的标准差，代表大部分数值和其平均值之间差异较大；一个较小的标准差，代表这些数值较接近平均值。假设有一组数值 X_1，X_2，X_3，$\cdots$，X_n（皆为实数），其平均值（算术平均值）为 μ，其标准差 σ 的计算公式为：

$$\sigma = \sqrt{\frac{1}{N} \sum_{i=1}^{N} (x_i - \mu)^2}$$

② 变异系数又称"标准差率"，和标准差一样都是反映数据离散程度的绝对值，其数据大小不仅受变量值离散程度的影响，而且还受变量值平均水平大小的影响。一般来说，变量值平均水平高，其离散程度的测度值也大，反之越小。也就是说，居民收入的变异系数越大，分配就越不公平。变异系数计算公式为：变异系数＝（标准差/平均值）×100%。

1.15∶1，标准差为 1129 元，变异系数为 0.306。[①] 2013 年，东、中、西部居民人均收入的差距有所减少，三个地区居民人均收入之比为 1.75∶1.08∶1，标准差为 4917 元，变异系数为 0.24。[②] 由此可以看出，缩小我国区域之间居民收入的差距仍有一个过程（见表 5-5）。

表 5-5　　部分年份区域居民人均收入比较

年份	人均收入（元）			比率	标准差（元）	变异系数
	东部	中部	西部	东部∶中部∶西部		
1978	214.3	184.6	165.7	1.37∶1.10∶1	23.52	0.13
1990	1156	797	705	1.63∶1.13∶1	83.33	0.174
2000	5277	3107	2707	1.95∶1.15∶1	1129	0.306
2013	24784	15339	14133	1.75∶1.08∶1	4917	0.24

第二节　初次分配不公正的根源

客观上来说，造成我国当前社会贫富差距过大的原因有很多，除了历史原因、地域原因、政府的经济发展战略布局等原因外，主观上政府对我国初次分配领域的收入分配公正关注不够无疑是一个重要原因。基于我国经济发展水平和人均收入水平不高的现状，改革开放以来，党和政府将注意力集中于生产力水平的提高、人均收入水平的提高，因此，在初次分配领域以效率为优先关注点，将分配公正的注意力主要放在再分配领域。在再分配领域，多年来党和政府付出了大量的行政成本和政策成本，以保护社会低收入群体的基本权益，也确实起到了不小的作用。但从总体的分配收入格局来看，我国的居民收入分配差距越拉越大，劳动收入和居民收入在整个国民收入分配格局中占的比重越来越低是一个不争的事实。其问题

[①]　1978 年、1990 年、2000 年的数据引自杨宜勇的研究成果，详见杨宜勇：《五大因素导致中国地区居民收入差距日益扩大》，《中国经济时报》2007 年 8 月 2 日。

[②]　2013 年的数据根据《中国统计年鉴》（2014 年）的相关数据算出。

的根源在于，由于在经济制度变迁以及市场化改革的进程中，我国所有制结构、分配结构发生了改变，出现了企业的改制、垄断企业的存在以及一些阻碍初次分配公正的制约性因素。同时，制度设计的缺陷和配套政策的缺乏也是形成初次分配不公正的原因。

一、所有制结构的变迁导致初次分配收入差距拉大

改革开放以来，为解放和发展社会生产力，我国摒弃了计划经济体制之下"一大二公"的形式，确定了以公有制为主体、多种所有制经济成分共同发展的格局，非公有制经济得到蓬勃发展，人民生活水平也得以迅速提高。所有制结构的变革，是导致居民收入差距被拉大的重要原因。

（一）非公有制经济的发展是劳动收入在初次分配占比降低的重要因素

据国家统计局的数据，从主要工业经济指标来看，近几年，公有制经济的比重逐年下降，非公有制经济的比重则相应提高（见表5-6）。在我国经济领域中，非公有制经济尤其是私营经济的经营管理模式灵活、市场化取向强烈，其发展明显快于公有制经济，在国民经济中的比重不断提高。[1]体现在收入分配中，按生产要素分配逐渐被强化，非公有制经济单位中资本、管理、技术等生产要素在初次分配中的权重地位突出明显，劳动收入在初次分配中被严重弱化，使我国居民收入不断拉开差距。[2]

---

[1]　依据宪法，以"毫不动摇地巩固和发展公有制经济，毫不动摇地鼓励、支持和引导非公有制经济发展"的基本经济制度为纲，政府有关职能部门全面贯彻落实《中小企业促进法》和国务院《关于鼓励、支持和引导个体私营等非公有制经济发展若干意见》（简称"非公经济36条"），为我国非公有制经济总体保持稳定快速增长提供了非常有利的政策环境。

[2]　私有经济增长明显快于国有经济，在国民经济中的比重不断提高。依据工商联公布的数据：2005年民营经济和外商、港澳台经济在GDP中的比重高达65%。而私有制经济实行的主要是按资本分配，资本家获得剩余价值，工人只能得到劳动力的报酬即工资，这是目前我国初次分配不公平的财产制度原因。

表5-6　2005—2009年公有制经济、私有制经济占全部规模以上
企业的比重变化状况比较（%）

		企业数	总产值	资产总额	利润总额	从业人数
公有制经济	2005年	10.1	33.3	48.1	44.0	27.2
	2009年	4.7	26.7	43.7	26.9	20.4
	增长数	-5.4	-6.6	-4.4	-17.1	-6.8
私有制经济	2005年	45.6	19.0	12.4	14.3	24.5
	2009年	58.9	29.6	18.5	28.0	33.7
	增长数	13.3	10.6	6.1	13.7	9.2

（二）非公有制经济的发展扩大了区域之间的收入分配差距

因为种种原因，个体经济、私营经济等非公有制经济在各地区的发展
规模和水平都有很大程度的差异。与东部沿海地区相比，中、西部地区非
公有制经济的发展严重滞后（见表5-7）。

表5-7　各区域非公有制企业（以个体工商户为例）发展状况比较（2013年）①

区域	个体工商户	
	户数（万）	占比（%）
全国	4436.29	100.0
东部地区	2081.48	46.92
中部地区	1413.59	31.86
西部地区	941.22	21.22

国民经济所有制结构方面的变化对东、中、西部三大地区居民收入分
配差距所带来的影响，表现在不同所有制企业单位职工工资水平出现较大
的差异。东部地区非公有制经济单位的职工平均工资水平要远远高于中、

① 数据来自国家工商总局办公厅统计处：《2013年全国市场主体发展分析》，国家工商总局
官网，2014年1月14日。

西部两个地区的各种所有制单位职工的平均工资水平，这就必然使得东部沿海地区的城乡居民总体收入水平要高于中、西部两个地区的城乡居民收入水平。由此可知，非公有制经济（包括个体、私营经济在内）在东部沿海地区取得了巨大发展，也是东、中、西部三大地区之间居民收入差距不断扩大的重要原因之一。

二、收入分配的市场化改革导致收入分配差距的拉大

社会主义初级阶段的公有制为主体、多种所有制经济共同发展的基本经济制度，决定了收入分配领域必然实行按劳分配为主体、多种分配方式并存的分配制度。改革开放以来，为打破传统高度集中的计划经济体制所带来的平均主义，邓小平同志提倡让一部分有条件的地区和人先富裕起来，以此带动和实现共同富裕。为此，国家在收入分配制度方面进行了相应的改革探索。党的十七大之前，对国民收入初次分配实行"效率优先"的政策，拉开了城镇居民的收入差距。

自1984年至1994年，我国经济体制改革的重心从农村转移到城镇，大力发展非国有经济。相比于国有经济比较明显的计划经济色彩，这些非国有经济行业更尊重效率原则，尊重包括劳动在内的所有生产要素在财富分配中的地位和作用。在国有企业，实行生产承包制，尊重各具体企业在收入分配过程中的主体性作用，允许企业按照各劳动者的贡献进行收入分配。在这种分配制度改革的背景下，效率原则被提到一个较高的位置，过去计划经济时期的彼此收入相对平均、差距不大的分配现状被打破。应该说，这些分配制度和措施的改革，解放和发展了我国的生产力，但在事实上也成为我国居民收入分配差距拉大的诱因。此后，随着效率因素被摆在越来越重要的位置，除了劳动力外，越来越多的生产要素介入收入分配，我国居民的收入差距越来越明显。尤其是在市场经济体制得到正式确立后，这种差距变得更为明显。尽管从1995年开始，基于国家的宏观调控，我国的居民收入差距增大趋势有所减缓，但从党的十五大进一步明确了土地、资本、技术等生产要素在收入分配中

的重要地位后，市场的供求关系逐渐取代行政指令成为调节生产要素分配权益的基础性机制，我国居民的收入分配差距又开始出现拉大的趋势。①

三、企业制度改革导致收入分配差距的拉大

从 20 世纪 80 年代中期开始，为建立产权清晰的现代企业制度，向市场经济转型，国有企业改革力度加大，实行改组改造、放权让利、抓大放小、减员增效等措施，城镇下岗职工大量产生，城镇低收入群体结构发生变化。② 一是下岗分流使城镇低收入阶层扩大。随着经济体制变迁的进一步深化、国有企业的改制改造，失业人数增多，而当时社会保障制度建设滞后，国家再就业政策也没有适时跟上，直接导致这一部分职工收入的减少，城镇低收入阶层随之扩大，新的相对贫困人口不断出现。二是企业内部收入分配差距悬殊。进入 21 世纪以后，随着国有企业改革和改制的深入，企业内部分配机制发生改变，我国城镇居民的收入逐渐由市场化的机制来决定，生产要素贡献的大小引起了不同职工收入差别的扩大。国企普遍存在管理、技术人员待遇要远高于一线普通工人的现象，据相关数据显示，国企高管年薪最少的约为 30 万元，最多的达 900 万元左右，而年薪在

---

① 国家按照市场化原则对事业单位进行改革，也拉大了不同年龄之间、不同职务之间的工资差距。如根据党的十六大和党的十六届三中全会关于"推进事业单位收入分配制度改革"的要求，事业单位普遍实行绩效工资改革。

② 1984 年以后的国有企业改革，无论是最初的"砸三铁"，还是后来的"三项制度改革"即"减员增效、下岗分流、买断工龄"等，都直接触动了广大职工的切身利益，没有考虑到职工的历史贡献和切身利益，使部分职工成为利益受损者。根据中国社会科学院的一项研究报告，1995 年至 2001 年，国有部门的职工人数从 11300 万人下降到 6700 万人，大约减少了 4600 万人，约占原来职工人数的 40%。同一时期，城镇集体部门的职工减少了 1860 万人，接近原来职工总量的 60%。在这个时期，4300 万职工成了登记注册的下岗者，其中 3400 万来自国有部门（参见蔡昉等：《经济重组如何影响城市职工的就业和福利》，《中国劳动经济学》2004 年第 1 卷，中国劳动社会保障出版社 2004 年版）。为了使广大职工支持改革，各级政府经常以改革是符合工人阶级长远利益的观念来教育职工，并承诺将来经济发展了，职工的利益是会得到补偿的。

百万元以上的已经不是少数了。① 可以说，有相当数量的企业内部收入差距达到了几十倍甚至上百倍，而且在一些垄断企业这一问题更为严重。在企业市场化改革进程中，虽然政府进一步加大了建立社会保障制度的步伐，但对于缩小收入差距的效果并不明显。以上因素造成了城镇居民内部收入差距的进一步扩大②，贫富差距问题开始凸显。

四、出资方在初次分配领域的强势地位导致收入分配差距扩大

在初次分配领域，在扣除必要的部分后，面对固定数量的收入，劳动报酬占的比例越高，就意味着出资方及其他生产要素提供方获得的分配份额越少，反之亦然。劳动报酬在初次分配中究竟能够占多大份额，主要取决于劳动者与资本等其他生产要素的提供者的权益分配比例。而双方的分配权益比例最终又取决于双方的力量对比。因此，劳动者和其他生产要素提供者的力量对比就决定了彼此的分配比重。经过多年的经济体制改革，尤其是市场经济体制确立后，企业的分配自主权越来越得到尊重和保护。只要符合基本的法律规定，政府基本不再干预企业的分配。因此，如何分配，如何划定分配权益，基本是由企业自己决定。按理，企业收入分配标准和分配模式的确立，应该是出资方（以下简称"资方"）、劳动方（以下简称"劳方"）及其他生产要素提供方共同参与的过程。但受到诸如法律不健全、劳动者个人维权意识不高、维权能力不强和劳动力市场始终是买方市场的现实等各种因素制约，劳动者与其他生产要素提供者尤其是出

---

① 2012 年取得薪酬最多的是中集集团总经理麦伯良，其以 998 万元的年薪位列第一。其次是长城开发的董事长谭文鋕和总经理郑国荣，以年薪 600.79 万元和 485.91 万元分列第二位和第三位。现行国企高管薪酬制度发端于 2002 年，规定国企高管薪酬与职工平均工资的比例不能超过 12 倍。事实上，在 2009 年 2 月印发的《金融类国有及国有控股企业负责人薪酬管理办法（征求意见稿）》中，财政部曾明确规定，国有金融企业负责人最高年薪为税前 280 万元人民币。但在后来正式出台的执行文件中却没有再提到这个数字。另据 2014 年《财经》杂志 8 月 25 日消息，由人社部牵头、财政部等部委参与的对央企主要负责人的薪酬调整方案，建议央企、国有金融企业主要负责人的薪酬将削减到现有薪酬的 30% 左右，削减后不能超过年薪 60 万元。同时，合理确定并严格规范央企负责人履职待遇、业务支出。

② 这其中包括在国企股份制改造或转让时，由于某些制度和规则缺失以及监管机制不健全而造成国有资产流失所导致的分配不公。

资方相比，明显处于劣势，这就导致他们并不能有效地参与企业的分配权益划分及分配标准确定，工资决定权主要在资方。这种力量对比的严重失衡，会造成企业收入分配中，资方占有更多的份额，劳动报酬偏低且增长速度慢，这一点在私营企业中尤为明显。究其原因，就在于在企业收入分配事项中，受各种因素限制，出资方处于买方市场，拥有绝对的优势，在工资标准等问题上，拥有绝对的主导地位，劳方则处于绝对的劣势。而造成劳动力市场中出资方长期居于买方市场的主要原因就是从总体上看，我国长期的劳动力供给大于市场对劳动力的需求。一方面是劳动力的供大于求，另一方面则体现为资本的供不应求。在这种供求不平衡的情况下，资方容易利用其有利的地位，获取更多的利润，劳方的劳动报酬必然相应减少，其在整体国民收入分配中的份额必然也随之降低。当然，如果这种供求关系发生变化，劳动力需求大于劳动力供给，劳方在劳动力市场中将居于卖方市场，其劳动报酬则有可能提高。但是，从目前的情况来看，这种转变在短时期内不会发生。总体而言，我国的劳动力供给在一定的时期内仍将大于劳动力需求。劳方与资方的力量对比中，劳方依然处于劣势。即使在特殊时期可能存在用工荒，那只是说明劳动力结构存在失衡，因为"用工荒"和"就业难"是同时并存的。

当然，在几十年的改革进程中，劳方与资方的力量对比也在不断发生变化。在改革开放初期，大量的剩余劳动力涌入城镇，造成严重的供大于求的状况，再加上这部分劳动者自身文化素质和自我保护能力都较低，在那个时期，劳资力量对比中，资方处于绝对的优势。非公有制经济单位中的收入分配基本由资方说了算，劳方只能接受。只要他们能获得比在农村务农更高的收入即可。在这样的情况下，劳动报酬在国民收入初次分配中的比重非常低。当前来说，这种绝对的一边倒的情况发生了变化。一是虽然从总体上依然是供大于求，但这种供给与需求的对比关系远没有当年那么悬殊；二是党和政府日益重视对劳动者的基本权益包括劳动报酬的保护，劳动者自身的文化素质和维权能力也有了较大提高。在这种情况下，劳方也能够在工资问题上表达一下自己的诉求。迫于各种压力，资方也不得不慎重对待这些诉求。另外，随着我国经济的持续发展及经济发展方式的转变，我国的经济结构正处于战略性调整阶段。这种调整对我国的劳动力需求结构产生了积极的影响，各个行业对劳动者的素质提出了更高的要求。劳动力结构的调整，将改变劳动者工资问题上的劳资力量对比：一是由于高素质劳动者本身的有限，必然会影响供求关系，带来劳动报酬的提高；二是因为高素质的劳动者的自我保护意识更强，维权意识和维权能力也更强，也会使得传统的劳资力量对比朝着有利于劳动者的方向转变，从而带动劳动报酬的提高。

五、现行的工资制度难以保证劳动报酬的有效增长

现在劳动报酬存在的问题，主要表现在劳动报酬增长速度赶不上各行业或部门的边际劳动生产率的增长。一般来说，要准确判断劳动报酬增长率（主要是货币工资增长率），不能只看货币工资的绝对数量增长，还应该将 CPI 的增长考虑进去。但是，从目前的工资制度来看，我国工资增长机制和劳动报酬支付保障机制都不完善，不能很好地起到推动和保障职工工资合理增长的作用。一是没有考虑物价因素。这种工资增长机制更多地依据货币工资的绝对数量增长，很少考虑 CPI 的增长对货币工资绝对数量增长效果的抵消。结果就是职工的货币工资的绝对数量是增加了，但在物价上涨的影响下，工人的实际工资却没有得到相应提高甚至下降。二是没有与劳动生产率相结合。这种工资增长机制在提高职工货币工资时，没有与部门或行业的劳动生产率提高结合起来，以致出现行业或部门利润大幅度增加，职工收入却没有同步提高的情况。三是职工的最低工资保障制度设计不完善。我国从 1995 年起，在《劳动法》中就有关于最低工资标准的规定，要求各地结合自身情况，具体制定最低工资标准。可以说，国家的立法意图很好，但各地在执行该规定时，出于各种考虑，并没有从整个国家的经济发展大势和当地的平均生活水平的提高的客观事实出发，要么就长时间不对最低工资标准进行必要的调整，要么就是对最低工资额的规定过低，难以维持低收入者的正常生活甚至基本生计。最低工资标准过

低，既不利于提高整体劳动报酬在国民收入分配中的比重，也不利于拉动消费、扩大内需的战略目标的实现，甚至会引发新的社会矛盾和冲突。虽然，近年来，随着我国经济总量的增长，党和政府对劳动者的最低生活保障越来越重视，各地的最低工资标准都有相应的提高。但是，在少数地方，依然还存在或者拖延时间，或者标准过低的问题。另外，一些企业尤其是私营企业面对政府最低工资标准的提高，采取变相延长工作时间、随意提高劳动定额和降低计件单价等手段来规避最低工资保障的规定，也会对职工劳动报酬比重提高产生负面影响。四是职工工资指导线的规定不健全。为了保证职工工资的正常增长，我国在1994年开始制定和实施工资指导线制度，要求各地政府以当地经济增长率、物价水平和劳动力市场状况等因素为依据，就当地企业的工资增长提出建议。然后，各具体企业再根据当地政府的意见，结合自己企业的生产和经营状况，确定本企业职工的工资增长幅度。应该说，这一制度对于保证职工工资的正常合理增长有积极意义。但现在有两个问题制约着该制度积极效应的发挥。一方面，当地政府制定的工资增长率是否科学，是否能真正反映当地的经济发展水平、物价水平和劳动力供需状况？另一方面，地方政府制定的指导线对于企业来说，只是参考意义，不具有强制意义，企业在这方面的自觉性不够。五是缺乏有效的劳动报酬支付保障机制。非公有制企业职工遇到劳动报酬不能正常支付的情况时，对于劳动者来说，是缺乏有效的劳动报酬支付保障机制。虽然劳动合同法就如何解决和缓解用人单位拖欠工资或克扣工资的问题有过明确的规定。但受各种因素制约，用人单位主要是非公有制单位拖欠或克扣工人工资的行为还是时有发生。劳动者要完全获得其依照合同或协议应得的劳动报酬还存在一定困难。一般来说，如果劳动者没有得到其应得的劳动报酬，可以通过直接与用人单位沟通、向劳动争议机构提出请求参与调解、向有管辖权的劳动仲裁机构提请仲裁和直接向有管辖权的法院请求司法救济四种途径来保障自己的合法权益。相对而言，后两种途径具有较强的法律效力。但是，对于劳动者来说，提请仲裁或司法救济，无论是时间、精力还是金钱方面，成本都比较高，通过这两种途径解决问题的不多。另外，向法院申请支付令同样需要劳动者付出较多的时间、精力和金钱成本。因此，一旦遇到欠薪或被无端克扣工资，他们一般是选择直接与用人单位沟通协商，最多是提请劳动争议机构进行调解。但这两种方法，一来不容易成功，二来即使达成协议，可能也不容易拿到工资，用人单位不一定会如约遵守双方的协议，尤其是恶意欠薪时更是如此。

六、垄断行业的存在导致收入分配不公正

垄断行业的存在侵害了经济自由原则和公平竞争秩序。前些年民间就流传着一种说法——"银行加证保（证券、保险），两电（电力、电信）加一草（烟草），石油加石化，看门拿不少"。这种说法虽不尽准确，但也从一定程度上反映出一些垄断行业收入偏高的事实。一些垄断行业与其他行业收入的差距，已经在社会上引起广泛关注，特别是垄断行业的一般岗位，其收入水平与其贡献和价值明显背离。在我国，一些对国计民生意义重大的行业由国家专营或控股，与其他一般行业相比，他们更容易获得国家的政策和资金倾斜，也更容易获得甚至垄断相关资源，故被称为垄断行业。这些行业竞争较少，市场风险较低，从业者的收入水平明显高于其他行业，从而造成彼此收入差距过大，存在明显的收入分配不公。

市场经济作为一种同等条件下的竞争经济，要求市场主体作为平等的主体参与市场竞争。市场有一个铁的原则和规律就是：效率是胜利之本。但是对于上述垄断行业来说，他们长期能获得高收入，并不是因为他们的生产效率高于其他行业或部门，也不是因为他们为社会创造了更多的财富，更多的是因为他们对资源和经营权的垄断。这种高收入并非都是源于该行业生产的高效率，而是与市场价格和政策保护的支撑程度密切相关。[1]

这些垄断行业或部门的从业者能够长期保持高于其他行业的工资待遇，结果导致国民经济各行业部门收入差距过大，最终表现为我国初次分

---

[1] 就价格支撑来看，由于存在着不合理的比价关系，从事原材料生产的企业处于亏损或微利状态，而以该种原材料产品为原料进行加工生产的企业则可以保持较高的盈利水平，由此也会造成行业之间经济效益的差距，进而产生行业之间职工收入的差距较大。

配的不公正。这种不公正主要表现在以下三个方面：一是行业间职工工资差距不断扩大。1980 年行业职工工资的标准差系数仅为 20.44%，2000 年上升至 26.11%，2008 年达到创纪录的 38.80%，2012 年为 35.5%，仍在高位运行。最高职工工资与最低职工工资之比在 1983—1992 年 10 年内均不超过 2 倍，到 1998 年达到 2.35 倍，2004 年突破 4 倍，2011 年为 4.17倍，2012 年略有下降，为 3.96 倍。据统计，自 1996 年以来，中国垄断行业与非垄断行业之间收入差距拉大趋势明显，年均扩张速度达到 43%。[①]二是内部差距大。这些行业内部从业者彼此之间收入差距非常大。由于相关的薪酬管理不完善，再加上缺少监管，这些行业的高管的收入远远高于其普通职员，且差距越拉越大。三是享有独有的福利和特权。除了货币工资数量的巨大差距外，与其他普通行业职工相比，上述垄断行业职工还享有名目繁多的行业独有的福利和特权。如电力行业职工可免费用电，铁路系统职工可方便优惠出行，在部分垄断行业长期享有优先安排子女在系统内就业的特权等。

第三节　初次分配不公正的危害

初次分配不公正将影响人们进行生产的积极性，不利于生产力发展水平的全面提高。初次分配不公正也伤害了社会公平正义，给构建社会主义和谐社会和实现全面建成小康社会的宏伟目标带来消极影响。

一、影响共同富裕的实现

共同富裕是社会主义的本质要求，解放和发展生产力的根本目的就是要促进共同富裕的实现。由于受生产力水平的限制，国家没有能力做到同步富裕，所以改革开放之初鼓励一部分人先富起来，通过先富带动后富，最终实现共同富裕。经过三十多年的改革开放，让一部分人先富的目标已

---

① 参见崔友平：《缩小行业收入差距须破除行政垄断》，《红旗文稿》2015 年第 21 期。

经基本完成，实现共同富裕就理所当然地成了党和政府追求的目标。在现时代的生产力条件下，人们之间的收入必然存在差距，这是社会发展过程中呈现出来的一个必然规律。追求共同富裕不是说不允许收入有差距，主要是要求收入差距不能过大，不能超出合理的限度，要让人民群众共享改革和发展的成果。但如果没有确立公正的分配制度，先富并不必然带动后富。事实证明，初次分配不公正，将进一步扩大贫富差距，会严重影响共同富裕的实现。

国民收入分配基本格局是由初次分配状况决定的，再分配难以改变初次分配的结果。初次分配是我国收入分配过程的第一个环节，是基础性的分配。在整个国民收入分配中，初次分配的数额要比再分配大得多，涉及的面儿也广得多，初次分配所存在的不公正现象，会直接导致我国收入分配差距的不合理扩大，会具体表现在居民收入、行业之间、地区之间以及城乡之间、群体收入差距等方面。通过再分配调整国民收入分配格局，主要的方式就是提高低收入者收入水平，扩大中等收入者比重，通过税收等方式把高收入者的一部分收入集中到国家手上用于再分配，保障困难群众的基本生活，概括起来就是"提低、扩中、调高、保困"。但这都是依托于初次分配既定的格局，初次分配制度决定着国民收入的基本框架，再分配仅仅是在此框架基础上的调整与平衡，没有能力动摇初次分配既定的格局。初次分配不公正，会导致国民收入的基本格局不合理，"提低、扩中、调高、保困"的再分配举措很难有实质性的效果。

强调科学发展，就是不仅要把"蛋糕"做大，还要把"蛋糕"分好。完善分配制度，特别要促进初次分配公正建设，才能为再分配打下好的基础，才能减少实现共同富裕的阻力。在分配制度改革、促进共同富裕方面，要高度重视各种生产要素在初次分配格局中的地位，特别要考虑到处于弱势的劳动力要素在初次分配中所占的比重，平衡好垄断行业的收入，改变城乡二元结构的现状。

二、阻碍经济持续健康发展

初次分配公正问题，是一个关乎国家经济持续健康发展的重大问题。

如果初次分配不公正，将形成不合理的利益关系，过大的贫富差距也会严重挫伤劳动者的积极性，不利于各种市场要素积极作用的发挥。初次分配不公正会挫伤低收入群众的劳动积极性，不利于经济持续健康发展。公正的初次分配制度，要求劳动、资本、技术、管理等生产要素平等地按贡献参与分配，这样才有助于形成市场合理配置资源的有效激励机制，有助于发挥每一位劳动者的积极性、主动性和创造性。公正的初次分配制度，也有利于形成多层次的购买力及多层次的消费需求结构，引导企业根据相应的市场需求进行生产投入，进而推动产业结构的优化与升级。实践表明，初次分配不公正，会直接从根本上影响经济的健康、可持续发展。

劳动报酬偏低是我国当前初次分配不公正的主要表现之一。改革开放初期，劳动报酬偏低有利于吸引外资，促进经济的发展。但随着改革开放的深入，劳动报酬偏低已成为制约经济持续健康发展的重要因素。劳动报酬偏低的状况会严重影响我国居民的消费欲望，最终导致内需不足，影响经济发展。从现代各国的经济发展情况来看，投资、出口和消费一直是推动经济持续发展的"三驾马车"，缺一不可。如果没有消费的增长，大规模投资和出口对于经济发展的拉动效应是有限的，也是不可持续的。对于投资来说，如果没有一定的消费作基础，大规模的投资就有可能造成产能过剩，产品积压，社会财富浪费。而一个国家的出口是由多种因素决定的，是一个不稳定的因素，它既取决于该国产品的竞争力，又取决于该国的对外政策，还取决于该国的外部环境如出口国的政策等。正因为如此，我国近些年都将刺激消费、拉动内需作为刺激我国经济发展的重要手段。居民的消费水平最终取决于他们的收入水平，如果收入较高，且有明确乐观的收入预期，那居民的消费欲望就高，消费水平也高；如果劳动者的报酬持续偏低，就意味着他们可供支配的财富及预期收入前景不明朗，这样一来，他们的消费欲望肯定会受到抑制，最终必然会拖慢国家经济的增长。据统计，我国居民消费率 2008 年为 35.3%，远远低于高收入国家的

70%和中等收入国家的 60%。① 大量具有潜在消费需求的低收入者的平均消费倾向较高，但购买力不足，这种收入水平与平均消费倾向的不协调结合，不能使这种潜在需求转化为有支付能力的有效需求，导致社会需求总量有限，有效需求不足。正是因为国内居民消费欲望始终增长不快，使得我国的经济增长主要依赖于投资与出口，经济风险相对较大。正确认识并处理好初次分配公正问题，关系到经济的良性循环。

城乡收入差距过大也是我国当前初次分配不公正的重要表现。城乡差距过大不利于形成统一的市场，不利于各种市场要素的自由流动，不利于经济的持续健康发展。当前我国在积极推进城镇化建设，主要目的就是要打破城乡二元经济结构。城镇化进程一方面可以刺激消费，扩大内需；另一方面可以把农村劳动力转移到城市中来，继续为经济发展提供人口红利，为中国经济长期、持续的发展提供强大的消费动力。

三、危害社会的和谐稳定

社会和谐是一个历史的、动态的命题，每个社会的和谐建设都需要形成与其相适应的收入分配结构。在生产力相对落后的条件下，适度的收入分配差距不仅于社会稳定无碍，而且正是建设和谐社会的一个重要前提，是市场经济体制下全面建设小康社会的必然选择。然而，如果初次分配不公正，造成收入差距过大，则会严重影响到社会的和谐稳定。如果说完善的社会保障体系，能消除贫困、分散风险、稳定社会，是社会的"减震器"，那么，初次分配公正则可以说是社会的"稳压器"。

初次分配不公正，劳动者没有得到应得的劳动报酬，容易激化劳资双方的矛盾，影响企业的有序经营。如果劳动者的劳动报酬过低，劳动者就容易将不满情绪发泄在资本所有者身上，甚至会扩展到所有富人阶层身

---

① 参见熊剑锋：《进入危机下半场 中国寻找增长新"发动机"》，《第一财经日报》2009年6月22日。另据世界银行统计，2010年，我国居民消费支出总额为2.02万亿美元，居世界第6位，而GDP总量居世界第2位；人均居民消费支出为879美元，而人均国民收入（GNI）为4260美元，居世界第120位，不到美国、德国、法国、英国的10%，相当于世界平均水平的1/3，仍属于中等收入国家。

上，最终引发社会的仇富情绪。据不完全统计，从已经发生的劳资之间的纠纷来看，65%以上是直接或间接由收入分配及相关问题引起。这种冲突对于劳资双方都是伤害，对于资本所有者来说，这些纠纷的增加，会影响他们的生产积极性；而对于劳动者来说，也会影响他们劳动的积极性及对社会的认同感。尤其是对于劳动者来说，劳动报酬比重的降低，就意味着他们的社会地位降低。劳动不再受到人们重视，劳动者甚至被人们排斥，劳动的尊严受到侵害。

初次分配的不公正，会损害人们的公平正义感，滋生对社会的不满情绪，进而会促使人们去钻体制的空子，甚至铤而走险，违法犯罪。虽然导致犯罪的个体原因各不相同，但绝对贫困和相对贫困乃是产生犯罪的主要原因之一，初次分配不公正易诱发违法犯罪活动。随着对社会不满情绪的积累，平时不满却"沉默的大多数"则很可能在一个很小的突发事件中成为"愤怒的大多数"，从而危及公共安全和社会稳定。当前有些地方发生的一些与自己直接利益不相关的群体性事件就是很好的例证。初次分配不公正，造成贫富差距过大是影响社会秩序稳定的经济根源。

初次分配不公正，导致贫富差距过大，容易造成社会结构失衡甚至畸形发展，激化阶层矛盾，严重时甚至会造成社会对立与冲突动荡。庞大的中等收入阶层对于高收入人群和低收入人群的冲突起着缓解作用，有助于支撑整个社会的稳定。初次分配不公正，容易生成一个不合理、不稳定的金字塔形社会结构，极少数上层富人占据过多的社会财富，生活比较富裕的中间（中产）阶层人数较少，而生活贫穷的下层阶层人数成为绝大多数。如果占人口绝大多数的劳动者保持收入持续较低的态势，这个群体对社会的不满情绪一旦被积累起来，就有可能变成一种反社会的情绪，将导致群体性矛盾和不同利益集团之间的冲突。初次分配不公正，不但对于穷人来说不安全，对于富人来说，也会感到不安全。目前的大量的移民现象，倒不一定就是国外比国内生活好，而主要是基于对自己的人身和财产安全的担忧。特别是我国区域辽阔，是一个多民族国家，初次分配不公正，会导致区域发展不平衡，将严重影响国家的稳定。

四、不利于思想道德建设

初次分配不公正，容易影响社会心理，引发社会不满情绪的滋生蔓延，会严重腐蚀思想道德建设的良好氛围。收入问题是影响社会心理变化的重要因素。当前社会上一些人"仇富"，事实上"仇"的不是"富"，而是不认可"造富"的机制。对贫富差距问题的不满，除了对贫富差距本身不满之外，更多的是源于人们认为形成这种差距的原因是不公平，结果会对社会成员参与经济活动的心理产生巨大的冲击。初次分配中，如果各种市场要素在分配中的地位不平等，收入不是基于贡献，而是由于机制的缺陷甚至是特权的存在，那么这种分配机制在精神文明建设过程中是难以起到正面的引导作用的。

初次分配不公正，导致贫富差距过大，会损害到社会制度的权威性，消解民众对国家的情感认同，削弱国家的凝聚力。在现实社会中，公正是关于什么是公平正义的一种价值尺度，涉及权利平等、机会均等、规则公平、分配公平、社会救济等。违背以上原则，就会在社会上产生不公正感、非正义感。公正是社会主义社会的内在追求，初次分配不公正将直接损害社会主义制度的优越性，进而对国家的未来失去信心，难以形成全民族共同的思想道德基础。

初次分配不公正，会成为思想道德建设的严重障碍。分配公正问题本身就有着深刻的伦理道德内涵。纵观人类社会发展历史，我们可以发现，社会公正状况与人们的道德水平有着内在的联系，一个较公正的社会，往往人们的道德水平也较高；一个不公正的社会，往往人们的道德水平也较低。"如果说社会公正最能体现社会的文明程度的话，人们的道德水准就是社会公正及其文明程度在人们心灵上的投射和印记。"[①] 社会不公正现象的不断加剧，将使得人们的心态失衡，进而刺激、影响人们的道德认知和道德评价；将严重打击人们通过合法途径实现人生理想的积极性，进而促使

---

① 张寒梅：《论社会公正与公民道德建设》，《理论前沿》2007 年第 20 期。

人们选择非法的渠道营生，不正之风将曼延至各个行业。社会分配不公影响人们道德认知和评价的另一个表现是社会的道德冷漠。当个人的付出和回报不成比例，道德权利和道德义务的分配严重失衡时，道德原则的神圣性与崇高性将大打折扣，人们将失去关心和帮助他人的内在动力。如果初次分配中大量存在不当得利现象，将使得善恶因果链发生断裂，道德信用丧失，即"性善者得福，性恶者得祸"的因果律出现错位，甚至导致"性善者罹祸，性恶者得福"。道德权利和道德义务的失衡，将严重打击人们追求价值理想的积极性，必然陷入道德价值认同的困境。

第六章　初次分配公正的价值

初次分配是基础性的分配，是在全社会各微观单位内部分散进行的分配。初次分配公正是社会公正的重要前提，是发展市场经济的必然要求，是全面建成小康社会的关键环节，是社会主义的本质要义。因此，党的十八大报告强调"初次分配和再分配都要兼顾好效率和公平，再分配更加注重公平"①。

第一节　初次分配公正是发展市场经济的必然要求

初次分配公正是发展市场经济、提高经济效率的必然要求。它可以有效提高消费，拉动内需，降低交易成本，提高劳动力素质，促进市场经济良性循环和可持续发展。

一、初次分配公正有利于促进市场经济的发展

几百年的商品经济发展史表明，市场经济是合理地进行资源配置、提高经济效率的有效手段。然而，由于市场反应的滞后性、市场竞争的残酷性和市场秩序的自发性，如果决策者放任市场竞争，很容易造成社会的政治经济发展不平衡。收入分配不公、失衡就是其重要表现。当然，市场经济的快速发展，带来的经济水平提高，也能为缓和和解决分配不公问题提供物质条件。因此，市场经济又会给政府如何有效地驾驭市场提出更高的

---

① 胡锦涛：《坚定不移沿着中国特色社会主义道路前进　为全面建成小康社会新胜利而奋斗——在中国共产党第十八次全国代表大会上的报告》，人民出版社 2012 年版。

要求。

西欧各国是最早采用市场经济形式的国家和地区。从其经济社会发展实践来看，由于受自由主义经济思想的影响，在很长一段时间内，他们信奉和遵循的是自由的市场竞争，政府对市场干预不多。从其实际后果来看，长时期的放任市场自由竞争，导致这些国家和地区都曾经出现过大范围、长时期的经济发展失衡甚至是倒退。尤其是 20 世纪 20 年代末 30 年代初的世界范围内的经济危机更是给西方国家经济和社会发展带来极大的影响。

面对这种经济失衡以及由此带来的各种并发症，为了有效地预防由自由市场经济所带来的经济失衡再次发生，促进经济的良性循环，也为了提供新的经济增长点，西欧各国纷纷对过去的放任性自由市场经济进行反思和调整。在第二次世界大战以后，西欧各国普遍建立了各具特色的福利制度，并通过政府从宏观角度制定和实施各种有针对性的经济政策，对市场进行必要的干预。如各国政府及执政党在制定社会公共财富分配政策时，适当照顾和补偿弱势群体，以提高其购买力，刺激市场需求，从而带动企业的生产，进而增加就业。在西欧各国中，英国是最早建立社会福利制度的国家。在其影响和示范下，欧洲大陆、北欧和美国等其他资本主义国家也纷纷效仿。

新中国成立后，尤其是改革开放以来，我国的经济、文化、科技和社会事业都得到快速发展，取得的成就是巨大的。如经济增长速度连续三十多年保持在年均近 10.00%，经济总量上升为世界第二位，占世界经济总量的比例由 1978 年的 1.80%[①]，上升到 2013 年的 12.84%[②]；人均 GDP 由

---

① 根据国际货币基金组织数据，1978 年中国经济总量占世界经济的份额是 1.8%（全球第 10 位）。

② 根据国家统计局 2014 年 1 月 20 日公布的数据，2013 年我国 GDP 为 568845 亿元人民币，按当时汇率 1 美元兑 6.072 人民币计算，计 93683.3 亿美元；2013 年全世界各国 GDP 总量为 729871.02 亿美元。2013 年，我国占世界经济总量的份额为 12.84%。

改革开放初期的 250 美元，提高到 2014 年年底的 7594 美元①，其他各项事业也是蒸蒸日上。这就为我们综合平衡我国各阶级、阶层、各群体的经济发展水平，协调各方利益，缩小收入分配差距，实现收入分配公正，最终实现共同富裕提供了丰实的物质、政策和社会基础。而收入分配公正的实现必将反过来进一步促进我国经济和社会事业的发展。因此，实现收入分配公正尤其是初次分配公正是市场经济发展的必然要求，也是市场经济规律和事物发展规律的要求，体现了中国共产党立党为公、执政为民的本质。

二、初次分配公正有利于提高经济效率

（一）初次分配公正是市场经济效率的基础

按照社会福利函数论的逻辑，只有提高经济效率，才有可能实现社会福利最大化目标；而只要有合理公正的社会财富分配方式，就能实现社会福利的最大化目标。如果说经济效率低下势必阻碍社会公平的增长，那么低层次的社会公平也会阻碍经济效率的提高。因为经济的高效率源于充分竞争，而只有在公平环境下的市场经济才是充分竞争。换句话说，只有遵守公平值的竞争才能带来高效的经济和社会发展。因此，可以说，从经济有序运行的条件及其期望结果来看，为了实现经济发展的有序平衡，为了实现经济的合目的性的发展，必须将公平理解为真正的经济效率的基础和先决条件。以人性利己为前提，盲目追求高效率而忽视社会公平价值的发展模式，最终换来的是无效率的结果。

（二）初次分配公正有助于提高市场经济效率

在正常的市场条件下，即市场充分发挥出了资源配置决定性作用的条件下，正如马克思所言，"商品是天生的平等派"②。也就是说，市场主体之间是平等的关系，彼此的交换必须是等价的。这既是价值规律的客观要

---

① 参见《今日话题：2020 年，中国变高收入国家?》，2015 年 9 月 16 日，见 http://view.news.qq.com/a/20150916/020022.htm。

② 《马克思恩格斯全集》第 23 卷，人民出版社 1972 年版，第 103 页。

求，也是市场经济的本质要求。因此，人们在生产中所投入的生产要素应该得到与它对国民产出所贡献的量相符的收入分配量。这就是初次分配领域收入分配公正的基本内涵和要求。初次分配公正理想所追求的目标是分配规则或分配过程的公平合理，也就是说，人们有没有资格参与收入分配、分配多少，取决于他所投入生产过程的生产要素的质和量。多者多得，少者少得，无者不得。只有遵循这种以投入生产要素的质和量作为收入分配依据的分配规则和模式，才能最大限度地调动人们投入更多、更好的生产要素的积极性和主动性，最终才能提高经济效率，促进社会生产的又好又快发展。

（三）初次分配不公正将破坏价格机制的形成及市场经济的效率

在财富创造中，生产要素的价格就等于其边际产品值。在正常的市场经济条件下，这个边际产品值只有在某种收入分配形式中体现出来，才算是合理公正的分配模式。同理，对于劳动这个在价值创造中起决定作用的生产要素而言，其价格应为增加一单位劳动所引起的产量的增加：劳动的边际产品×产品价格＝劳动的价格＝工资。[①] 也就是说，在初次分配过程中，劳动的投入者最终所得即工资必须表征这个原则；否则，这个分配模式就没有很好地体现效率与公平相协调原则。

在均衡状态下，厂商支付的工资应当等于最后一个单位的劳动所带来的价值，否则厂商就会相应地扩大或收缩劳动力的雇佣量。劳动力短缺的存在引起雇主提高工资，而劳动力剩余的存在导致雇主降低工资。如果供给减少或需求增加，就会出现均衡工资上升。[②] 进一步说，在均衡状态下所有厂商都会多多少少地支付同样的工资（剔除劳动力质量的差异），不然的话，工人就会陆续地转移到报酬高的企业。结果是市场形成的竞争力量迫使不同企业按边际产品来考虑工人工资的局面。因此，均衡工资是市场最终的通行工资。这是劳动作为一种分配要素的份额在初次分配中所体现的效率与公平相协调的精神。这种均衡工资的形成必须以一个统一开放

---

① 参见黄世贤：《提高劳动报酬在初次分配中的比重》，《中国经济时报》2007 年 11 月 27 日。

② 参见黄世贤、鄂立新：《提高居民收入的关键是提高劳动报酬》，《求实》2010 年第 11 期。

的劳动力市场为前提。如果劳动力不能相对自由流动，而被人为地固定在某一企业内部，那该企业有可能不是按照市场交换和市场均衡原则支付劳动报酬，而是自行决定劳动者的报酬水平。这样一来，劳动价格的形成机制被固化，市场的公平公开规则无从体现，这种劳动价格不能真正体现其边际产品值；还有一种不按市场公平原则，不按边际产品值决定生产要素价格的情况，那就是，在财富分配中非生产要素的介入，如凭借社会地位、特权或某种外在势力而参与收入分配。这种收入分配模式则是对效率与公平原则的根本违背。

事实上，如果仅仅是基于参与分配者的年龄、体力、智力差别及个人在继承、运气性质的不同而获得不同的收入分配的现象，人们大多都能接受。对这种分配格局下产生的收入差距也不会有太大的反感。但是，如果在分配过程中，分配方不尊重所有生产要素中劳动的投入，忽视劳动者的基本权利，而过于重视其他生产要素如出资方的分配权益，导致其分配所得远远大于其实际投入，劳动者分配所得却远远小于其实际投入的现象，这就涉及该分配制度和分配方式的公正性了；甚至还有一些人不是凭借其生产要素投入，而是凭借其对公共权力或其他公共资源的垄断参与分配，那就必然损害其他人的合法分配权益，实质上是对他们合法财产的掠夺。这种分配格局明显与市场原则背离，最终会破坏市场的公平竞争，使经济活动失去活力。

三、初次分配公正有利于降低市场交易成本

作为一种市场行为，市场交易也要投入相当的费用，付出必要的成本。交易费用是指市场主体了解和掌握市场信息、谈判和经常性契约的费用，以及度量、界定和保证产权的费用，还有监督违约行为和解决纠纷的费用。一般来说，市场交易费用包括固定的交易费用（按照某种通行的固定标准所支付的用于某种制度的建立和完善的费用）和可变的交易费用（由因具体的交易行为主要是交易规模而异的费用）。交易费用可以分为三种类型：（1）市场型交易费用，包括搜寻和信息成本、决策和执行成本和

监督成本；（2）管理型交易费用，包括建立、维持和改变组织设计的成本和组织运行的成本；（3）政治型交易费用，包括在制度框架内建立正式组织和非正式组织的成本和政体运行的成本。

初次收入分配也会产生交易费用，这些费用主要用在两个方面：一方面，在初次分配中，作为自由平等市场主体的参与方必须准确了解相关市场信息、进行谈判、签订契约及监督相关契约的执行，因而产生市场型交易费用；另一方面，在分配组织内部，如企业内部，还存在劳资双方就如何分配进行协商谈判、保证交易和分配协议得以有效执行，在出现无法协商的情况下的仲裁、消除各分配主体的不满情绪以及必要的媒体和宣传，从而产生管理型交易费用。①

初次分配公正程度和交易费用成反比例关系，初次分配公正程度越高，交易费用越低，反之亦然。交易费用是经济制度运行的成本，是经济运行过程中"摩擦力"产生的成本，那么作为分配的重要方面——收入的分配，其交易费用也可以视作实践中收入分配制度运行中的"摩擦力"产生的成本。收入分配制度运行的"摩擦力"起因于收入分配的不公正。收入分配是分配主体之间的经济关系，当主体之间的目标相一致时，收入分配相对公正，过程很少存在"摩擦"，收入分配制度的运行也就几乎不存在"摩擦力"；但是当主体之间目标相冲突的时候，即分配者和被分配者的目标相冲突时，由于分配者的主导地位，收入分配就会不公正，从而引起收入分配主体之间的严重对立，其过程就产生了很大的"摩擦"，进而对收入分配制度的运行形成"摩擦力"。这种"摩擦力"产生的费用主要包括劳资双方协商谈判的费用、监督协议执行的费用、劳资仲裁费用、消除不满情绪的费用、再分配制度设计的费用、消除社会不稳定的费用、修正制度缺陷的费用等。这些交易费用的大小取决于收入分配的公正程度，公正程度越高，收入分配主体之间的冲突与博弈就越少，"摩擦力"越小，交易费用也就越小；不公正程度越高，收入分配主体之间的冲突与博弈就

———————
①　参见孙浩进：《分配的交易费用与制度供求》，《山东社会科学》2008 年第 10 期。

越多,"摩擦力"就越大,交易费用也就越多。因此,要减少初次分配交易费用,提高经济效率,使得收入分配制度良好地运行,就必须实现收入的公正分配。

四、初次分配公正有利于提高居民消费能力

根据经济学的一般规律,分配、消费与经济增长之间是相互联系的。长期以来,我国经济增长过分依赖于出口和投资来推动,消费驱动所占比例较低。根据传统消费习惯,人们只有当可支配收入提高了,才会有消费信心,所谓"手中有粮,心中不慌"。因为国民收入的初次分配直接决定了消费在居民可支配收入中所占的比例,为此,提高居民收入在初次分配中的份额和比重,对于建立公正合理的收入分配格局,提高消费与改善人民生活水平,转变经济发展方式以及促进社会和谐,都具有重大的现实意义。

从长期来看,初次分配不公正直接导致普通居民的消费能力和消费水平下降、消费结构断层,进而影响经济的健康、持续、稳定发展。

(一)普通居民的消费能力和消费水平下降引起国内总需求不足

从消费倾向来看,消费倾向从低收入阶层、中等收入阶层向高收入阶层逐渐递减。高收入者数量很少,由于其消费存在着生理极限,边际消费倾向偏低,因此他们的消费的绝对数量不大;而中低收入者数量众多,占到全社会的绝大部分比重,他们的边际消费倾向较高,其消费领域涵盖高、中、低三个档次的商品。如果占社会绝大部分的中低收入者的收入和消费水平低,会导致社会的总需求中消费需求不足。[1]

(二)普通居民的消费能力和消费水平下降导致消费结构断层,影响产业结构的优化

对于高收入人群来说,高档品、奢侈品是经常性消费种类,他们的消费目标主要是出国旅游、购买奢侈品、高档住宅等,可以对这部分市场起

---

① 参见王实:《城乡收入差距对消费需求的制约》,《财经问题研究》2002 年第 12 期。

到一定的刺激作用。但由于这部分人群规模有限，对于整个商品市场的影响甚小，对于解决产能过剩的问题意义不大。而对于其他大规模的人群来说，本来可以拉动中低档商品的消费市场，但是由于其经济实力有限，其消费愿望受到抑制，出于保证未来生活的可持续消费，他们一般多是倾向于将可支配收入的一大部分，存入金融机构，剩下的才用于那些基本的生活、学习消费。这就导致社会大众的整体消费力不高，进而可能出现商品过剩现象。我国目前的产业结构中，一方面是中低端产业产能过剩，只得降价甚至低于成本进行恶性竞争；另一方面是高端商品和服务业的消费还不成气候，在整体经济结构中不占主导。这种不合理的产业格局与上述的消费结构断层有直接联系。

（三）导致过分依赖于投资来拉动经济增长，可能造成经济失衡

如果占社会绝大部分的人长期居于低收入水平，其消费水平必然难以提升，社会的总需求水平肯定下降，经济总体水平就有可能出现紧缩的局面，带来的就是大量的非自愿性失业和结构性失业。这种经济紧缩反过来又会进一步降低人们的消费需求。面对这种情况，国家的经济增长就会由投资与需求"两驾马车"变成单靠投资增长"一驾马车"，经济过热与失衡现象就会随之出现。

在消费需求没有相应增长的情况下，过快的投资增长又会进一步加剧产能和商品过剩的问题。这部分过剩的产能就只能靠出口来消化。这样一来，我国的贸易顺差就会进一步加大，造成国际收支失衡。2012年，我国进出口总值为38667.6亿美元，与2011年同期相比增长6.2%。其中，出口20489.3亿美元，增长7.9%；进口18178.3亿美元，增长4.3%；贸易顺差2311亿美元，扩大48.1%。[①] 巨额贸易顺差反过来又会影响我国经济的可持续发展：一是巨大的贸易顺差必然会导致我国与出口国之间的贸易摩擦，这就是我国近年来频繁地与欧美国家发生贸易纠纷的原因之一；二是这种贸易结构失衡其实也意味着我国有大量的物质和人力资源为别国使

---

① 来源于商务部2013年1月16日公布的数据。

用，从而无形中造成本国居民的潜在福利受损；三是加大了我国货币政策调控的难度；四是巨额贸易顺差而积累下来的巨大规模的外汇储备又会加大我国的外汇管理和投资风险，其直接表现就是巨量美元外汇储备面临着美元贬值风险；五是面对巨大的贸易逆差，国外必然要求加大对我国产品的相应出口，其直接压力就是人民币的升值压力。而人民币升值过快，又会影响我国的产品出口优势。

五、初次分配公正有利于人力资本的形成

马克思主义政治经济学认为，在财富的创造过程中，劳动者和生产资料都起了重要的作用，但两者起的作用不同。生产资料只是为财富的创造提供必要的物质前提，它本身并不创造价值，其价值只是被转移到新产品中，作为产品价值的一部分，通过流通得以实现；而人的劳动不同，它通过自身的实践使自然界（包括生产资料）的存在形式发生变化，帮助生产资料价值实现转移，并直接形成价值，是产品增值即财富创造的源泉。因此，人是创造财富、促进经济增长的决定性因素。在科学技术快速发展的今天，人力资本对财富创造和经济增长的重要性都领先于物质资本。

收入分配水平与人力资本的形成密切相关。在教育收费尤其是高等教育收费的条件下，收入水平高的家庭的平均教育水平要高于低收入家庭。对于低收入的家庭而言，其子女接受教育的机会远低于高收入家庭。因为一方面，较低的收入导致许多家庭无法承担各种教育费用；另一方面，家庭的经济压力也迫使其子女早早地放弃读书的机会，选择就业维持生计。即使有接受更高等教育的潜力，这种潜力也经常被忽视或扼杀。而相反，高收入家庭的子女则不存在这种顾虑，他们完全可以利用各种机会接受教育，他们的家庭也有足够的条件对子女进行人力资本投资。这种人力资本投资的巨大差异，必然会导致低收入家庭成员尤其是其下一代的综合素质与高收入家庭成员不在同一起跑线上。因此，要想获得同等的收入，他们将要付出更多的努力和劳动。

从目前中国的高、中、低收入阶层划分情况来看，我国的高收入群体属于少数，中低收入群体属于绝大多数。也就是说，长期的收入分配不公问题已经严重影响到了我国劳动者的整体素质提高。不可否认，由于人口基数庞大，我国的劳动力供给非常丰富，劳动者人数众多。但是，从其综合劳动素质来看，整体水平其实并不高，与劳动岗位的要求存在距离的劳动者大有人在，合格者的比重还在下降。以我国目前的工人技能等级结构为例，一般来说，适应现代社会人才要求的合理结构应该是中级和高级技工占工人人数大多数。然而，现实却不是这样。据统计，在所有工人中，技师和高级技师、高级工、中级工和初级工占总人数的比例分别为 1.5：3.5：35：60，比例关系极不合理，高级工和中级工的比例过低。[①] 这还只是以相对固定就业岗位的工人为统计对象，如果加上流动性较大的农民工群体，这个比例关系就更不合理了。这种人力资源的结构明显不能满足现代产业升级的要求。而大量的低级工人的低劳动报酬又会导致他们本人及子女的人力资本投资增长比重远低于其他高收入群体。这就意味着，这部分低收入群体流向社会上层的机会少，可能性低。[②] 因此，只有保证初次分配公正，才能让更多的社会成员和阶层享有同等的人力资本投资机会，提高其综合素质，为以后享有更好的分配权益和机会创造条件。

综上所述，只有实现初次分配公正，才能提高整体国民的消费水平，扩大内需，有助于推动经济发展，提高消费对经济发展的贡献度，改变依赖投资和出口拉动经济增长的发展模式，有效提高经济发展水平；只有保证初次分配公正，提高居民的工资性收入水平，才能形成"倒逼机制"，促使企业不断改进工艺，降低能耗，淘汰落后产能，实现产业结构的优化升级；只有保证初次分配公正，才能为劳动者整体素质的提高提供有力的经济支撑，真正把劳动力资源优势转化为人才资源优势，为经济发展注入强劲活力，促进经济又好又快发展。

---

① 参见李岚清：《李岚清教育访谈录》，人民出版社 2003 年版，第 423 页。

② 参见吴忠民：《中国现阶段社会公正问题的逐层递进研究》，《学术界》2009 年第 2 期。

第二节　初次分配公正是全面建成小康社会的关键环节

全面建成小康社会需要多方面的努力，公正合理的收入分配方式尤其是初次分配方式和制度的体系无疑是全面建成小康社会的基本前提之一。而在分配公正中，初次分配公正是基础。如果初次分配不公正，就会加大再分配的难度和成本，也难以从根本上扭转收入差距过大的趋势，影响到社会稳定，不利于全面小康社会的建成。

一、初次分配不公：全面建成小康社会的潜在风险

具体的收入分配方式和制度直接关系到所有社会成员的利益得失，因此，社会公众对分配政策和制度极其关注，收入分配是一个极其敏感的社会问题，它直接影响社会成员的心态、社会关系的协调和社会形势的稳定。

合理的现代社会结构的一个重要标志是中等收入阶层占社会的绝大多数，即合理的现代社会结构应该是属于两头小（极富裕人群与贫困人群所占社会的比重都小）而中间大的"橄榄型"结构。以这个标准来衡量当前中国的社会结构，问题是很明显的。经过三十多年的改革开放，中国进入了经济和社会转型加剧时期，社会结构也发生较大变化。尤其是社会主义市场经济体制改革尚未完全到位，多种分配方式并存的分配政策将长期存在，相关的法律法规并不健全，导致我国的收入分配整体格局尚未实现公正，再加上分配过程中一些具体的收入分配行为本身的不合法、不合理性，我国出现了一小部分人的财富急剧增长，而其他大部分人的财富增长速度没有跟上经济增长的速度的问题，导致社会成员之间的收入差距严重失衡。这种结构被称为"金字塔"形社会结构。这种社会结构的长期存在，既不利于经济的长期健康可持续发展，也不利于社会的稳定。从这个角度来看，我国收入分配体制改革的方向之一就是要努力提高大多数人的收入水平，扩大中等收入者阶层在整个社会结构中的比重，实现社会的稳定和

谐和经济的健康可持续发展，才能为全面建成小康社会奠定坚实的基础。

二、初次分配公正：实现国民收入分配公正的基础

初次分配公正是实现国民收入公正分配的基础。通过改革开放，我国经济保持了平稳快速发展，但是总体经济发展质量不高，人均 GDP 世界排名也较为靠后。目前，我国的国民收入分配领域存在着诸多问题，单纯靠再分配手段来解决这些问题已有点儿力不从心，因而迫切需要构建初次分配的公正基础，其主要原因在于：

（一）初次分配在国民收入分配中占据主导地位，决定着整个收入分配的基本格局

在国民收入分配中，初次分配涉及面要比再分配宽得多，涉及的分配金额也要比再分配大得多。例如，在农村居民收入中，初次分配收入占农村全部居民收入的 95.0%；在城镇居民收入中，这个比例也达到了77.2%。[①]一旦初次分配确定了，再分配和三次分配都将无法从根本上改变收入分配关系。

（二）初次分配实现公正的成本要远低于再分配

初次分配主要是依靠市场机制来实现的，具有很强的自发性和主动性，并不用刻意地去作为。而再分配则需要政府相关部门对市场主体的收入分配情况进行深入的分析，然后再运用税收等政策来宏观调节。由于再分配是对已经分配好的利益关系进行重新调整，它必然会受到既得利益群体的极力阻挠。再加上初次分配的直接涉及面远大于再分配公正的直接涉及面。因此，从难度和付出成本来看，在初次分配环节注重公平公正，比初次分配环节出现问题，再由再分配环节来努力弥补和调整要容易得多。

（三）我国的国情决定了初次分配是实现公正分配的基础

我国经济的持续快速增长可以为实施再分配提供丰厚的物质基础，这对再分配无疑有着极为重要的作用。众所周知，一个社会的经济发展状况

---

① 　参见陈文通：《初次分配强调公正是否会导致低效率》，《经济研究》2007 年第 12 期。

最终决定可供分配的用以满足个人及社会需求的各种资源，经济发展才是政府在收入再分配问题上能否成功的制约因素。如果初次分配不公正，经济社会发展的成果仍被少数人占有，而发展成果不能为大众共享，就会挫伤广大人民群众的积极性，就会对我国经济发展产生负面影响，就会削弱政府的再分配能力，进而影响社会的和谐与稳定。

三、初次分配公正：社会主义的本质要义

邓小平同志指出："社会主义的本质，是解放生产力，发展生产力，消灭剥削，消除两极分化，最终实现共同富裕。"① 邓小平同志对社会主义本质的规定涉及两个方面：一个是效率问题，一个是公正问题。解放和发展生产力属于效率的方面；实现共同富裕是社会发展的最终价值取向，属于公正问题；消灭剥削、消除两极分化则是实现最终价值取向的具体手段和方法，同样属于公正问题。因此，实现收入分配公正是社会主义本质的应有之义。

《中共中央关于构建社会主义和谐社会若干重大问题的决定》在将社会和谐界定为是中国特色社会主义的本质属性的前提下，在论及如何保证社会的公平正义时，明确就如何完善收入分配制度，规范收入分配秩序作出了具体部署，要求我国在继续坚持按劳分配为主体、多种分配方式并存的分配制度的基础上，在具体的收入分配过程中，通过国家的宏观调控，改变当前我国收入分配格局中只是小部分人财富得到快速增长，而大部分人财富没有得到相应提高的问题，将实现分配收入公正的着眼点放在低收入者和中等收入者身上，要求调节过高收入，坚决取缔非法收入。因此，我们同样可以认为，实现我国收入分配公平也是中国特色社会主义本质属性的应有之义。

继党的十七大强调了公平正义对于中国共产党人和中国特色社会主义的极端重要性后，党的十八大又特意就继续深化收入分配制度改革，保障

---

① 《邓小平文选》第三卷，人民出版社1993年版，第373页。

和提高劳动者报酬在整个国民收入分配尤其是在初次分配中的比重，缩小居民收入差距，实现居民收入快速增长，让全体人民共享改革开放的成果作出具体部署。

在推进中国特色社会主义的历史进程中，党和国家一直在努力实现社会公平、正义与提高经济效率，并随着我国经济和社会发展阶段的变化，不断地调整在效率与公平问题上的政策要求：党的十三大提出以提高效率为前提，实现社会公平；党的十四大提出兼顾效率与公平；党的十五大则明确将效率放在公平之前，要求效率优先、兼顾公平；党的十六大在延续了党的十五大关于效率与公平关系提法的基础上，明确了初次分配重效率，再分配重公平；到了党的十七大，我党的分配政策有了明确的转变，将效率与公平问题置于同等重要的考量要素，要求所有分配领域都要同时处理好效率与公平的关系，尤其是再分配领域要更加注重公平；以党的十七大以来的实践为基础，党的十八大明确提出了在初次分配和再分配都要兼顾效率和公平，再分配更加注重公平的政策要求，从而进一步清晰地揭示出初次分配公正的社会主义本质属性。

第七章　初次分配公正的原则

　　初次分配公正涉及宏观和微观两个层面：从宏观上看，初次分配公正要求国民收入中政府财政收入、企业收入和个人收入三个部分应保持适当的比例，并且这三部分的增长要保持均衡和协调；从微观上看，初次分配公正要求具体的生产企业在对生产参与者进行个人收入分配时要公平合理。实现初次分配公正，必须确立初次分配公正的原则。初次分配公正的原则是制定和贯彻公正的初次分配政策和实施初次分配公正措施必须遵循的法则和标准，对初次分配领域各项工作具有重要的指导作用。初次分配公正原则分为基本原则和具体原则。

第一节　初次分配公正的基本原则

　　初次分配公正的基本原则，是整个初次分配领域的灵魂和指导思想，是贯彻初次分配始终的一根红线。初次分配公正的具体原则和措施，都要围绕基本原则来发挥自己的能动作用。就当前我国初次分配的现状看，实现初次分配公正的核心问题，是正确处理好效率与公平的关系问题。因此坚持效率与公平相协调，是初次分配公正的基本原则。效率与公平作为不同的价值目标，两者相互联系、相互促进、相互影响。效率是实现公平的物质基础，公平是保证效率的重要条件。绝不可以简单地把两者割裂开来，单纯追求效率，或单纯追求公平的结果，从长远来看，只能是效率与公平的"双输"。只有把效率与公平协调起来，使两者间保持适度的张力，才能促进效率与公平的共同实现，在把"蛋糕"做大的同时，共同享用"蛋糕"。

一、效率与公平相协调基本原则的确立

初次分配由"效率优先""注重效率"向"兼顾效率与公平""效率与公平相协调"转变，这其中最大的一个现实原因在于，改革开放三十多年来，随着国民经济的快速发展和综合国力的大幅提升，国民收入差距拉大，社会贫富差距也在日益拉大，损害了社会正义，不利于构建和谐社会和全面建成小康社会。这种政策取向的调整，是基于改革开放以来经济发展的不同阶段特点所作出的与时俱进的政策决定。无疑，这种选择是出于不同阶段的现实状况而采取的不同政策组合，并也都达到了政策选择的预期目标。但我们同时也看到，在之前的"初次分配注重效率"政策的引导下，存在对其误读而导致国民收入贫富差距被拉大的情况，有违社会公平正义，阻碍了群众共享经济社会发展成果和共同富裕战略目标的实现。

改革开放以来，我国最大的国情就是面临怎样解放和发展社会生产力，大力提高人民群众的生活水平，在不同的发展阶段选择不同的发展策略。这体现在国民收入分配政策上，同样有一个与时俱进的进程。"实际上，一个国家在不同时期对收入分配制度的选择过程，也是对效率与公平不同轻重偏好的政策组合过程。"[1] 对于决策者来说，针对特定的社会历史发展阶段，在制定收入分配政策时，对于效率与公平问题的轻重与关注次序先后，都会表现出某种主观的倾向性。也就是说，决策者对于效率与公平其实也是存在某种主观上的态度区别。而这种主观的倾向性其实就反映了决策者在看待效率与公平时的价值判断。[2] 正是这种对于效率与公平关系的价值判断，才最终选择了不同的分配政策和分配模式。当然，在实践中，决策者并不会机械地采用某种固定不变的分配政策，而是会根据社会发展的具体历史条件的变化与时俱进地调整自己的政策选择，否则就会出

---

① 蒋永穆、刘承礼：《效率与公平组合模式的选择问题研究》，《当代经济研究》2006年第1期。

② 参见李晓宁、赵杭莉：《初次分配效率与公平的不同政策组合效应》，《经济体制研究》2011年第6期。

问题。① 一般来说，与决策者的主观偏好相关，反映了决策者关于效率与公平关系的价值判断的分配政策可以有以下四种组合（见表7-1）。

表 7-1　初次分配效率与公平的政策组合②

政策组合选择	轻公平	重公平
轻效率	政策组合模式一： 轻效率、轻公平	政策组合模式二： 轻效率、重公平
重效率	政策组合模式三： 重效率、轻公平	政策组合模式四： 重效率、重公平

在表 7-1 四种政策组合中，因为对生产力发展起着事实上的阻碍作用，轻效率的两种组合现在基本被抛弃或得以改革。而重效率的两种政策组合至今仍然有市场，为不同国家的决策者所接受。在经济发展水平相对低的国家，重效率的政策组合更容易得到大众的认同。在重效率的两种组合中，一般来说，一些相对落后国家又更容易接受"重效率、轻公平"的组合。人们都普遍认为，摆在他们面前最主要的任务就是发展生产，提高经济水平，提高人民的生活水平。而要提高经济增长速度，必须坚持以劳动效率为分配标准，调动各经济主体的积极性、主动性和创造性，鼓励他们提高劳动生产率，提供更多的劳动产品和服务。至于公平问题，可以留到经济实力增强再来处理。当然，作为宏观的分配政策制定，主要表现为分配过程中的顶层设计，因此，它不可能明确提出只顾效率、不顾公平的要求，一般都提出先是效率后是公平。如我国在关于国民收入分配的政策性文件中，很长时间内都是坚持效率优先、兼顾公平的提法。但在实际的操作进程中，人们都是先顾效率，公平问题在一定时期内容易被忽略。事实上，世界各国的经济和社会发展现实告诉我们，经济增长并不一定必然带来社会的公平；相反，如果没有外力介入，光靠市场主体的道德自觉，

---

① 参见陈宗胜：《经济发展中的收入分配》，上海三联书店 1995 年版，第 45 页。

② 参见李晓宁、赵杭莉：《初次分配效率与公平的政策组合与效用选择》，《财贸研究》2012年第 2 期。

社会公平很难实现。如果任由市场这只"看不见的手"起作用，政府不加必要的干预，最后的结果更多的可能是经济增长速度高了、总量提高了，可人们对收入的满意程度却没有相应的提高。因为人们的收入差距过大，甚至出现了严重的两极分化，超出了人们的心理承受底线，仇富心理和情绪激化，最终引发社会矛盾冲突。当社会公平问题变得突出时，经济发展肯定要受到影响，一旦受到其他事件的触发，可能会出现失控和崩溃的局面。在西方经济发展史上，这种发展思路被归纳为"先增长后分配"或"先恶化后改进"，"拉美陷阱"就是典型的案例。以巴西为例，1967—1973 年，巴西迅速跨入世界八大经济强国行列，但由于当时不重视分配的公平，巴西经济增长的好处几乎都流入最富有的 5% 的人手中，结果出现很多相关的社会问题，致使这种经济高速发展的良好局面昙花一现。而从世界经济发展史来看，"重效率、重公平"的政策组合模式的优点十分明显。在这种政策模式下，国家的社会生产力水平提高很快，人们的生活水平得到较快提高，且彼此收入差距被控制在相对合理的范围，以确保人们能够平等地享有经济和社会发展成果。当年的亚洲"四小龙"在实现经济快速增长的同时，考虑到收入分配的公平，较好地保障社会公平，从而较快地实现了国家或地区的崛起，就是此种政策组合模式实施得很好的例证。

作为社会主义国家，中国一直坚持以共同富裕为经济发展的价值追求。因此，在分配政策的顶层设计方面，党和政府一直没有忘记社会公平，时时强调要共同富裕。但是，与所有后发国家一样，当时中国面临的最大问题也是经济落后、人民生活水平低下的问题。为了更快地解放和发展生产力，党和政府同样是首先将关注点放在了提高效率方面。因此，从改革开放三十几年的历史来看，我国在初次分配领域的分配政策和理念先后经历了"克服平均主义、突出效率""兼顾效率与公平""效率优先、兼顾公平"的转变。可以看出，尽管一直在强调社会公平，但对效率的关注明显优于对公平的关注。受这种理念的影响，我国的经济保持了三十多年的高速发展，经济总量已经跃居世界第二。但同时，收入分配不公的问题越来越严重，国民收入分配的差距被拉大，行业差距、地区差距和城乡差距也非常明显，人们的幸福感并没有实现与经济增长相应的提升，反而使社会矛盾和社会冲突呈现上升趋势。

进入 21 世纪以后，贫富差距方面的问题更加突出。"效率优先、兼顾公平"的政策设计开始遭到人们的反思与质疑。特别需要指出的是，我国居民收入差异所反映出的贫富差距已远超出国际警戒线。据国家统计局公布的数据，我国居民收入的基尼系数 2012 年为 0.474、2013 年为 0.473、2014 年为 0.469,[①] 远超过国际公认的 0.4 的警戒线。由于部分群体存在隐性福利、灰色收入和非法收入无法统计，有专家认为我国实际收入差距可能还要更高。合理的收入分配制度是社会公平的重要体现。很显然，初次分配只强调效率已不利于改革开放的深入推进和经济社会发展成果的共享，也违背了社会主义共同富裕的本质要求。正是基于国民收入初次分配严重不公的现实，党和政府从新的实际出发，重新调整了我国的分配政策设计，强调在初次分配和再分配领域都要兼顾效率与公平，再分配要更加注重公平。这种转变实际上反映了党和政府的分配理念从重效率轻公平开始转向既重效率又重公平的组合。

在"重效率、重公平"的政策组合模式中，效率与公平不再有先后和主次之分。其理念是视不同的情况，最大限度地实现社会效率与公平的有机统一，或者以最大的效率换取最大程度的公平，或者以最大的公平换取最高的效率。该政策组合在坚持中国特色社会主义发展道路的基础上，借鉴了西方经济学中流行的边际效应理论。按照边际效应理论模式去分析效率与公平的结合，可以得出效率与公平的边际效应是反向变化的。当社会公平被提高到一定程度，其边际效应逐步降低，最后甚至会导致出现负效应。相应地，效率的边际效应却在逐步放大，人们对效率的追求越来越强烈；反之亦然。因此，为了不使效率或公平的边际效应降到最低，必须寻找一个全体社会成员都能接受，且都有利于社会稳定与经济发展的结合

---

① 参见 2013 年 1 月 18 日、2014 年 1 月 20 日、2015 年 1 月 20 日国新办新闻发布会上发布数据，见 http://www.china.com.cn/zhibo/2013-01/18/content_27692231.htm。

点，以实现效率与公平的最佳结合，以最小的损失换取最大的平衡。当然，就具体的政策制度而言，要完全达到这种平衡状态基本不可能，但可以尽量实现二者的平衡，从而既尽可能快地推动经济发展，又尽可能好地实现社会公平。

总之，尽管应该尽可能实现效率与公平的相协调和良性统一，但针对国家不同的发展阶段，决策者应该选择不同的效率与公平的组合模式。在经济落后，大家对集中精力发展经济都有较大的共识时，社会相对齐心，此时，政府可以偏重于效率，集中力量抓好经济建设。但是当经济发展到了一定程度，社会发展却相对滞后，社会成员对社会公平的需求明显上升时，政府就应该及时转变政策设计，在继续提高效率发展经济的同时，重点突出社会收入分配的公平问题。① 当前中国强调要既重效率又重公平的政策导向，不仅是中国特色社会主义分配理论发展不断成熟的表现，更是中国经济发展和分配制度改革的现实要求。

二、初次分配坚持效率与公平相协调的内容

效率与公平是构建收入分配制度的两大核心价值目标，效率与公平并重原则是对效率和公平这两大价值目标及其相互关系的一种合乎理性的选择。我们认为，我国收入分配制度的构建和改革，在对效率与公平两大价值目标的选择中，应选择效率和公平并重的原则，即在收入分配制度中既要注重效率又要注重公平，两者都处于同等的重要地位，都受到同等的重视。

社会主义市场经济作为市场经济的一种表现形式，必然要遵守以市场作为资源配置的基础，发挥市场在资源配置中的决定性作用的基本规定性，其收入分配也要遵守市场经济条件下收入分配的一般规定。我国的国民收入分配是在将国民收入作必要的扣除之后，在参与生产活动的各生产要素所有者以及企业和政府之间进行的分配。为了体现社会主义的本质要

---

① 参见李双胜：《效率、公平与和谐社会》，《社会主义研究》2006 年第 3 期。

求，同时又为了加快经济发展，党的十七大、十八大报告中突出强调了初次分配和再分配领域中效率与公平关系的处理原则，即初次分配和再分配领域都要兼顾效率与公平，都要坚持实现效率与公平相协调。在此可以看出，我国的收入分配制度尽管都在试图坚持效率与公平相协调，但非常明显，对于初次分配和再分配两个不同的领域，效率与公平关系的处理原则与重点是不相同的。

在初次分配领域，坚持效率与公平相协调主要是基于市场自身的要求。首先从效率原则来说，它认为各经济单位作为独立的市场主体参与市场竞争，那么其分配应该与其实际经营效益挂钩；同时，具体确定经济单位内部各生产要素所有者的分配权益时，应该以其实际作出的贡献即有效成本为主要依据进行分配，鼓励各参与商品生产的主体充分发挥自身的主动性、创造性，鼓励多劳多得。因为，效率本就是市场经济的内在要求。如果分配方式不能体现和尊重效率原则，多劳少劳区别不大，就不利于激发人们的内在动力和发展潜力，不利于调动人们的生产积极性，最终会伤害市场经济的效率原则，这种分配原则也就谈不上公平。以牺牲效率为代价的公平是原始层次的公平，也是不可持续的公平。因此，在初次分配领域坚持效率原则，坚持生产要素按贡献进行分配，有利于实现资源的有效合理配置，体现了市场经济的竞争原则和效率原则，实际上也是体现了市场经济发展的公正原则。

至于公平原则，按照马克思主义的公平观，公平不是一个抽象的、永恒不变的标准或既定目标。公平的实现是具体的、历史的过程。如果离开具体的社会历史阶段，脱离生产力发展水平，谈抽象的公平，没有意义。相反我们要看到，在不同的历史阶段，处于不同的经济结构中，或在同一经济结构中处于不同地位的人对公平要求并不一致。每个人、每个阶级、阶层都是从他所处的社会历史条件尤其是经济现状出发，提出其具有一定超越性的公平要求。因此，考察某一政策或措施是否公平，必须从特定的历史发展阶段出发。人们提出公平的理念和价值追求，都要源于现实且高于现实，但绝对不能脱离现实，否则其公平要求只能是空想的，不能实现的。谈论初次分配领域的公平，同样如此。必须结合具体的经济发展阶段、经济组织形式、经济制度来谈初次分配公平，否则也没有意义。

在社会主义市场经济条件下，发展为第一要务。如前所述，只有注重经济效率，按各个生产要素所有者所投入的生产要素实际作出的贡献即有效成本而不是以其他诸如社会地位、政治权力等因素为主要依据进行分配，鼓励各参与商品生产的主体充分发挥自身的积极性，才能尽快提高经济效率，解放和发展生产力，做大经济总量，最终提高广大人民群众的生活水平。这样的分配原则对于处于社会主义初级阶段的中国，对于迫切需要提高经济发展速度、增大经济总量、提高自身收入水平的广大人民群众来说，是最大的公平。

与此同时，我国关于初次分配的政策设计并非是只重视效率原则，而是在重视效率原则的同时，更加重视公平原则。当然，在考虑公平原则时，需要认同和允许合理的收入差距存在。公平并非是"劫富济贫"，而是要实现以最小的公平损失获得最大的效率。效率是人类社会发展的永恒主题，问题是在追求效率的过程中不能忽视公平，不能忘记公平原则也是人类社会的优先价值取向。如果仅仅考虑效率原则的因素，而不考虑公平的因素，必然会出现我国现实生活中的分配不公、贫富差距过大，甚至出现两极分化的极端局面。上述问题的出现，与我们在分配中注重效率原则并无直接的因果联系，这些问题更多地由其他社会原因如机会不均等、社会身份的差异、分配规则不公平、劳资力量对比等原因引起。如一个企业内部，由于身份的不同，就会存在同工不同酬的情况，从而造成彼此收入差距过大；再如，城镇职工与农民工相比，其发展机会更多，福利待遇也好于农民工，也会加剧这种收入差距；还有前文中的垄断行业的存在，也会拉大劳动者之间的收入差距；一些企业的领导和高管在确定其实际贡献大小时，将企业的收益更多地往自己身上揽，有意无意地忽略或贬低其他生产要素尤其是劳动者劳动的贡献，片面地强调高层高薪对于提高经济效率的激励作用，也进一步加剧了各群体之间的收入差距的失衡。

在关注社会收入差距过大的时候，我们不能只将矛头对准初次分配中重视效率的制度，还应该进一步研究造成这些问题的非效率性因素。只有全面综合地去考虑上述因素，并采取相应措施予以应对，初次分配的效率与公平才能真正实现统一。相对目前我国生产力发展状况的实际而言，初次分配坚持效率与公平相协调，应该包括如下要求：一是经过初次分配后，政府、企业和个人的收入分配要保持合理的比例，同时，这三部分收入的增长水平也要保持相对稳定的比例，不能差距太大；二是要提高现有的劳动者工资水平，保证劳动报酬在国民收入初次分配中的合理比重，不能出现劳动者收入与资方收入差距过大的现象；三是具体到企业的内部收入分配时，要全面综合地考虑所有生产要素所有者对于企业发展的实际贡献，不能抬高经营管理者和资方的收入比重，而压低劳动者的收入比重，二者的收入差距不能过大。①

总之，初次分配领域坚持效率与公平相协调不同于再分配领域中两者的相互关系。在初次分配领域中的公平应该是基于效率原则基础上的公平，否则就无法实现真正的公平。也就是说，在初次分配领域既要重效率，又要重公平。

第二节　初次分配公正的具体原则

初次分配公正的具体原则，是初次分配公正基本原则的具体展开，是指导制定初次分配政策和措施的依据，是实现初次分配公正的价值标准和具体要求。这些具体原则相互协调、相互支持、相互包容，在初次分配公正的共同价值取向之下为实现国民收入初次分配公正提供切实可行的方向指导和政策规约。

一、生产要素按贡献分配原则

党的十六大报告提出的"确立劳动、资本、技术和管理等生产要素按

---

① 相关观点亦可参见郑双胜：《初次分配公平性研究综述》，《红旗文稿》2010 年第 20 期。

贡献参与分配的原则"，明确了各生产要素参与国民收入分配的合法性与合理性。在初次分配领域，当产品的价值作必要的扣除后，如何在各生产要素所有者之间分配，其分配份额如何确定？是凭借其对于财富创造的实际贡献，还是按照其所有者的社会地位、行政权力或其他因素？从政策设计层面来看，党和政府主张按其对于价值生产的实际贡献而不是凭借其他因素确定分配份额。因此，采用科学合理的标准来确定各生产要素对于财富创造的贡献大小，并实事求是地依据其贡献进行国民收入的分配，对于实现国民收入初次分配公正非常关键。

在进行国民财富初次分配时，如果各市场主体的生产要素投入与其最终实际报酬差距太大，或者有的过多、有的过少；或者投入多少，最终报酬都一样，都会影响初次分配领域的公正，直接伤害相关市场主体的生产要素投入积极性，从而影响生产效率的提高。为了克服上述弊病，必须确立各生产要素所有者按其对于财富创造的实际贡献大小确定分配权益的原则。按照这个原则，不论是否直接参与了生产劳动，只要对最终的产品生产起了作用，付出了有效的代价，劳动者、资本所有者、土地所有者、技术所有者及经营管理者的国民收入分配机会和权益都应该受到尊重和保护。

生产要素按贡献参与分配的原则，不仅在理论上是对社会主义分配理论的重大丰富与发展，在实践中也有利于激发所有社会力量参与社会主义建设的积极性、主动性和创造性，有利于更好地发挥市场在资源配置中的决定性作用，有利于生产效率的提高。从表面上看，资本、土地、技术和管理等参与国民收入分配，似乎没有体现按劳分配原则。但如果往更深层次进行分析，笔者认为，不论是资本、土地，还是技术和管理等非直接劳动要素，都是其所有者过去劳动报酬的结果，都可被还原为这些要素所有者的劳动收入。从一个完整的经济过程来看，不论是传统意义上的劳动力，还是资本、土地、技术和管理等，它们按其贡献大小分享国民收入分配，本质上体现了按劳分配原则。一个具体的价值创造过程中的非劳动收入，有可能是上一个分配过程中的劳动收入。因此，非劳动者凭借其生产要素的实际贡献获得收入，是应当的。尽管按劳分配与按贡献大小分配有所不同，但就其实质而言，都是按劳动贡献分配。如果根本没有付出劳动，仅仅凭借其生产资料的占有就参与财富分配，并不具备道德的正义性。当然，如前所述，所谓生产要素的投入，不能仅仅看其投入的数量和劳动强度，更要看其是否"有效"，也即是否有贡献。你个人的成本投入是否得到了社会的承认，得到多大程度上的承认，这才是你参与分配的有效依据。

从当前关于各生产要素参与初次分配的相关研究来看，大多数研究者都是集中于阐述生产要素参与分配的合理性和必要性。对于他们来说，在收入分配问题上，"不论是过去还是现在……首要的分配问题是功能性分配。所谓功能性分配指的是收入被划分为来自劳动（人力的资本、财富或资产）的收入和来自财产（非人力的资本、财富或财产）的收入"[①]。至于如何确定各生产要素在财富创造中的贡献大小，以及按什么样的标准来确定其实际有效贡献，并以此为依据来确定其分配权益的多少，理论界研究不多。但是这个问题恰恰很重要、很关键，这关系到具体的分配公正如何实现的问题。即使各生产要素确实都参与了国民收入初次分配，也有可能存在各生产要素所有者实际所得与其实际有效付出不相符的情况，仍然可能导致初次分配领域的不公正。因此，找到一种能相对客观准确地估量各生产要素的实际有效贡献，并据此确定收入分配份额比例的科学评价体系，对于真正实现初次分配领域公正至关重要。

正是因为缺乏有效的客观的评价标准，导致我国长期以来存在劳动报酬偏低、资本所得偏高的问题。在具体的生产过程中，受各种因素如劳动力供求关系和资本、技术、管理等生产要素的供求关系的影响，长期以来，劳动力市场属于买方市场。这种劳资双方在资源配置过程中力量对比的失衡，很容易导致在分配中各生产要素所有者分配地位的失衡。在确定分配比例时，劳动者与资方相比，经常是处于从属地位。劳动者基本没有

---

① ［美］马丁·布朗芬布伦纳：《收入分配理论》，方敏等译，华夏出版社 2009 年版，第 24 页。

机会参与各生产要素所有者参与财富分配比例的确定，主持和参与者基本都是居于支配地位的资本、技术和管理等要素所有者。这种不均等的权益分配比例制定或协商机制，带来的后果就是非劳动者往往会有意提高其生产要素投入的实效及贡献比例，劳动者劳动的作用及其劳动报酬的比例则会被相应压低。这样一来，非劳动的生产要素将获得高于其实际有效付出的收益，而劳动者将得到低于其实际有效付出的劳动报酬。如果没有有效监控，这种不均衡将越来越严重，最终劳资双方的收入差距将越拉越大，以致超出劳动者可以承受的范围，最终可能出现两极分化的局面。我国职工工资总额在 GDP 中的比重从 1978 年的 15.6%下降到 2004 年的 10.6%，远远低于 GDP 的增长速度①就是证明。近年来，党和政府不断提出要提高劳动报酬在初次分配领域中的比重正是基于此的考虑。

根据当前我国初次分配的现状，在执行生产要素按贡献分配的原则时，特别需要关注生产要素的平等性问题。

国民财富是由各生产要素共同创造的，社会主义基本经济制度和社会主义经济关系的建立，为我们在市场经济条件下实现生产要素的平等性及其主体地位的平等提供了制度保障和实现的可能性。以国民财富创造的主力军——企业生产为例。传统企业理论认为，在市场经济条件下，企业为获取利润而生产和经营商品，为生产和经营商品而集合相应的生产要素。一方面，这种理论揭示了企业存在的本质原因，揭示了各生产要素的集合对于企业生存与发展的重要性；另一方面，这种理论并没有论及企业内部各生产要素的关系对于企业生产、经营和分配的重要性。因此，从这种传统的企业理论出发，我们难以判定一个企业的分配方式是否公平合理。事实上，企业各生产要素的集合对于企业各种经营活动的维系的确重要，它是企业生存与发展的前提。但是，在企业内部经过集合后的各生产要素的关系以及由此带来的生产要素所有者之间的关系和地位，对于企业的生产与经营同样有重要的意义。因为生产要素的关系不仅仅涉及企业的组织形

---

① 刘丽：《经济增长过程中工资分配的变动》，《当代经济科学》2008 年第 4 期。

式、企业的所有制性质，也涉及企业财富的分配方式，涉及为企业生产提供生产要素的所有者最终是凭借什么参与财富分配、在具体的分配过程中彼此享有多少权益的问题。也就是说，企业内部各生产要素的关系问题不仅是一个经济问题，还涉及社会公平问题，即它关系到一个企业内部的所有参与者最终的所得是否符合分配公正的问题。

如果为财富创造作出贡献的各生产要素之间的地位是平等的，意味着它们对于财富创造的意义相当。这也就意味着各生产要素的所有者之间的地位也是平等的。最终，各生产要素的提供者都有机会平等地依据其实际有效的付出获得报酬，参与企业的剩余分配，多贡献多得，少贡献少得，不贡献不得；而如果企业内部各生产要素之间不是处于平等关系，明显有的重要，有的次要，存在某种生产要素从属于其他一种或几种生产要素的情况，那就意味着其所有者与其他所有者不可能处于平等关系，该所有者必然是从属于其他所有者。这样一来，各生产要素所有者对于企业财富包括剩余财富的分配方式、分配原则的决定与选择方面的发言权不一样。最终，即使彼此对于财富创造作出的有效贡献是一样的，其最后所得报酬也是不一样的。处于从属地位的生产要素或其所有者在整个企业的分配关系中将处于劣势。处于支配地位的生产要素所有者则可能完全或大部分地操纵企业的分配权益，尤其是可能独享经正常分配后的企业剩余。处于强势地位的生产要素所有者必然要凭借其强势地位，享有企业分配的决定权和企业剩余财富的分配权。对于改革开放至今的我国来说，由于主客观原因，资本对于我国企业来说，属于稀缺资源，再加上分配制度的不完善和其他社会原因，资本的所有者、企业的经营者在企业收入分配中处于强势地位，而劳动者则处于劣势地位。最终结果就是劳动报酬的比重远远低于其他生产要素报酬的比重，且呈逐年下降之势。

社会主义制度是一种区别于资本主义的社会制度，其收入分配方式也有别于资本主义制度下的收入分配方式。对于资本主义雇佣劳动制而言，劳动者靠出卖其劳动力给资本所有者来获得收入，他们的所有生产经营活动都是从属于资本所有者。因此，除了获得劳动力价值收入外，劳动者不可能享有企业的剩余分配权，企业的剩余价值全部归属资本所有者。在公有制企业，劳动者与企业经营者的地位是平等的合作关系，不存在从属关系。即使在非公有制企业，尽管劳动者也是靠出卖劳动力给资本所有者来获取收入，但劳动者与资本所有者本质上应该是平等关系（平等的雇佣关系和合作关系）。因此，劳动者除了享有劳动力价值收入外，还应该凭借其人力资本所有权和资本所有者一样，平等地享有企业剩余财富的分配权。① 劳动者分享企业剩余财富分配权的方式可以有多种形式，如"按劳动股分红"就是一种可行的形式。②

综合上述两点考虑，在社会主义市场经济条件下，不论企业内部各生产要素是按照一种什么样的方式集合在一起，各生产要素之间都应该处于平等地位，各生产要素所有者之间也是一种平等的合作关系。一方面，他们有机会彼此平等地参与企业的各种生产、经营与管理活动；另一方面，他们除了平等地享有按各生产要素在财富中的贡献大小分享分配权益外，还应该平等地享有企业的剩余分配权。

但是，在很长一段时间里，我们并没有很好地做到这一点。长期以来，劳动力要素尤其是普通劳动力要素与其他要素（如资本、技术与管理等要素所有者）并非是平等合作关系，而是从属关系。这就造成了劳动者与其他生产要素如资本所有者的关系也是从属关系。这种从属关系直接体现在劳动者不仅很难参与到企业的各种生产、经营与管理中去，而且无权和其他生产要素提供者一样分享企业剩余分配权。结果就导致在整个企业的分配乃至整个国家的 GDP 中，劳动报酬的比例过低，企业内部最终分配结果悬殊很大，劳动者处于弱势。因此，要真正实现初次分配公正，首先就要明确规定企业内部各生产要素及生产要素所有者之间的平等地位，并进而保障各生产要素所有者尤其是劳动者平等地分享企业的剩余分配权。

---

① 当然，至于劳动要素和资本要素参与剩余分配的比例以及劳动要素参与剩余分配的形式是要作进一步的探讨的，这需要综合考虑我国当前的经济水平和发展阶段状况。

② 参见杨继瑞、何雄浪：《促进社会主义初次分配公平的探析》，《决策咨询通讯》2008 年第2 期。

确立生产要素平等性的一个积极结果就是确保了初次分配中主体地位的平等。主体地位平等是指市场主体具有独立的、平等的市场参与地位，市场主体以市场为导向，所遵循的只是市场经济供求规律。社会主义市场经济条件下生产要素的平等，公正的初次分配规则凸显个体人依靠自身的成就获得回报，注重对自致性努力的认同。强调社会成员通过自致性的努力，通过开放平等的市场选择与竞争对经济社会作出贡献，并以此贡献作为获得分配份额的唯一砝码。只有这样，平等和自由的市场经济法则才能够得以保证施行。

长期以来，我国存在的行业垄断及农村土地征用时政府与农民主体不平等问题，也是导致我国初次分配不公的重点领域。如果没有市场主体在法律地位上和事实上的平等，就不会有公平的市场交换，价值规律作用的发挥也不可能充分，在国民收入分配过程中要想平等地享有收入分配权益和分配机会也是不可能的。就目前的行业发展实际来看，石油、通讯、金融等行业由于其经营业务在国家整体发展战略布局中的特殊性，及由此带来的政策倾斜，它们在整个行业发展中的垄断地位是客观的事实。一般行业与这些行业相比，完全不可能具有与它们同等地位的市场资格，行业之间的市场竞争受到阻碍。各行业之间在初次分配领域的收入分配权益和机会必然不平等。因此，通过相关的政策与制度设计，打破这种行业的垄断优势，让彼此充分自由、平等地参与市场竞争非常必要。

在城镇化建设过程中的土地征用方面，也同样存在类似的问题。作为市场主体的农民在与政府就土地征用补偿安置等问题进行沟通时，明显是处于不利的一方，无论是在相关信息的把握，还是与土地征用有关的法律权益保护和经济补偿标准等相关方面。再加上政府特有的行政强制力量的参与，导致在土地征用过程中，农民合法权益受到侵害的事件屡屡发生。因此，为了保障被征地农民的合法权益，国家必须完善农民土地被征用的相关法律法规，严格保护被征地农民的合法权益。

二、所得与应得相称原则

"应得"是公正最核心的理念，可理解为"得其所应得"，"所得"与

"应得"相称才是公正的。在伦理思想史上，古罗马查士丁尼就对"应得"作了比较准确的界定，其原则一直到现在都被遵守着。他认为，"正义乃是使每个人获得其应得的东西的永恒不变的意志"①。根据对"应得"概念的理解，人们都普遍认为，社会的善包括权利、机会、荣誉与地位等，并不是每个人都有资格获得，它只能为那些"应得"的人所有。如果为别人所有，那就是不正义的。那么究竟谁才有"应得"的资格呢？只有通过公平的机会，人人施展才华，通过自身努力获得其拥有的资格，就是"应得"的。如果不是靠公平的机会，仅仅靠其他社会因素，如资本的占有、地位的高低等来获取某些善的资格，则不是应得，是不正义的。②基于此，所谓公正，就是让每个人都与他人一样拥有平等的机会与自由，获取拥有某种"应得"的资格。收入分配方面的公正同样如此。只有在每个人所得的分配份额是其"应得"的，这种分配机制才是公正的。

按照马克思、恩格斯对未来社会的设想，到了共产主义社会，每个人都能充分地展示其能力，获得其所有需要的物品，才能实现人的自由而全面的发展。而且，到那个时候，由于生产力水平的高度发达，产品的极度丰富，"按需分配"原则可以实现，这种分配制度显然是最公正的。但是，就我国目前的生产力发展水平而言，尚不具备"按需分配"的条件，对人的需求的尊重和满足，只能是实行"各尽所能，按劳分配"的原则。在此基础上，我们要尊重和保护除了劳动力外其他生产要素平等参与财富分配的权利。在现今的具体历史条件下，在初次分配领域，各生产要素所有者凭借其对于财富创造贡献的大小获得财富的分配权益，就是其所"应得"的。从这个意义上说，包括劳动力在内的所有生产要素对于财富创造的有效付出即贡献为分配依据，让各主体得其所"应得"，就是公正的，反之，就是不公正的。这种分配制度既符合"应得"原则，又具体设定了"应得"的标准，即各主体获取相应报酬的资格，因而有利于鼓励积极贡献、

---

① ［美］博登海默：《法理学、法律哲学与法律方法》，邓正来译，中国政法大学出版社2004年版，第277页。
② 参见［美］罗尔斯：《作为公平的正义》，姚大志译，三联书店2002年版，第126页。

促进效率提高和纠正社会不平等，可以有力地批评、反对不以贡献、自我努力而仅以社会背景、特权等因素获取不正当利益的不正之风。

总之，基于"应得"原则，在国民收入初次分配领域，按贡献大小来决定其报酬高低，就是得其所"应得"。这条基本原则应该成为所有部门的收入分配共同遵守的准则，让劳动积极、效率高、贡献大的市场主体获得更多的报酬，即使会造成社会成员之间存在一定的收入差距，也是正常的、可以被接受的。正如邓小平所强调的："为国家创造财富多，个人的收入就应该多一些，集体福利就应该搞得好一些。"① 在改革开放进程中，我们党和政府从社会主义初级阶段的基本国情出发，逐步打破平均主义分配制度，提倡多劳多得、多贡献多得的分配制度，尊重各市场主体劳动贡献所得的正当性，不仅不违背社会主义制度下的公正原则；相反，是马克思主义分配理论在社会主义初级阶段的中国的具体体现，是符合分配公正和市场正义的。

当代美国哲学家罗默分配正义内涵的一个重要方面即是"应得"正义。无论是罗尔斯还是罗默，他们的公正原则实质上都是主张创设一个自由宽松的社会环境，给每个人以公平的机会，让他们充分发挥自身的潜力，争取获得"应得"的资格和条件，并通过具体的政策和制度设计，保障得其"应得"的权利与机会。在国民收入的分配方面，该原则就具体化为我们最终获得的所有经济收入，都应该和其实际有效付出相称。那么，确定了得其所"应得"的原则，只是一个顶层设计，具体要实现分配公正，其关键在于科学准确地确定每个人对于财富创造所作出的实际贡献大小。只有这样，才能有一个确定的标准，衡量究竟其最后所得是否是其"应得"。马克思认为，衡量其贡献大小，就是看其创造的实际价值量，而衡量其实际创造的价值量的标准应该是其社会必要劳动时间。

罗默在衡量努力程度时，采取了一个独特的视角，他通过充分考虑与个人处于相同类型的人群中的其他个体的相关情况来计算个人应得的回

---

① 《邓小平文选》第二卷，人民出版社1994年版，第146页。

报，他用百分位数来表示个人的努力程度。如果 F 和 G 两个人在他们各自归属的群体中，获得收入的能力分布分别为 30% 和 50%，那么我们就认为 G 付出了更多的努力。这表明在境遇不变的情况下，付出更大的努力程度会使人更具优势。如果 F 和 G 在他们所属的不同的人群中获得收入的能力分布都是 50%，那么我们坚信他们付出了相同的努力。罗默认为这一假设并不是毫无意义的，因为它排除了"运气"能给人带来好处的可能。罗默对于努力程度的衡量方法值得借鉴。按照这种理论逻辑，一方面，我们应该理直气壮地肯定市场主体凭借正当合法经营，积极高效劳动获得更多报酬的资格，并通过法律、行政和经济手段保护因此获得的合法私有财产；另一方面，我们还要理直气壮地对那些不是凭借其实际贡献，而是凭借其他社会因素获取更多报酬，得其所不"应得"的行为和现象进行批判和否定，并采取必要的措施予以打击、整顿和清理。

三、机会平等原则

平等历来是政治哲学的一个最基本的范畴，它关注的是人们所有社会生活领域的权利，强调每个人都享有平等的生存权与发展权、自由权、基本的政治权利和平等参与经济活动、平等享有劳动成果的权利等。对于国民收入分配的平等而言，主要涉及每个人平等的经济权利，要求每个主体在应得某项收入或不应得某项收入资格的机会方面是平等的，不能因为某种不正当的理由给予或剥夺。即使在参与分配过程中，享有不同等的收益，如存在客观的收入差距，也是基于恰当的理由。市场经济条件下的平等，要求每个市场主体都平等地拥有参与市场竞争，平等参与生产、分配、交换和消费的权利与机会，且这种平等的机会与其个人的自然禀赋和社会因素无关。

在国民收入初次分配领域，经济上的机会平等表现为，只要为价值创造作出了实际贡献，不论其身份、社会地位如何，都有平等享有参与国民收入分配，享有应得分配份额的权利。罗默认为，机会平等是非常重要的。在资本主义制度下，就是因为人们之间存在机会的不平等，才导致社会出现许多不公正的问题。相反，"社会主义唯一正确的伦理学论据是一种平等主义的论据"① "社会主义者需要的是如下的机会平等：（1）自我实现和福利；（2）政治影响；（3）社会地位"②。罗默同时指出，机会平等对于个人与政府的意义不同。对于个人而言，只要机会是真正均等的，那么任何人都不用为外部环境操心和负责。对于他来说，他只要努力地工作、尽可能多地为价值创造作出贡献，那么他就能得到其应得的分配份额。对于政府而言，因为个人无法控制整个外部环境是否公平，是否能给他提供平等的机会。所以，政府的义务在于努力创造一个平等的外部环境，尽量使那些无法控制的外部因素给人造成的影响，平等地影响每个人，而不是让某一部人独自占有或承担。如此一来，每个人都能充分自由地发挥其潜力，作出其贡献，最后得其所应得。罗默关于机会均等的理论对于我们进一步完善初次分配领域分配制度有一定的意义。在当前的条件下，我国政府同样应该创设自由、开放、宽松的外部环境，打破条块分割、打破行业垄断，破除一切不利于公平竞争的体制性障碍，给每个人以平等参与市场竞争的机会，让每个人各尽所能，最后平等地得其所应得。

四、规则公正原则

规则是一种我们可以追问其是否正当的普遍的人类行动规范。因此，规则具有制约性和普遍性，是人们的共有理念，是"制度"。初次分配领域中的规则公正，强调的是初次分配领域中的制度和程序要坚持公正原则，它要求规制各市场主体的所有市场行为，包括收入分配行为的相关法律法规和具体程序必须符合公正原则，以确保市场行为的规范化、标准化、透明化和有序化。

初次分配中的规则公正是基础性的经济公正诉求。国民收入分配问题直接关系到每个人的经济利益，关系到人们的生活水平，受到人们的密切关注。这个问题一旦处理不好，必然会引起各社会成员的不满，严重者可

① ［美］约翰·罗默：《社会主义的未来》，重庆出版社1997年版，第15页。
② ［美］约翰·罗默：《社会主义的未来》，重庆出版社1997年版，第9页。

能会激化矛盾，影响社会稳定。由于当前尚不具备实现按需分配的条件，因此，有限的可供分配的资源很容易引起人们的争夺。为了尽量避免国民收入分配过程中的不可控因素，将纷争控制在可控范围内，政府必须通过制定规则的方式，对人们的市场行为作出必要的规制，为国民收入初次分配提供一个有序的环境和可操作的规范与程序，保证各方在收入分配中的合法权益。

市场的效率必须建立在有效合理的规则或者制度的基础之上，让参与创造财富的每一主体都能获得期望中的收入，为此，合理的程序设计及公正的制度安排就是保证初次分配的公正性、有效性和稳定性的前提。规则公正表现在通过一系列原则或规范，有差别地分配利益，保障"给每一个人他所应得"，保障人们受到公正的对待，指导人们作出利益选择。规则公正原则既限制个体利益的无限膨胀，又保障个体利益的合理分配，给同样的人以同样的对待，对不同的人以不同的对待，实现利益的协调，使人与人之间发生的社会关系的处理有章可循。

当前，公正的初次分配规则所面临的主要问题，就是市场主体地位与市场准入机会的不对等。在我国不成熟的市场经济环境里，由于资源配置的不公正，一旦重要资源的某个垄断群体或者某个利益集团的代表成为公众的代理人，就很有可能出现初次分配的方法制定会向某些既得利益集团倾斜，从而使得市场分配的规则有失公正。如农村土地产权制度与户籍制度的存在，是导致城乡收入差距悬殊的重要因素；某些国有垄断企业依赖政策倾斜，在资源占有和市场准入等方面优于其他企业，也是造成城镇居民收入差距拉大的重要原因。因此，通过科学理性的制度设计，确保初次分配的规则公正是实现初次分配公正的制度前提和基础。

五、补偿原则

机会平等（形式平等）和实质平等是公正的两个重要维度。在收入分配领域，以实际贡献为主要依据进行收入分配，体现的就是机会平等，而最后各市场主体最终得到的实际收入分配结果，以及彼此之间的收入是否存在差距及差距是否合理等就是实质上的平等，即事实上的平等。初次分配领域以各生产要素所有者的实际贡献为标准进行收入分配，实际上只是实现了机会平等，并不必然等于事实上的平等。因为在发展机会均等的条件下，各市场主体主观上都愿意充分挖掘自身的潜力，发挥自己的主动性和创造性，提高劳动效率，尽可能多地为价值创造作更多的贡献。但是，每个人最后究竟能作出多大的贡献，不仅取决于个人的主观努力，还取决于其他客观条件。以个人自然禀赋为例，劳动者天生的自然能力就存在差异，与个人主观努力无关，但这种差异必然会导致最后个人收入分配结果的差异；再如，在国家经济发展战略布局中，在政策倾斜和资金配置等方面会有所为、有所不为。这样一来，区域经济发展水平就存在差距。处于相对落后地区的劳动者尽管个人主观上非常努力，但客观上其收入与付出同样努力的发达地区的劳动者的收入相比，肯定有不小的差距。

对于这种非因个人主观原因造成的收入分配差距，社会有责任对这类弱势人群给予足够关注和分配倾斜，政府也应该在初次分配领域从政策、法律等方面进行必要的平衡与补偿，尽量缩小和矫正因这个原因带来的收入分配差距，而不是等到再分配领域来关注该问题。这就是初次分配领域中的补偿原则。可以看出，与应得原则更多关注效率价值相比，补偿原则更加关注收入分配的公平价值。在这个问题上，罗尔斯主张尽量保护最少受惠者的利益，并尽力帮助其实现最大化；罗默则主张通过发展教育的方式，对弱势群体的后代进行教育补偿，以提高其自身的自然能力和社会能力，使他们拥有更多参与市场竞争的机会。国内也有一些学者对这个问题持有类似的观点和主张。如何传启就认为，当今"分配公正的基本内涵就是对弱者生存权利的关注和对强者意志的约束"①。

总之，追求公正的价值观，要求我们对非因个人主观原因而陷入不利生存环境的那些弱势群体的生存权、教育权、就业权等基本权利给予必要的关注和保护，并通过各种渠道和方式予以必要的补偿。当然这种补偿只

---

① 何传启：《分配革命》，经济管理出版社 2001 年版，第 175 页。

是对应得原则的矫正，而非推倒。就最终的目的而言，"依靠人、为了人"是所有领域都应该遵守的基本原则，经济发展和收入分配最终都是服务于人的需求。因此，在尊重人的机会均等的同时，我们必须关注实质上的平等，这才是我们的最终目标。

第八章　效率与公平相协调的
初次分配公正对策

党的十八大报告指出："必须深化收入分配制度改革，努力实现居民收入增长和经济发展同步、劳动报酬增长和劳动生产率提高同步，提高居民收入在国民收入分配中的比重，提高劳动报酬在初次分配中的比重。初次分配和再分配都要兼顾效率和公平，再分配更加注重公平。"这不仅提出了初次分配公正的要求，而且是我们思考实现效率与公平相协调的初次分配公正对策的出发点和立足点。

第一节　提高劳动报酬在初次分配中的比重

提高劳动报酬①不是一个简单的收入分配问题，而是一个非常重大的民生问题和政治问题。"劳动报酬"指劳动者为用人单位提供劳务而获得的收入及其他财物，包括货币工资、实物报酬、社会保险等多种形式。劳动报酬从一种劳动成果演变为一种民生权利，经过了一个渐进的发展过程，这一过程既是劳动者地位逐步确立的过程，也是民生权利不断完善的过程，见证了人类社会的发展与进步。为提高我国低收入者的收入水平，改变贫富差距拉大的不公平现象，党的十七大报告首次提出了"提高劳动报酬在初次分配中的比重"，党的十八大报告再次强调了这一要求。这一政

---

① 劳动报酬一般包括两部分，一是企业职工的工资收入，二是行政事业单位职工的工资收入。前者属于初次分配的范畴（其中，国有企业职工的工资收入属于按劳分配，非国有企业职工的工资收入属于按要素分配），后者属于再分配的范畴。本书所指称的劳动报酬特指企事业单位职工和基层专业技术人员（即工薪阶层）的工资收入。

策措施是在强调效率与公平相协调之下对国民收入分配格局的重要调整，具有很强的针对性和现实性。

从理论上讲，由于中低收入阶层收入来源主要以劳动报酬为主，而高收入阶层收入来源主要以资本收益为主。在国民收入初次分配时，资本收益与劳动报酬是此消彼长的关系，因此，提高劳动报酬必然会提高普通劳动者的收入，会对贫富差距拉大产生抑制作用，这也就必然意味着我们要切实重视劳动报酬在我国收入分配体制改革中的基础地位。提高劳动报酬在初次分配中比重的实质，是国家、企业和劳动者之间利益关系的重新调整。提高劳动报酬在初次分配中的比重，政府应当负起责任，建立和完善提高初次分配中劳动报酬比重的实现机制和保障制度。

一、完善生产要素按贡献分配机制

（一）健全生产要素价格的形成机制

这是保证真正实现按生产要素贡献分配的前提。所谓生产要素的贡献，实际上就是生产要素的实际有效付出。要衡量生产要素的有效付出成本，就必须准确核算生产要素的价格。在有着健康的生产要素市场的情况下，各生产要素的价格都主要依赖市场竞争形成。换句话说，要真正准确地衡量各生产要素的价格，只能放在健康的市场中才能做到。健康的市场，指的是各市场要素发育都比较健全的市场。只有健康的市场，才会有自由的竞争。对于生产要素价格的确立而言，首先，要求参与市场竞争的各生产要素所有者地位是平等的。在买方市场和卖方市场的条件下，各生产要素主体的地位难以做到平等。只有双方地位平等，才能平等地进行交换、平等的商谈价格，各种不同形式的劳动才能自由地按同一标准进行换算。其次，必须要有一个统一开放的市场，不能人为地设置各种障碍，也不能存在妨害自由竞争的垄断行为。只有这样，各地、各部门的生产要素才能自由公平的流动，实现充分竞争，实现生产资源的优化配置，最终形成"均衡的要素价格"。

以劳动力市场为例，当前最现实的问题就是存在诸多影响统一开放的劳动力市场和劳动力自由流转的因素。其中最主要的就是城乡二元经济社会结构没有完全消除。现行的户籍制度和社会保障制度以及由此带来的次生影响阻碍了劳动力的自由流转，也影响了劳动力价格的合理而准确形成，造成了城乡之间、各区域之间甚至同一单位内部的劳动者之间同工不同酬。因此，要准确而合理地形成劳动力价格，必须消除城乡二元经济社会结构。当务之急是要改革现行的户籍管理制度，建设覆盖城乡、均等保障的社会保障制度，为劳动力的自由流转提供一个统一、开放的劳动力市场。

（二）健全技术要素参与分配机制

在信息时代，科学技术对于生产力提高、经济快速发展起着至关重要的作用。因此，科学技术也应该与劳动、资本一样被视为生产要素，其所有者也应该与其他生产要素所有者一样，有权力参与收入分配。政府和社会要从"科学技术是第一生产力"的高度，承认和尊重科学技术所有者平等地参与国民收入初次分配的合法权益，并建立和健全科学技术对于财富创造的实际贡献评价机制；制定相关制度，通过政策倾斜、资金倾斜等手段鼓励各用人单位与高层次人才实行协议工资、项目工资等，以激励这些高层次人才的创造性；保护知识产权，完善有利于科技成果转化的分配政策；探索建立科技成果入股、岗位分红权激励等多种分配办法，保障科技成果在分配中应得的高份额；完善和提高企事业单位高层次人才、高技能人才特殊津贴制度。

（三）健全管理要素参与分配机制

企业经营者的科学管理对于提高企业生产效率，创造更多财富起着重要作用，企业管理应该被视为生产要素参与到国民收入的初次分配。然而，在我国，目前许多企业的经营管理者过高地评价了自己的经营管理活动对于企业生产的实际贡献。特别是，国有企业高管的薪酬普遍过高，从而加剧了企业内部的收入失衡，严重地伤害了其他劳动者的积极性。政府要本着公平原则和效率原则，加强对企业高管的薪酬管理，重点是加强对那些总体收入水平本来就高于其他一般行业的高管薪酬的监管和必要的调节；除了调节高管个人过高的薪酬外，政府和监管部门还要从国民经济的整体工资水平出发，严格调控高收入企业的总体工资水平，以逐步缩小不同行业工资收入差距；要主要依据企业高管的实际贡献和责任，同时参照其级别和职称来合理确定其薪酬，且企业管理人员之间的薪酬确立要有差别化，不能搞平均主义。

确定工资标准时，尤其是要考虑该高管在企业的现时的工作业绩并综合考虑他未来的发展前景。不仅如此，企业和管理部门还要建立健全并严格执行各项薪酬管理制度；对于国有企业来说，在按照高管的实际工作绩效确定其薪酬等级的同时，又要全面考虑企业的长远发展，适当作一些限制。在适当限制高管人员的薪酬时，还要提高普通员工的薪酬，不能让高管人员的工资水平与普通劳动者的工资水平相差过于悬殊。

二、形成工资正常增长机制

工资正常增长机制是指管理者或单位要按照经济社会的发展及员工的实际工作情况，定期提高员工工资待遇的机制。该机制主要包括两个方面：一是员工的工资水平要随着企业的实际经济效益的增长而增长，且增幅不低于企业利润的增长比率；二是从大范围来说，各行业员工的平均工资增长不能低于 GDP 的增长速度，要让所有的员工分享国家和社会发展的成果。

（一）要确定合理的工资增长幅度

确定工资增长幅度要考虑四个维度：一是最高维度，参考发达国家的标准，确定劳动报酬占初次分配中的比重；二是公平维度，稳步提高我国劳动报酬在初次分配中的比重；三是效率维度，有利于促进劳动生产率提高；四是最低维度，不损害劳动者利益，确保居民基本生活水平不下降。工资增长机制应按照最高维度确定我国工资增长的上限，依据最低维度确立工资增长的下限，以效率与公平相协调维度制订工资增长的最优方案。

（二）企业管理者要重点关注中低收入员工的工资增长情况

对于中低收入员工而言，工资是他们收入的最主要组成部分，工资水平的高低直接决定了他们的生活水平。促进中低收入员工的工资增长，一是他们工资的形成必须是以真实的市场供求关系和企业的实际经济效益为基础，不能出现多劳少得和少劳多得的情况；二是以非公有制企业为重点，积极稳妥地推行工资集体协商以及行业性、区域性工资集体协商制度，逐步解决一些行业企业职工工资过低的问题；三是加快落实新修订的劳动合同法，研究出台劳务派遣规定等配套规章，严格规范劳务派遣用工行为，依法保障被派遣劳动者的同工同酬权利。

三、落实最低工资保障制度

最低工资保障制度是指在劳动者依法提供了职责范围之内的劳动的情况下，不论企业实际经济效益如何，国家都必须依法保障其能够获得维持其个人及由其供养的家庭成员的最基本生活水平的工资收入。按照我国《劳动法》规定，由政府有关部门会同工会组织、企业代表等社会各界，参照当地的平均生活水平、物价水平和职工平均水平、劳动力供求、经济发展水平等因素确立当地最低工资标准。各用人单位参照此标准制定本单位员工的工资待遇水平，且不得低于该标准。当然，政府也要本着实事求是的原则，按照当地具体情况的变化及大环境的变化修改最低工资标准，但不能过于频繁，最多一年一次。[①] 应该说，该制度是本着公平原则而确立，有利于保障公民最基本的生存权利，对保障低收入员工及其家属的基本生活水平有积极意义，也有利于社会的稳定与和谐，是社会稳定的安全阀。但是，从我国的实际情况来看，该制度在落实方面还存在不少问题。比如，一些企业的工资标准就基本参照该工资标准设定，有的甚至还低于该最低标准；再如，一些地方的最低工资标准一定就是数年，没有参照当地实际经济和社会发展情况作必要的提高。根据国家《最低工资规定》，最低工资标准每两年至少调整一次。而据人社部公布数据显示，截至2015年9月28日，全国已有24个地区上调2015年的最低工资标准。黑龙江、

---

① 我国《劳动法》第四十八条规定："最低工资的具体标准由省、自治区、直辖市人民政府规定，报国务院备案"。按照《劳动法》的规定，目前我国的最低工资标准都是按地区确定的，全国没有统一标准。

吉林、辽宁三省却已经超过两年未上调最低工资标准。①

　　为此，各级政府有关部门应该根据本地区经济发展的实际水平，切实提高最低工资标准，并下大力气全面落实最低工资制度；同时，要考虑核减 CPI 的上涨幅度，从制度上督促各企业、各单位严格执行。对生产正常的企业和困难企业中的在岗职工，要采取各种有效措施，确保实发工资水平不低于当地最低工资标准。劳动保障行政部门要对企业执行最低工资保障制度的情况进行监督检查，对违反国家有关法律、法规规定的企业，按该规定予以处罚。要总结经验，研究建立在社会主义市场经济条件下调整最低工资标准的机制，并在国家已有的政策法规的基础上，完善最低工资立法，使保障外出务工人员和困难企业职工基本生活的工作逐步走上法制化轨道。同时，可以试着借鉴发达国家的经验，成立最低工资事务委员会，专门负责各地最低工资标准的制定。

四、健全工资指导线制度

　　工资指导线是政府根据当年经济发展调控目标，向企业发布的年度工资增长水平的建议，是政府宏观调控国民收入分配的一种基本方式。工资指导线的主体是当地政府或职能部门。在市场经济条件下，企业员工的工资水平主要由企业自主决定，在不违法的情况下，国家不能进行具体的干预。但是，国家可以通过工资指导线的方式，从宏观方面影响企业工资水平的确立。通过工资指导线的制定，可以为各企业确立本企业员工的工资标准提供一个参照，从而实现国家对企业具体生产经营行为的宏观调控。从大的方面来看，该制度有利于国家把握各行业各地区的整体工资水平，有利于政府维护社会稳定、保障就业；从小的方面来看，该制度也有利于保障各行业职工的实际薪酬待遇，提高职工生活水平。②

---

　　① 参见《24 地上调最低工资，深沪粤排前三》，《新京报》2015 年 9 月 30 日。
　　② 制定工资指导线制度还有一个作用是，通过实行工资指导线制度，结合个人所得税的实施，限制过高收入，特别是对工资水平偏高、增速过快的职工收入加以抑制，可以逐步解决工资分配中行业间、地区间收入差距过大的问题，促进社会平均工资率的形成，并使社会平均工资率逐步成为劳动力市场价格的信号。

　　健全工资指导线制度，一方面，要增强工资指导线制定的合理性。工资指导线主要包括本年度货币工资水平增长基准线、上线和下线。工资增长基准线是政府对大多数经济效益良好的企业工资增长的基本要求。工资增长上线，也称工资增长预警线，是政府对工资水平较高企业提出的工资适度增长的预警提示。工资增长下线是政府对经济效益下降或亏损企业工资增长的基本要求。在制定工资指导线时，应结合最低工资标准和工资增长机制，增强工资指导线制定的合理性。另一方面，应加大对落实该制度的监管力度，对不执行甚至完全违背工资指导线的单位或企业，特别是不参照执行工资指导下线和工资水平基准线的企业予以一定程度的处罚，保障使该制度能够得以切实实施。

　　当前，我国工资指导线要进一步完善，增强其科学性、针对性，改进完善工资信息支持系统；建立全国统一的薪酬统计调查制度，调查实际工资水平的状况，哪些群体的工资低，哪些行业的工资高，搞清底数。现在我国主要是通过不同行业工资报表来进行统计，尚不够科学，统计面还不宽，工资统计数据与实际情况还不大吻合。因此，必须建立薪酬统计调查制度，形成全国统一的薪酬调查机制，使工资调查统计建立在科学正确的制度和方法的基础之上。

五、推行工资集体协商制度

　　工资集体协商制度是市场经济条件下通行的符合市场经济规律的一种工资决定形式。完善集体协商制度，是提高我国劳动报酬比重的一项重要工作。工资集体协商制度最早发源于英国，后来为其他国家仿照并进一步完善。从工资集体协商制度的具体施行情况来看，尽管没有从根本上改变资本主义国家工人受剥削的命运，但在一定程度上保护了劳动者的合法权益。尤其是第二次世界大战后，资本主义国家工人阶级的力量得以增强，该制度的意义就更加明显。该制度于1995年被引入中国。理论上，在真正的市场经济条件下，包括劳动力在内的各生产要素的价格是在市场竞争中形成的。该制度的本意也是将工人、工会纳入工资确定过程中，让工人与资方进行协商，双方合议形成工资，以维护双方利益，形成双赢。但事实上，由于我国劳动者群体自身素质有所欠缺，自我保护意识和能力不强，且存在劳动者供大于求的情况，因此，与出资方相比，劳动者明显处于劣势地位，与此同时，我国工会组织没有完全发挥出维护工人合法权益的作用。特别是在非公有制企业中，工人和工会在工资谈判过程中几乎没有发言权，工人的工资基本是由资方说了算。

　　参考成熟的市场经济国家工资谈判的经验，不难看出，单个的工人无法与资方制衡，他们只能依靠自己的维权组织——工会，代表他们与资方进行有组织的谈判，对资方施加足够的影响，否则双方的博弈根本不可能发生。针对我国目前工会建设的现状，当前的重点是加快指导和推进非公有制企业的工会组织的建设，让工会真正成为工人利益的代表，而非可有可无的摆设。要做到这一点，一方面，非公有制企业的工会组织经费必须独立于企业。只有在经济上不受制于企业，工会才能有底气为工人说话，维护工人合法权益，才能独立地与资方进行平等的对话、谈判。另一方面，工会的干部不能由企业的中层以上管理人员兼任，确保工会能独立行使自己的职权，维护工人的合法权益，真正在与资方的工资谈判中发挥作用。① 对于国有企业而言，实行工资集体协商不是什么大问题。从总体来看，我国国有企业员工的工资并不低，但工资关系和结构不尽合理，所以改革的目的主要是解决工资关系和结构不合理的问题，用新的工资或人工成本预算管理办法取代工效挂钩工资管理办法，将新的工资总量决定办法与工资平等协商结合起来，合理增加国有企业员工的工资，同时重点是进一步理顺国有企业工资分配关系。

　　要实现工资集体协商，还必须加快集体谈判立法工作，通过立法强化并规范工资集体协商制度。我国至今没有正式出台关于集体谈判的法律文件，只是在《劳动合同法》中有关于集体合同签订的规定。从我国目前劳动者薪酬现状来看，相关立法是相对滞后的。我国大部分劳动者自我保护

① 对于国有企业工会组织来说，它的独立性就相对复杂些，首先面临的是去行政化问题，其次职工工资支付不仅涉及所在企业，也关系到企业的上级主管部门。

的法律意识和相关知识都不够，自我维权能力较低。同时，当前我国的劳动力供给总体上仍然是供大于求。这两个因素综合起来，就导致在薪酬确立时，劳动者和资方处于严重的不对等状态。工人的工资待遇标准基本是由资方说了算，工人基本没有话语权。面对不对等的双方，政府应该从政策和法律方面确保劳动者与资方的平等地位，保护工人薪酬待遇标准确立方面的合法权益。

尽快出台集体谈判法，对于保护劳动者的合法权益是非常必要和紧迫的。针对目前劳动者薪酬待遇标准确立的现状，为了有效地保障劳动者在自身薪酬待遇确立方面的话语权，集体谈判法至少应该作出以下几个方面的规定：一是在法律中必须明确规定参与薪酬集体谈判的各主体，如劳方、资方的代表及其权利和义务；二是明确资方要积极主动与劳方代表合作，参与集体谈判，不能无故不参与工会组织的薪酬谈判，也不能有意拖延谈判进程；三是要明文规定集体谈判的相关事项，包括集体谈判的程序、资方与劳方的劳动报酬与企业利润的比例、劳方的薪酬待遇标准、奖励和增长等相关规定、资方在保证劳方正常工作、劳保与生活条件方面的责任与义务；四是要明确规定集体谈判各参与方，尤其是资方的违约责任，以保障劳方能够得到其应得的薪酬待遇。

六、构建工资支付保障机制

构建工资支付保障机制是确保劳动者在付出劳动后，依法依规依约取得劳动报酬的重要方式。总体来看，劳动者的工资支付不仅仅是企业的劳动合同问题，更是涉及劳动者的民事权利保护、对侵犯劳动者合法权利的违法犯罪行为的制裁、企业的存续与发展等综合性问题。工资支付保障机制绝不是哪部法律或哪项规章制度不完善或没有得到很好执行的问题，而是涉及从宪法、法律到行政法规等一系列相关法律法规及规章制度的完善问题。

首先，除了劳动报酬支付的司法救济外，立法机关及政府有关部门应该赋予劳动者与用人单位关于劳动报酬支付的所有合法协议或劳动争议委员会调解的最终结果以法律效力，避免因用人单位不重视或拒不执行与劳方达成的相关协议，而增加劳方的维权成本的情况。其次，相关部门应该通过立法或制定相关规定，当劳方的劳动报酬受到不法侵害时，有关职能部门或社会组织应该及时予以免费的法律援助。再次，对用人单位与劳动者之间劳动合同关系的建立、变更、解除作出明确的程序规定，严厉打击一些用人单位通过变相变更、解除用人单位与劳动者之间劳动关系包括利用派遣方式变相侵吞、拖延、克扣甚至拒付劳动报酬的行为。又次，针对不少企业恶意欠薪的行为，政府相关部门要制定相关规定，建立和完善工资保证金制度，防止恶意欠薪行为或因企业经营不善等客观原因无法如期支付工资。可以要求企业提前缴纳保证金给财政专户，以尽量抵偿或减少可能发生的劳动报酬损失。最后，劳动保障行政部门要加大对用人单位的劳动保障监督执法力度。一是可以采取实地调研、由专业机构组织定期财务审查等方式，严格及时监控各用人单位的劳动报酬支付情况，做到心中有数。一旦出现异常，立即预警。二是相关职能部门要严格执法，在严格监控的基础上，完善劳动报酬支付预警机制，并采取补救措施，如依法冻结其原先缴纳的保证金、冻结其银行账户等，尽量减少劳动者的损失。另外，一旦发现前述的恶意欠薪、恶意拖延支付、变相克扣甚至拒付劳动报酬的企业与个人，相关部门要依法予以严厉处罚与打击，如行政罚款、纳入诚信黑名单、吊销营业执照等，严重者可诉诸法律手段。

七、试行利润（利益）分享机制

利润分享机制是对企业利润作出贡献的所有要素，均享有对利润适当比例分配的一种制度性机制。马克思把劳动分为必要劳动和剩余劳动，必要劳动创造劳动力的市场价值即劳动力价格——工资，剩余劳动创造剩余价值，这一区分为劳动者参与剩余价值的分享奠定了理论基础。马克思以后的西方学者提出的产权理论、人力资本理论、按生产要素的贡献分配理论、分享经济成果等理论又从各方面阐述了分享利润的根据、必要性和意义。当代社会，欧美发达资本主义国家为了缓和劳资矛盾、改善劳资关系、促进经济发展，在中大型企业都建立了利润分享机制。利润分享的基本形式主要有两种：一是按一定比例把利润分配给生产要素的主体；二是职工持股，即职工把分享的利润用来购买企业的股票。

2013 年国务院批转的《关于深化收入分配制度改革的若干意见》中提出要建立两大利益分享机制："一是建立健全国有资本收益分享机制。全面建立覆盖全部国有企业、分级管理的国有资本经营预算和收益分享制度，合理分配和使用国有资本收益，扩大国有资本收益上交范围。适当提高中央企业国有资本收益上交比例，新增部分的一定比例用于社会保障等民生支出。二是完善公共资源占用及其收益分配机制。建立健全资源有偿使用制度和生态环境补偿机制。完善公开公平公正的国有土地、海域、森林、矿产、水等公共资源出让机制，加强对自然垄断行业的监管，防止通过不正当手段无偿或低价占有和使用公共资源。建立健全公共资源出让收益全民共享机制，出让收益主要用于公共服务支出。"①

第二节　提高居民收入在国民收入分配中的比重

提高居民收入在国民收入分配中的比重，这是"让利于民、藏富于民"，是从分配源头上实现初次分配公正的根本性措施之一。导致居民收入在国民收入分配中比重偏低的主要因素有劳动报酬过低、国家财政收入比重偏高、政府再分配调节力度不够以及居民收入构成中财产性收入过低等。政府、企业、居民之间的收入分配关系是宏观收入分配格局中最基本的分配关系，大的分配比重不合理，国民经济运行就会出现不协调现象。这一分配关系处理好了，各部门内部的分配比重结构就有了合理的前提，国民经济就可能在结构比较协调的基础上运行。当前，我国城乡居民收入来源包括工资收入、财产性收入、转移性收入、经营性收入四个方面。②

---

① 《国务院批转发展改革委等部门关于深化收入分配制度改革若干意见的通知》（国发〔2013〕6 号）。

② 从国家统计局的统计口径来看，工资收入、经营性收入、财产性收入、转移性收入是城乡居民总收入的构成部分。

毫无疑问，如要在初次分配中提高居民收入在国民收入分配中的比重，除了对国家财政收入与企业收入作出相对调整外，更现实的是需要提高居民的工资性收入（劳动报酬）、财产性收入、转移性收入和经营性收入。①

一、提高居民财产性收入

财产性收入是指家庭拥有的动产（如银行存款、有价证券等）、不动产（如房屋、车辆、土地等）所获得的收入，包括出让财产使用权所获得的利息、租金、专利收入，财产营运所获得的红利收入、财产增值收益等。提高居民财产性收入需要相应的政策和措施，让居民在动产与不动产增值等方面广开财源。

财产性收入是家庭比较稳定的收入来源之一，对于中产阶级而言，更是如此。目前我国居民的财产性收入情况不容乐观：一是在居民的总体收入结构中，财产性收入的比重最低。以2011年为例，城乡居民人均财产性收入分别只占人均总收入的2.70%和3.27%。② 二是拥有财产性收入的个人、家庭或阶层的分布失衡。其中近六成的财产性收入为占人口总数20.00%的高收入阶层所有，与此形成鲜明对比的是，占人口总数20.00%的低收入者拥有的财产性收入仅占所有财产性收入的2.80%。③ 通过对比，可以看出，我国的财产性收入主要集中于高收入阶层，低收入阶层拥有的财产性收入非常少，且增长缓慢。④ 这种财产性收入拥有量的巨大差异，也是造成高收入阶层与低收入阶层贫富差距悬殊的重要原因之一。三是人们获得财产性收入的渠道结构不合理，缺乏多元化。就目前来看，居民的

---

① 由于本章第一节已经讨论了提高工资性收入（劳动报酬）问题，故本节只讨论提高财产性收入、转移性收入、经营性收入三个问题。

② 数据来源：《中国统计年鉴》（2012年）。

③ 赵人伟：《我国居民收入分配和财产分布问题分析》，《当代财经》2007年第7期。

④ 比如浙江省城镇居民从2002年至2006年，最低收入户与低收入户财产性收入增长分别为2.59倍和4.56倍，而最高收入户财产性收入增长了7.58倍。浙江农村居民低收入户财产性收入为113.3元，高收入户为1018.7元，高收入户财产性收入是低收入户的8.99倍。全国的情况类似。2006年，全国农村居民低收入户财产性收入为19.9元，高收入户为359.36元，高收入户财产性收入是低收入户的18.81倍（参见李炯：《国民收入分配比重调整的现实背景与要求》，《当代社科视野》2008年第1期）。

财产性收入主要是依靠投资房地产、金融业和购买土地等途径获得。通过这三种途径获得的财产性收入占所有财产性收入的 89.02%。[①] 四是居民拥有的财产性收入增长较慢。主要原因是居民的整体收入水平不是太高，大部分收入都是用来维持日常的基本生活需求，能够用于财产性收入投资的剩余资金不够丰厚。

基于目前我国中低等收入家庭财产性收入明显低于高收入家庭的事实，中央提出"创造条件让更多群众拥有财产性收入"，其目的就是要尽量让更多的人享有财产，并通过财产性投资获得更多的财产性收入，以尽量克服乃至解决我国目前各阶层之间财产分配不均衡和财产性收入差距过大的问题，避免财产性收入分配长期过于集中在少数高收入家庭或个人的现象。只有真正实现财产性收入的"大众分享"，才能更有效地缩小各社会成员、阶层之间的收入差距过大问题，"民富国强"的收入分配新格局才能真正形成；否则，即使收入渠道增加，收入分配总量增加，占人口绝大多数的普通个人和阶层的收入水平依然只能保持在中低水平。

从我国大多数人的收入实际构成情况来看，工资性收入依然是最主要的收入来源。人们用于财产性投资的财产主要来自劳动报酬的积累。因此，要增加他们的财产及财产性收入，最主要的途径就是设法创造条件，通过大力解放和发展生产力，制定和完善相关法律法规等办法，提高其劳动报酬。以提高农民劳动报酬为例，政府除了积极解放和发展农业生产力，提高农业产值，促进农业收入快速增长以增加农民收入外，还要创造条件，鼓励和帮助农村剩余劳动力或者就地发展非农产业，或者向城镇转移，从事非农产业，增加其劳动收入渠道。

除了提高居民的劳动报酬水平外，政府还要创造条件让他们拥有包括动产和不动产在内的其他财产，实现财产性收入的多元化。以 20 世纪末国有企业改革中的工人为例，由于制度不完善等各种原因，除了许多企业的经营管理阶层在企业改制过程中，凭借其资产处置中的优势地位，获得了

---

① 参见赵人伟：《我国居民收入分配和财产分布问题分析》，《当代财经》2007 年第 7 期。

如资产经营权或股权等大量经营性资产，首先富了起来外，广大基层工人要么转变身份留在企业内，要么自谋出路。留在企业内的工人仍然是以劳动报酬为主要收入来源，而自谋出路的那部分职工，只有极少部分人创业成功，绝大部分要么成为个体劳动者，要么转移到别的企业，他们的收入来源依然是以劳动报酬为主。可以看出，这种初始财产权分配的不公正，必然导致他们在随后的收入分配和财产性收入机会拥有中，长期处于劣势。

从国有企业改制中基层工人收入分配的事实，可以得出这样的结论：要真正"让更多群众拥有财产性收入"，必须改变过去那种有利于少数人获得大量经营性财产的做法和机制，通过将国有垄断行业的一部分收益通过股权折扣交易或赠送股份的方式转变为广大群众的财产所有权等方式，尽可能地让中低收入者拥有更多的经营性财产，使他们成为名副其实的有产者，增加他们获得财产性收入的机会。

当然，提高居民财产性收入离不开国民经济平稳较快发展的良好宏观经济环境。因此，要拓宽投资渠道，加大力度保护居民的合法的财产性收入；同时，对城乡居民还必须加强理财教育，引导居民理财观念的更新。

提高居民财产性收入还有赖于相关制度的建设与完善。一是在制度设计的理念上，要多关注中低收入群体的实际生存状况，平等对待他们的生存与发展权；二是在具体制度完善过程中，决策者要通过法律法规的相关规定，创造条件，让中低收入群体与高收入群体享有平等的机会，一起参与到财产性收入分配的过程中，保证他们拥有与其他生产要素提供者有同样的利益增长机制与话语体系，缩小各社会阶层和个人之间的收入差距。

此外，政府还应该建立健全相关的制度和体制，如，进一步完善各生产要素参与财富分配的制度和程序，让群众有更多的财产性收入渠道，为群众提高财产性收入提供制度和体制保障。在提高广大人民群众财产性收入的过程中，政府应该从法律与制度方面向提高低收入群体的财产性收入倾斜，如，设法提高低收入群众的整体收入，增加他们进行财产性投资的可能性。再如，通过税收等手段，降低低收入群体财产性收入的个人所得税率，改善财产投资环境，大力发展债券、股票等资本市场，降低人们的财产性投资门槛、拓宽渠道，让更多的人更方便地进行财产性投资，增加其财产性收入。

资本市场尤其是证券市场的发展，对我国居民财产性收入的增加和国民财富的积累，起到了十分积极的作用。资本市场的发展使居民的投资品种由早期单一的储蓄，扩展到股票、国债、企业债、可转换公司债、证券投资基金、权证、期货等多种理财工具，丰富了居民理财的方式，使居民财产性收入得以大幅度增加。当然，这尚需要解决制约居民财产性收入获得和增长的因素，如市场分割、市场体系不完善、金融市场发展滞后等。随着国民经济发展、居民投资渠道多元化以及私人财富保护制度的完善，将来居民收入中财产性收入总量及比重会不断提高。

二、提高居民转移性收入

转移性收入是指国家、单位、社会团体对居民家庭的各种转移支付和居民家庭间的收入转移。包括政府对个人收入转移的离退休金、失业救济金、赔偿金等；单位对个人收入转移的辞退金、保险索赔、住房公积金；家庭间的赠送和赡养费等。[①] 虽然转移性收入属于再分配领域，但由于它在居民收入来源构成中占有重要地位，因此，增加转移性收入不仅会直接提高居民收入，而且可起到缩减居民收入差距悬殊的作用。

从城镇居民家庭的转移性收入来看，改革开放的几十年间，人均转移性收入增长较快，而且在总收入中所占比重逐渐提高。从 1985 年到 2008 年，其人均转移性收入增长了 48.15 倍。到 2011 年，已经达到家庭人均年收入的 23.80%，仅次于工资性收入。[②] 受制于城乡经济社会发展水平的差

---

① 根据《中国统计年鉴》对收入的界定，城镇居民转移性收入主要由以下几部分组成："离退休金""价格补贴""赡养收入""赠送收入""亲友搭伙费""记账补贴""出售财物收入""其他"。其中，"离退休金""价格补贴"和"其他"（"抚恤和社会福利救济"部分）可视为政府转移性的支付。

② 1985 年城镇居民人均转移性收入占人均可支配收入的 8.8%，2002 年达到最高点（24.5%），2003 年以后在 23% 左右浮动。参见顾海兵、王亚红：《中国城乡居民收入差距的解构分析——1985—2007》，《经济学家》2008 年第 6 期。

异，相比于城镇居民，我国农村居民的转移性收入总体数量偏低、增长速度也远远低于城镇居民，占家庭总收入偏低，从 1985 年到 2008 年，仅仅上涨 10.96 倍，2011 年占家庭总收入比为 8.1%。[1]

从城乡居民转移性收入的对比来看，2011 年，我国城镇居民家庭人均转移性收入为 5708.58 元，但农村居民的转移性收入最高的上海才达到 3439.94 元，最低的广西只有 361.80 元，[2] 城乡差距如此之大，足以说明目前我国城乡居民的转移性收入并没有起到缩小城乡居民差距的作用，甚至进一步加剧了彼此的收入差距。究其原因，还在于各地的经济发展水平以及由最终经济发展水平决定的地方财政收入状况所决定。城镇地区的财政状况一般要远远好于乡村，发达地区的财政状况要远远好于欠发达地区和落后地区，因此，城镇地区的转移性收入要高于农村，东部地区的转移性收入要远远高于中部、西部地区。

要改变城乡居民因转移性收入差距而导致的分配不公正，就必须在转移支付制度和配套政策上进行相应改善，逐步提高政府转移支付的总量和比重，并且调整转移支付的结构和方式。

（一）加大财政转移支付的力度

首先，提高各级政府财政转移支付总量和在整个收入中的比重。有数据表明，近年来，随着我国经济实力的快速提高，我国的预算内财政支出也在逐年增加，转移性支付同样也在不断增加。但从占比来看，转移性支付占预算内财政支出的 20.63% 左右，与发达国家相比差距较大。可以看出，我国的政府转移性支付总量和比重的提高还是有较大的空间的。[3] 其次，各地方政府只能从其自身的经济承受能力和当地总体经济和社会发展水平出发决定财政转移支付的力度。这样一来，经济和社会发展程度高的

---

[1] 参见王亚红：《城乡居民转移性收入差异及其应对策略》，《统计与决策》2010 年第 16 期。

[2] 具体可参见数据：《中国统计年鉴》（2012 年）。

[3] 2012 年中央财政用在与人民群众生活直接相关的教育、医疗卫生、社会保障和就业、住房保障、文化方面的民生支出安排合计 13848 亿元，增长 19.8%；用在农业水利、公共交通运输、节能环保、城乡社区事务等方面与民生相关的支出安排合计 15124 亿元；中央财政用于"三农"的支出安排合计 12286.6 亿元，增长 17.9%。

地区的财政转移支付力度明显大于经济和社会发展相对落后的地区。各省之间如此，同一个省份的各地区之间也是如此。这种财政转移支付的差距也是造成当前我国区域之间居民收入差距过大的原因之一。因此，一方面，要提高中央政府财政支付在总体财政支付总量中的比重；另一方面，更多地从全国综合平衡的角度进行财政转移支付，而不是各自为政，避免造成发达地区远远高于欠发达和不发达地区的情况。

　　一般来说，中央政府的财政转移支付比重越高，其对于缩小居民收入差距的作用就越突出。在中央财政转移支付中，要尽量实现城乡之间和区域之间支付比例的合理性：要改变过去财政转移支付中城镇重于农村的不对等的二元性的城乡转移支付制度，不仅从绝对数量上增加对农村的财政转移支付量，更应该提高农村转移支付在总体支付中所占比重。本着"工业反哺农业，城市支持乡村"的理念，加大对农村的财政转移支付力度，让更多的农民享受到更多更好的经济社会发展成果，无疑是缩小城乡差距的有效手段。

　　（二）提高落后地区在总体支付中所占比重

　　中国幅员辽阔，由于自然和历史的原因，区域之间的差异本来就很大，再加上改革开放后我国经济发展战略的整体布局的原因，就当前我国的区域经济和社会发展程度而言，东部地区明显高于中部和西部地区，而中部地区又要高于西部地区。在同一个省份里，一般都是地方行政区域中心所在地和周边容易辐射到地区的经济和社会发展程度高于边远地区。如前所述，在这种情况下，落后地区受自身财政收入限制，在较长的时期内，其转移支付的力度相对会小于发达地区，从而进一步拉大了彼此之间的收入差距。因此，除了前述的提高中央财政转移支付在整个财政转移支付中的比重外，还要着力提高中央财政转移支付向落后地区的倾斜力度，为落后地区的经济和社会发展提供更好的财政支持。对于落后地区，如农村"五保户"等具体的民生事务，最好能由中央财政负责，或者至少将财政承担和主体层级提高，这样既可以减轻基层财政的负担，集中力量发展经济，又可以让这些必需的民生事务有更好的资金保障。

（三）建立覆盖乡镇企业的社会保险制度

近几年，流向一些发达地区的农村剩余劳动力的社会保险覆盖面越来越大，在一定程度上能够减轻这部分农民工的后顾之忧。但还有几乎占所有外流剩余劳动力人口半数的农民工并没有被纳入社会保险的范围，那就是在乡镇企业就业的农民工。本着国民待遇平等的原则，政府和用人单位应该尽量创造条件，建立和完善这部分农民工的社会保险制度，将他们纳入社会保险范围，保障他们的基本权益。另外，在财政收入日益增长的情况下，政府应该逐年增加财政支出中用于非生产性支出的比重，将更多的财政支出用于保障低收入者的基本生存与发展需要，进一步促进社会公平的实现。

总之，我国应当尽快改革和完善转移支付制度，争取早日建立起覆盖全社会的、城乡统一的政府转移支付体系；社会保险法、救济法、福利法、优抚安置法等法律制度，应该作为我国的转移支付制度的主干法来实施。只有这样，才能够切实地保障城乡低收入者群体的基本生活，提高居民收入水平，从而缩小城乡居民之间的收入差距。

三、提高居民经营性收入

经营性收入是指纳税人通过经常性的生产经营活动而取得的收益，即企业或家庭、个人在销售货物、提供劳务以及让渡资产使用权等日常活动中所产生的收入，通常表现为现金流入、其他资产的增加或负债的减少。从2012年《中国统计年鉴》的相关数据可知，经营性收入在城乡居民收入来源中所占地位不一样，对农村居民人均纯收入而言，经营性收入所占比重要高点，达到了46.17%。① 但总体而言，我国城乡居民的经营性收入占人均纯收入的比重仍然不高，这是制约我国居民人均纯收入快速增长的

---

① 家庭经营性收入在农村居民收入来源中占高比重也从另外一方面说明了农村居民增收渠道缺。经营性收入在城镇居民可支配收入中的比重不高，但自1999年以来比重呈快速上升趋势，由1.4%快速上升至2011年的10.13%。绝对量在1985到2007年的22年间发生了巨大变化，从1985年的10.1元逐年递增至2007年的869.9元，22年间上涨了85.13倍，年均增长22.45%。经营性收入成为城镇居民收入增长的新动力。

因素之一。

（一）要发展农村规模经济来增加农民家庭经营性收入

中国经济体制改革从农村开始，随着包产到户和联产承包责任制在农村的普遍推行，再加上产业结构调整的加快，我国的农业生产出现了新变化：一是我国农产品的供需已经转向供大于求的关系；二是农业生产的总体科技水平较低，导致农业生产的附加值相对较低；三是农业产业经营中面临自然风险、市场风险、规模不经济、金融等无法在短期内得到解决的问题。再像过去一样，仅仅靠增加农业产量来提高农民收入，难度非常大。可以看出，非农产业的收入来源对于农民收入提高的意义越来越明显，促成农村劳动力尽可能地向非农产业转移，是今后提高农民收入的至关重要的途径。

事实上，当前我国农民的收入来源中，非农产业收入的比重已经变得越来越高，意义越来越大（这在欠发达省份，如四川、江西、湖南等表现尤为突出，家庭收入中有相当大的部分直接来源于外出务工所得）。但就农业生产的特质和农业在整个国民经济中的基础性作用而言，尽管在农民所有的收入来源中，除了家庭经营性收入外，其他收入已经成了农民收入提高的重要推力，家庭经营性收入对于提高农民收入的主体性作用被淡化。但是，家庭经营性收入的增长对于农民收入增长依然有重要意义，增加农民经营性收入仍是增加农民收入的必由之路。这就要求政府一如既往地贯彻落实党的一系列惠农支农政策，不断完善有利于农业、农村、农民发展的体制机制，继续加大各级财政对"三农"的资金投入，积极引导农业产业化升级改造，大力发展集约化、规模化、标准化农业，引导农村向第二三产业转移，大力发展农村和乡镇企业。

从短期来看，这需要政府加大对农业、农村基础设施改善的投入，提高农产品补贴及其收购价格；而从长期规划着手，还得要靠提高农业自身的创新能力，发展优质高效农业。政府要加大完善农业生产的科技研发力度，加大农民职业技能教育的人力资本投入，加快改善农业的经营结构，通过生物和机械技术进步来发展特色农业和规模农业，以此来增加农民的农业经营性收入。上述措施有效运转的根本保障，又依赖于农业的组织制度创新。可尝试在土地流转制度改革的基础上，实行农业的股份合作制经营，实现"小农户"向"大农户"（发展农村家庭农场经营或农场经济）的转变，由此实现农业生产与市场需求的高效对接，来保障农民经营性收入的稳步提高。

（二）要"鼓励全民创业，促进充分就业"

20 世纪 80 年代以来，随着城镇经济体制改革的推进、国有企业"保大放小"政策的实施和城市化进程的提速，促进了城镇经营性收入的快速增长。[①] 对于城镇居民而言，其收入构成中，除了工资性收入、转移性收入与财产性收入外，经营性收入不可忽视。特别是在面临就业难的巨大社会压力下，增加城镇居民中下岗职工和无业群体的收入就变得日益迫切。大力发展个体、私营企业从而带来经营性收入无疑是最现实的解决路径。这需要国家出台相关政策和措施，鼓励创业，鼓励中小企业的发展（如对自主创业的要给予无息小额贷款、一定年份的免税费等相关优惠待遇）；大力发展第三产业，以扩大就业、降低失业率、增加劳动收入的覆盖面和人群基数。要增加城镇居民的经营性收入，需要保持一个稳健和持续发展的宏观经济环境。只有社会整体经济发展水平提高了，才能使居民收入的增长成为现实。

第三节　限制垄断高收入和取缔非法收入

垄断行业的高收入和非法收入已经成为当前我国收入分配两极分化的重要根源，不改变垄断行业收入分配的畸形，不取缔非法收入，就难以建立科学的、有利于社会健康和谐发展的公正的初次分配结构。

---

① 以个体经济发展良好的浙江省为例，2005 年浙江省城镇居民平均每 100 户人家从事个体经营的人数由 2004 年的 17 人增加到 21 人，占就业人口的 14.5%，从业比例在全国 31 个省市中居第二位。浙江省城镇居民人均经营净收入为 1922 元，比 2004 年增长 43.8%，占可支配收入的 11.8%，比 2004 年提高 2.6 个百分点，居全国第一（参见《浙江日报》2006 年 2 月 22 日）。

一、限制垄断高收入

实现国民收入初次分配公正，还需打破一些行业由于某些资源的垄断经营而带来的畸高收入。通常人们对通过辛勤劳动和合法经营以及个人能力等获得的高收入并无异议，对那些专业性很强、技能要求高、人才稀缺的岗位，如科研人员、证券分析师、飞机驾驶员等获得较高收入也不会觉得有何不妥。人们不满意的主要是凭借垄断地位获得的高收入，特别是某些垄断行业平均收入水平过多高于其他行业。要实现国民收入初次分配的公正，从反垄断破冰，就必然需要破除某些行业的垄断地位。

打破垄断，限制垄断高收入，实现经济公平，有必要提到"垄断率"这一概念。垄断率关涉"公平指数"，垄断率越高，公平指数越低。首先，它是一个经济运行的"健康指数"，垄断率高，说明市场秩序混乱，法治不到位，这样的经济状况既不可能实现高效率运行，也不可能持续健康地发展。其次，它是一个社会的商业文明程度指标，通常情况下，垄断率越高，对垄断行为的道德约束越乏力，试图通过垄断途径而获取不合理利润的人就越多。最后，它还是一个政治文明指标，垄断率之所以高，要么是行政权力的被滥用，要么是本应充当着公平秩序维护者的政府相关部门未尽到职责。因而，破除垄断实现初次分配公正，要有经济政策、法规建设、政府、企业等各方面的协同作用。

市场经济的本质就是自由竞争。通常而言，市场经济条件下，社会成员获得收入，无论是按照劳动所得为基本原则，还是以生产要素分配为原则，都存在一个公平问题。平等竞争、限制垄断成为保证收入分配秩序公平、合理的基础和重要条件。如果市场经济中存在垄断现象，处于垄断地位的市场主体无形中将拥有比其他市场主体所没有的特权，从而在市场竞争中获得非市场的优势，最终获取高额垄断利润。这种垄断现象的存在，有悖于市场经济的自由竞争原则。面对由非市场竞争造成的市场主体之间的人为的不平等，监管者必须采取相应的经济、行政和法律手段进行干预，以重新恢复市场竞争的平等性。

　　反垄断法就是试图以法律的手段来纠正、打击这种垄断行为，以恢复市场的自由公平竞争，保护各市场主体的合法权益的经济法。从这个意义上说，反垄断法是现代市场经济体系内的基础性法律之一。制定和完善反垄断法是实现初次分配公正的基础性工作。反垄断法可以从两个方面为市场的公平自由竞争提供保障。一方面，它可以通过法律的相关规定，对参与市场竞争的主体的角色作出限定，为所有的市场行为树立一道标杆，要求参与市场竞争的主体不能拥有因非市场原因所带来的特权，从而为各市场主体提供一个公平竞争的机会。另一方面，当市场交易中一旦出现某些市场主体凭借其非市场特权以大欺小、以强凌弱的行为时，要依据反垄断法，及时予以必要的干预，防止其继续对市场的自由公平竞争造成更多的伤害，以维护其他市场主体的合法权益。从目前来看，比较成熟的市场经济国家都制定了反垄断法，这些国家中既有发达国家，又有类似于东欧这样的从计划经济向市场经济转型的国家。

　　一般来说，反垄断法主要是针对涉嫌垄断的三种行为进行干预，甚至加以必要的制裁。一是一些在市场竞争中处于优势地位的企业为了长期保持这种优势地位，而通过协议，联手垄断。一些企业利用自身的行业优势，为了保持其经营产品或服务的长期市场高价，结成价格联盟，从而对其他市场相对人的合法权益造成伤害，就属于此类行为。二是一些企业凭借自己在市场上的支配地位，设置一些不合理的门槛，为自己牟取高额垄断利润，对相对人权益造成伤害。如芯片巨头美国高通公司在中国凭借自身的技术优势和市场占有率对相关企业推行"免费反向授权"，从而使相关企业的利益受损，就属于此类垄断行为。2015 年，中国政府对高通公司的此种垄断行为征收了 9.75 亿美元（约 60.88 亿元人民币）的罚款。三是企业之间的不当合并。此类并购行为如果导致企业在市场上地位过大甚至独大，反垄断法也会予以限制。

　　从目前我国存在的垄断行为来看，主要集中于自然垄断、经济垄断和行政垄断。在我国，行政垄断最为突出，危害最大，原因是我国的市场经济体制确立时间不长，计划经济的思维惯性使行政权力对市场的影响还比较大。同时，尽管当前我国的经济垄断问题尚不突出，危害也不明显，但随着我国市场经济的不断发展与成熟，经济垄断将会变得越来越常见。比如，现在我国一些地产巨头、销售业巨头和家电巨头之间，出现价格同盟等经济垄断的可能性很大。除此以外，自然垄断近年来虽然出现不多，但也不能忽略其潜在的危害。

根据我国经济发展阶段的不同，垄断形式的存在和危害轻重程度不同，在具体打击和预防垄断行为时，我们可以有所侧重。但作为一部完整的反垄断法，立法时应该同时针对多种可能出现的垄断行为，进行周密设计，否则到时可能会出现顾此失彼的问题。另外，在制定和完善反垄断法时，必须结合政府现行的各种相关政策法规，配套实施。就我国目前形势来看，反垄断法与产业政策等法规结合起来，能够收到更好的实施效果。

当然，并非所有的企业垄断行为都是反垄断法的打击对象。鉴于一些特殊的原因，一些企业的垄断行为存在有其合理性。如在专利保护期内，企业可以凭借其专有科技创新，开发和生产社会急需的商品，并获得高额利润。反垄断法不仅不应禁止，相反，它应该予以保护。因为这样做，可以激励其他企业或个人为了获得平等的竞争优势，加紧科技创新，打破该企业的技术垄断，此外还可以为那些致力于科技创新的企业和个人免除后顾之忧。在其专利保护期内，应该对该企业的技术垄断行为加以保护，此类垄断也将激励全社会重视知识和技术创新。又如，一些行业由于其行业性质对于国民经济发展、国计民生甚至国家安全等的重要性，政府采取了国家专营、国有独资或政府绝对控股等方式经营，也不属于反垄断法禁止和打击的对象。

通过垄断行为对其他相对人造成伤害，且无益于提高市场效率、经济发展水平和人民的生活水平的垄断行为，都是反垄断法应该预防和打击的对象。对于这些垄断行为，政府、企业、消费者三方面应该密切配合，及时出手制止，还一个自由公平的竞争环境。对于那些基于特殊原因而存在的垄断行业，国家也不能放任其垄断，避免出现这些行业的高额收入常年居高不下，与其他行业的收入差距越拉越大的局面。正是出于平衡各行业从业者的收入，实现社会公平的考虑，近年来，政府已经加强了上述垄断行业的监管和干预。国家有关部门对一些垄断行业实行工资总额和工资水平双重控制，规定工资总额的确定要剔除非市场因素，对工资水平超出社会平均工资水平两倍的要加强调控。政府这些做法在一定程度上可以抑制行业工资差距扩大的势头。然而，解决垄断行业与一般行业之间收入差距过大问题的根本途径就是打破行业垄断。对于那些短时期内无法消除的自然资源垄断行业和必须由国家垄断经营的行业，要进一步加强监控。在这方面，可以参照发达国家的经验，利用国有资产所有者的身份参与企业产品的定价，将价格控制在稍高于行业平均收益的水平；也可要求这些垄断行业因垄断行为产生的高额垄断利润上缴国库，其上缴利润的多少由其占有的国有资本的多少决定。占用国有资本金越多，上缴国家的利润也越多。

二、取缔非法收入

对于正处于社会转型期、民众的法制观念不强，仍然存在不少执法不严现象的中国来说，直接打击和取缔非法收入，对于调整国民收入分配格局，实现初次分配公正具有重要的意义。

取缔非法收入，要加强法制建设，做到有法可依、有法必依、执法必严、违法必究。一要加强监管。对那些握有行政许可、审批权的部门的领导干部和一般工作人员加强监管，加强这方面的廉政法律和制度建设，尤其要严格监管公职人员兼职酬劳、财产性投资等行为，减少权力的寻租行为，同时还要严厉打击这些领域的索贿受贿行为；另外，要本着减政放权的原则，尽量减少行政权力对市场行为的干涉，清理一些过时的、与市场经济原则不相符的行政审批和许可，健全上级部门、监察部门和社会对政府行政审批、许可程序的监管，防止其滥用权力。二要加快法制建设。推进市场经济方面的法律法规建设，尤其是要严格执法，强化对市场中的不正当竞争的监管与打击力度，明确各项行政收费的标准与事项，严禁各部门对企业的各种乱收费和乱摊派的行为，为企业提供一个公正、有序的竞争环境。三要打击违法行为。严厉打击国有企业内部变相侵吞国有资产、滥用权力，钱权交易的行为，取缔这些非法收入，制止权力的市场化和货币化。四要规范职务消费。加快福利待遇货币化、工资化，规范审计和财务管理制度，加强监督和审计力度，使工资收入透明化，确保初次分配的公正、公平和公开。对于实际要素所得的工资、奖金应如实地发放到职工手中，并报主管部门审计，不得内部擅自搞自行分配制度。五要完善税收征管办法。有关部门"需要具体研究如何将灰色收入纳入收入分配统计的视野"①，规制个人所得收入必须如实向税务部门申报纳税，对具有无规律性和隐蔽性的兼职、走穴等第二职业活动的收入，税务部门要加强监管力度，发现偷逃税现象的要严惩，防止国家税款流失。

第四节　建立平等就业和教育公平制度

国民收入初次分配之所以有很大的不公正，一个非常重要的原因莫过于居民在实现财富分配之前就因起点的不公平而几乎先天注定了收入的悬殊差异。目前对我国居民收入水平起先在决定作用的无非是就业与教育制度，这二者更多包含了起点或机会的因素。就业和教育，一个是劳动者劳动力价值的直接体现与回报场所，另一个是劳动者劳动力价值的前期储备与投入。要实现初次分配公正则必然还要建立与收入密切相关的公平的起点制度，即建立起城乡平等的就业制度和健全教育公平机制。因此，"为了减少收入分配过程中分配主体行为的不确定性和冲突，形成和维护'合作竞争'的分配秩序，用制度来规范收入分配交易，保护各分配主体的合法权益，是一种必然的选择"②。

一、加快就业制度改革，保障就业公平

就业是民生之本，建立开放、平等的就业市场，是实现初次分配起点

---

①　王小鲁：《灰色收入拉大居民收入差距》，《中国改革》2007 年第 7 期。
②　韩保江：《西方世界的拯救：现代西方收入分配制度变迁与贡献》，山东人民出版社 1998年版，第 60—66 页。

公平及机会公平的基础。即在取得对等的劳动报酬之前首先要有公平的就业市场及与之相配的政策，这种就业市场及与之相配的政策对谁都应是一视同仁的。中国收入差距约一半来自城乡差距，毋庸置疑，城乡居民收入差距拉大的一个很大原因在于就业起点上，如就业机会、岗酬待遇等方面存在很多不公平的地方。若要改变从而实现初次分配公正就需建立起城乡劳动者平等就业制度。

新中国成立后的前 30 年间，为给城市发展和工业发展提供原始积累，导致农村的发展围绕着城市的发展转，农业的发展围绕着工业的发展转。在这种体制下，农民基本上被束缚在土地上，城镇居民则由国家和社会统一安排就业，二者在就业机会、劳动报酬和就业发展前景等方面处于明显的不对等状态。① 实行家庭联产承包责任制后，农民生产的主动性和积极性大大提高，再加上现代农业技术的推广，农村劳动生产率大为提高，大量的农村劳动力被解放出来；同时，随后的城市经济体制改革和乡镇企业的快速发展，又催生了大量的劳动力需求。在这个背景下，大量的农村劳动力开始向城镇流动。这种流动一开始是季节性的、偶然性的，后来演变成常态性的。如今"农民工"及"农民工二代"已经成了一个专属概念了。大量农村剩余劳动力流向城镇，流向第二产业和第三产业，一方面推动了第二产业和第三产业的发展，另一方面也给农民提供了更好的就业机会，大大提高了农民的收入水平。

但是，城乡二元结构在当今还没有完全消除，户籍制度以及社会保障制度改革也没有到位，这就导致了大量流入城市、流入第二三产业的农民工依然是"两栖型"和"边缘化"生存状态。一个现实是，绝大多数农民工只有选择从事劳动强度大、技术含量低、危险性大和收入偏低的劳动密

---

① 在传统体制下形成的城乡之间分割型的户籍制度、差别型的社会保障制度以及非对称落差型的工农业产品价格制度，导致了城乡劳动者的不平等就业。城乡劳动者是以出身确定身份，以身份确定社会分工、就业方式和收益水平，实行的是城乡分割的就业制度和严格限制农村劳动力向城市迁移的政策。城镇居民通过"统配"制，实行"劳者有其岗"；而农村劳动力不属于国家统配范围，无机会进入城镇就业，采取"自谋生路"政策。这种制度差别实质上是就业权利和社会地位的不平等，是农村劳动者长期处于弱势状态的症结所在。

集型职业，苦、脏、累、险的程度较高。在农民工中，从事制造业的比重最大，占36.0%；其次是建筑业，占17.7%；服务业，占12.2%；批发零售业，占10.1%；交通运输仓储和邮政业，占6.6%；住宿餐饮业，占5.3%。① 因此，要从根本上解决就业不平等问题，就必须从制度建设着眼，逐步消除城乡二元结构体制。

（一）消除就业准入的各种歧视

消除进城务工者在劳动力市场上的身份歧视，打造一个公平的就业准入制度，加快农村剩余劳动力的转移与转化。市场经济需要有自由流动的劳动力供给。按照《就业促进法》的规定，我国劳动力享有平等的就业权利。劳动者能否就业，主要应该取决于双向选择，除此以外，我们不应该人为地对劳动力流入和流出设置任何额外的门槛。因此，在对待农村劳动力方面，政府、社会和用人单位尤其不得因为劳动者的户籍差别，而限制农村劳动者的就业权利和就业机会，不得对他们与城镇劳动者竞争部分就业机会时设置身份障碍。要做到这一点，首先，政府应该彻底废止各种不利于农村劳动力进城务工的政策规定，包括各种收费规定；其次，政府还应该改变过去主要以城镇居民的就业情况为主的就业登记制度，将农民的就业情况纳入统计范围，统一进行登记与管理，坚持"面向社会、公开招聘、择优录用"的用工原则，充分保障城乡劳动者的平等地位和合法权益；再次，政府要在就业技能培训、农民工合法权益保障、农民工子弟教育等方面承担起更多的责任，为农民工就业解除后顾之忧；最后，除了鼓励和帮助农村剩余劳动力转移外，还应该大力发展农村经济，加快农村第二三产业的发展，为农民提供更多的当地就业机会。

（二）制定和出台覆盖城乡的创业扶持政策

鼓励创业，包括鼓励农民工创业历来都是政府缓解就业压力的一项重要举措，在制度设计、政策倾斜及资金扶持方面，政府都做了大量的工作。但从实际效果来看，城镇居民进行创业的比重要高于农村。究其原

---

① 数据来源：国家统计局《2011年我国农民工调查监测报告》。

因，除了农民自身的创业理念、创业技能及创业主动性等方面要低于城镇居民以外，还有一个原因就是政府在扶持农民创业的力度相对低于城镇居民和大学生。因此，要实现城乡居民的平等就业和充分就业，政府要从各地的具体情况出发，按照属地原则，统筹制定城乡居民创业的相关政策和规定，进一步从政策倾斜、资金支持、教育培训等方面，无差别地投放于城乡居民，有条件的还要尽可能在教育培训、资金扶持等方面给农民创业予以必要的照顾。

（三）建立城乡平等的劳动保障政策

这是城乡平等就业制度的基础。城乡劳动者之所以无法享有同等的劳动保障权益，一个关键制约因素在于户籍制度。为此，基于社会正义，政府应该加快户籍制度改革的步伐，将计划经济时代各种依附于城镇户籍之上的各种福利剥离开来，建立统一的劳动保障制度。一方面，各用人单位要增强社会责任感，在用工招录、劳动报酬、社会保险等方面，不得歧视农民工；加大投入，改善农民工的工作环境、工作条件和生活条件。另一方面，政府也要加强这方面的政策和法律法规制定，加强对用人单位用工行为的监管，保障农民工的合法权益，确保农民工工资的足额、准时发放、确保农民工与城镇工人的同工同酬，确保农民工劳动设施的完善和劳动环境的优化。一旦发现有侵犯农民工合法权益的行为，政府要立即进行必要的干预和纠正。[①] 当前一个很大的问题是，现实中针对农民工没能做到"同工同酬"，在农民工就业相对集中的私营企业，其职工工资水平就较低。根据国家统计局数据显示，2009 年私营单位就业人员年平均工资为18199 元，仅相当于非私营单位在岗职工工资的 55.6%。[②] 这些问题都需要政府和企业的共同努力，来达到改善农民工的就业的目的。

（四）政府要改变过去重视城镇居民就业忽视农民就业的观念

在就业管理和规划方面实现一体化，平等地对待和思考城乡就业问

①　从近几年的调查数据看，被雇主或单位拖欠工资的农民工比例逐年下降，2008—2011 年分别为 4.1%、1.8%、1.4% 和 0.8%（据国家统计局《2011 年我国农民工调查监测报告》）。

②　根据国家统计局《2011 年我国农民工调查监测报告》显示，2011 年，外出农民工月均收入 2049 元，全国农民工总量达到 25278 万人。其中，外出农民工 15863 万人。

题。比如，在劳动力流入和流出方面，建设一个开放、统一、自由的劳动力市场，鼓励和帮助农民工和城镇居民一样，基于市场的需求自由流转，实现市场对包括劳动力在内的生产要素配置中的决定性作用；又如，在就业方面，政府要通过技术手段，实现对各地用人需求统计、城乡劳动力就业和失业及劳动者合法权益保障等方面情况收集的信息化管理，建立数据库，实现城乡、区域之间的信息互通。

二、推进教育制度改革，实现教育公平

教育是提高生产力的活劳动效能的基本途径。在劳动力流动日益自由的今天，对于普通劳动者而言，具备特定的学历、掌握较高的劳动技能和专业知识是获得较高劳动报酬的基本依靠。教育对于劳动者的素质提高尤为关键。一般而言，教育背景越好，其求职的成功性越大，所能获得的劳动报酬越高。从目前我国城镇居民与农民的收入对比来看，除了其他社会原因外，农民的受教育机会和受教育水平普遍低于城镇居民，这是造成他们的收入存在较大差距的重要原因。不仅如此，在城镇居民内部，教育背景的不同也是造成其收入差距的重要原因。因此，无论是城镇居民，还是农民劳动者，教育对于他们能否公平地参与初次收入分配并得到其应得的报酬都至关重要。

从这个意义上说，是否享有公平的教育权利，是公民的基本权利之一，是实现国民收入初次分配公正的基本前提和手段之一。总的来说，衡量一个国家或社会的教育是否公平的标准，一是要看其是否从法律和制度上赋予了全体公民平等的受教育的权利；二是从横向来看，处于不同民族、不同种族、不同地区、不同经济发展水平的国民是否具有平等的受教育的机会和条件；三是看政府和社会是否已经承担了足够的责任以保证其所有民众事实上获得公平的教育机会，享有其平等的教育权利。教育公平包括教育权利平等与教育机会均等两个基本方面，教育公平是教育发展追求的重要目标，是社会正义的重要内容。

按照人力资本理论逻辑，教育投资是一项非常重要的人力资本投资。

除去其他因素的影响，不同的人力资本投资，会造就不同的劳动力素质产出，而不同水平的劳动力，会形成不同的劳动力与市场的供求关系，其劳动报酬和社会地位必然不同。也就是说，教育投资水平是考量人们的劳动报酬及收入水平的重要标志。在一个统一的、开放的、能够自由流转的劳动力市场中，劳动力的教育投资与收入增长呈正相关关系。具体考察中部江西省农村劳动力的教育投资，可以证明这一点（见表8-1）。

表8-1　1991—2009年江西省农村劳动力受教育年限与人均纯收入①

年份	受教育年限	收入（元）
1991	6.43	702.53
1992	6.50	768.41
1993	6.58	869.81
1994	6.73	1218.19
1995	6.83	1537.36
1996	7.33	1869.63
1997	7.40	2107.28
1998	7.53	2048.32
1999	7.63	2129.45
2000	7.77	2135.60
2001	7.82	2231.60
2002	7.84	2334.20
2003	7.91	2457.53
2004	7.91	2952.56
2005	7.99	3265.53
2006	8.24	3584.72
2007	8.33	4097.82
2008	8.37	4697.19
2009	8.42	5075.01

---

① 数据来源：1992—2010年《江西统计年鉴》。随着劳动者受教育年限的提高其收入也相应的随着增加。从总体上说，江西农村劳动力受教育的年数偏低，2009年受教育年限为8.42年，低于同期全国的平均水平9.38年。

　　从表8-1可以看出，从1996年到2009年，江西地区的劳动者的收入是逐年提高的。究其原因，笔者认为，除了我国的总体经济水平快速发展和收入分配制度日益完善的外部原因外，劳动者素质的提高是一个重要的因素，而教育水平的提高是劳动者素质提高的主要原因之一。随着劳动者的人均受教育年限的逐年增加，其收入水平也在同步增加。受教育年限越低，收入水平越低，反之亦然。因此，可以得出这样的结论，劳动者的收入水平与其受教育年限即教育水平呈正相关关系。

　　除了上述事实的证明外，不少学者也试图从理论上说明劳动者的收入水平与其受教育水平是呈正相关关系的。如贝克尔（Becker）就认为，当前的国民收入分配中，个人收入水平与其受教育程度的关系越来越呈现出直接的因果关系。不同群体收入水平差距的逐渐拉大与其受教育程度的悬殊差异直接相关，受教育程度越高收入水平也越高，反之亦然。明瑟（Mincer）关于收入分配的人力资本模型也表明，人们收入水平的不平等与教育机会、教育权利及实际的受教育程度不平等之间存在正相关关系。教育收益率越高，对人们的收入差距的影响也越大。佩罗蒂（Perotti）从教育费用与人们的收入水平的对应变化来说明教育程度与人们收入水平的关系。他认为，如果教育费用过高，而人们的收入水平同比不高，只能是少数富人接受好的教育，他们的人力资本提高快，收入水平也快速增长；而穷人只能接受较低层次的教育，其劳动技能等越来越落后于富人。而当教育费用降低，则大量的穷人可以承担必要的教育费用，与富人一样接受较好的教育，这就意味着彼此之间的收入分配差距缩小，越来越趋于平等。[①]另外，库兹涅茨关于收入分配的"倒U假设"理论认为，人们的平均受教育年限和收入不平等程度之间的对应关系也在发生变化。当受教育程度提高到一定阶段，个人的受教育程度对其收入水平的正相关关系将转变成负

---

　　① 参见程黎、杨灿明：《试论教育与收入差距的关系》，《国家教育行政学院学报》2010年第6期。

相关关系。① 按照该理论模型，我国仍然处于第一阶段，即人们的受教育程度越高，收入水平也越高。人们的受教育程度相差越大，人们的收入水平差距也越大。因此，提高人们的教育水平仍然是提高人们的收入水平的重要途径；人们的受教育水平和教育机会越公平，地区之间的教育发展水平越均衡，地区之间、个人之间的收入差距也越合理，社会将越和谐。

要实现教育公平，政府无疑是责任主体。要保证所有民众平等地享有收入初次分配权益，得其所应得，政府必须构建和完善公平的教育体制和机制。

（一）要尊重和保护弱势群体的公平教育权利，为他们平等地接受教育创造条件

弱势群体受各种条件的限制，要凭他们自身的条件和能力去争取更好的教育机会和教育质量，困难很大。政府和社会应该伸出手来，通过必要的扶持与补偿，帮助他们获得高质量的教育，这是缩小社会各阶层日益扩大的差距与矛盾、维护社会稳定的必要手段。教育补偿，是指政府和非政府组织为保障社会弱势群体的基本教育权利而专门设计的教育补救制度以及采取的各种教育补救行为的总称。罗尔斯认为："为了提供真正的同等机会，平等地对待所有人……要按平等的方向补偿由偶然因素造成的倾斜。"② 对弱势群体的教育补偿是社会正义的体现，必须按照平等和补差的原则制定合理的教育补偿政策。一是政府和社会组织要关注贫困家庭子女的教育问题，让他们接受正常的教育。各级政府可以视具体经济承受能

---

① 现阶段我国正处于倒 U 形曲线顶点左侧，平均受教育年限的增加不是降低而是提高了收入分配的不平等程度。当然也有研究提出不同观点，2012 年 11 月，北京师范大学劳动力市场研究中心发布《2012 中国劳动力市场报告》。该报告认为，收入差距面临缩小拐点，收入差距缩小的一个重要原因是劳动者受教育程度普遍提高，不同学历劳动者之间的收入差距在缩小。随着中高等教育的进一步普及，教育对缩小收入差距的积极效应将进一步显现。据统计，自 1999 年中国开始高等教育扩招以来，就业人口中受过高等教育的劳动力比例从 2000 年的 4.66% 上升到了 2010 年的 10.05%。说明受教育年限越高城乡工资性收入差距越小，即教育起着缩小城乡工资性收入差距的作用。其实，这恰恰从另外一方面说明了劳动者教育水平的提高有利于劳动报酬的增加，也印证了教育促进社会阶层流动的观点。

② ［美］罗尔斯：《正义论》，何怀宏等译，中国社会科学出版社 2009 年版，第 77 页。

力，设置专项资金补助，扩大国家奖学金、助学金的惠及面；同时，也要多鼓励社会各界通过奖学金、捐资办学等多种方式，改善他们的教育条件，鼓励他们努力学习。二是政府要尊重和保护进城务工人员子女的受教育权。对于农村留守儿童，国家和当地政府要从资金支持、人才配备、硬件设施改善等方面积极创设条件，改善他们的教育条件，提高农村教育质量；对于随父母进城上学的农民工子女，流入地政府应该从制度政策制定、资金、师资培育和硬件配备等方面加大投入，并主要依托流入地的公办学校，利用这些学校的优质教育资源，改善他们的教育环境，提供与当地儿童同等的教育机会。三是重视残障儿童的教育。不断提高残障儿童义务教育的普及程度，努力改善特殊教育学校的办学条件，对重度残障儿童可采取送教上门、家教指导等方式，保障残障儿童的受教育权利。

（二）要完善政府公共财政机制，促进教育公平

服务型政府的一项非常重要的社会管理职能就是依法对所有的社会成员提供公平的公共服务。在所有的公共服务中，教育无疑是不可缺少的。从目前我国的实际情况来看，教育服务主要是由政府提供，社会力量办学只是补充。因此，要实现教育公平，政府是最直接、最主要的责任者。对于政府来说，确立科学的关于教育投资的公共财政机制，是促进教育公平的最主要手段。政府应该从以下几方面入手来完善教育投资的公共财政机制：一是增大教育经费的投入总量，提高国家财政性教育经费支出在国民生产总值的比例；① 二是调整公共财政在各级教育支出中的结构，提高用于义务教育阶段和中等职业教育的投入比重；三是加大教育的财政转移支付力度，尽快地在全国范围内实现完全免费的义务教育。取消重点学校政策，促进财政拨款的均衡化，财政拨款应向弱势群体、贫困地区的薄弱学校倾斜。总而言之，健全教育公平运作机制，即"在完善政府教育投入稳定增长机制的基础上，健全财政转移支付制度，合理调整教育资源结构，

---

① 教育投入不足一直是制约我国教育事业发展的"软肋"。《国家中长期教育改革和发展规划纲要（2010—2020年）》明确提出，提高国家财政性教育经费支出占国内生产总值的比例，2012年达到4%。

使教育事业在加快发展中求均衡，在均衡发展中求公平"①。

（三）要按照均衡发展的原则配置教育资源

为了推动各地的教育事业均衡发展，政府必须合理、均衡地配置教育资源。当然，所谓均衡配置并不是平均配置，而是说这种资源配置要有利于各地的教育事业均衡发展。鉴于此，在当前中部、西部教育明显落后于东部地区的情况下，为了促进中部和西部地区的教育发展，政府在配置资源时，有必要有意识地向中西部地区、欠发达地区、老少边穷地区和农村作适当的倾斜。这种适当倾斜既包括资金的投入配置倾斜，还包括政策的倾斜及人才配置的倾斜等。可以说，城乡教育非均衡发展拉大了城乡收入差距，提高农村劳动者的教育水平可以迅速缩小城乡收入差距。② 在基础教育与高等教育资源投入中寻求一个公平理性的分配点，改变重高等教育轻基础教育的投入结构，在确保公平的前提下保证国家基础教育的投入应高于高等教育，最大限度地整合与平衡各类教育资源的流向，寻求协调发展的状态，促进各类教育的均衡发展。

（四）加强对劳动者自身素养和劳动技能的培训

加大人力资本投资是提高我国劳动报酬比重的基础，国家需要对普通劳动者加强职业教育和技能培训。职业培训主要是指学校或企业对劳动者的相关职业技能方面的培训。为了加强职业培训教育，一是国家要加大对职业教育的投资。既可以是加大财政拨款投资，也可以通过政策倾斜的方式引导社会力量加大对职业教育投资的力度，还可以加大减免中职甚至高职学生学费的力度，鼓励更多的学生接受职业教育。二是在职业教育的学制方面进行改革。如允许普通中学与职业中学之间在同等条件下自由转学，实现两类学校相互补充、相互促进的统一体系，既有利于有求学意愿的职业学校学生继续深造，也有利于欲直接参与工作的普通中学学生获得

---

① 贾英：《实现教育公平，促进社会和谐》，《理论观察》2008年第2期。
② 据国家统计局《2011年我国农民工调查监测报告》显示，在农民工中，文盲占1.5%，小学文化程度占14.4%，初中文化程度占61.1%，高中文化程度占13.2%，中专及以上文化程度占9.8%。外出农民工和年轻农民工中初中及以上文化程度分别占88.4%和93.8%。农民工低教育文化水平导致低收入，也直接造成城乡收入的差距拉大。

与从事工作更匹配的相关技能培训。三是政府要鼓励职业学校加强校企合作。提高学生培养的针对性和应用性，拓宽职业院校学生的就业渠道。比如，可以和企业设立订单班，进行"订单式"教育。此模式，不但有利于学生获得更专业的知识和技能培训，直接通过提高工作技能来提高劳动报酬；而且，有利于通过缩短就业时间，增加相对就业量来提高劳动报酬比重。

当前，由于法律未规定企业有对员工进行职业培训的义务，不少企业对外来务工人员的职业培训不重视。加强职业培训，一方面，在于加强立法，规定企业对职工（特别是外来务工人员等低劳动素质人员）的培训义务；另一方面，通过修改税法，提高企业职工培训可以扣除的限额来鼓励企业对职工进行培训，增强劳动者素质。客观地说，目前我国劳动报酬偏低，这与劳动者的文化素质较低、劳动技能单一、就业岗位技术含量普遍偏低、靠体力吃饭等密切相关。因而，要提高劳动报酬在初次分配中的比重，必须加强劳动力的教育与培训，这是适应产业结构升级和提高劳动报酬的一个最为基础的环节。同时，广大劳动者要树立终身学习的理念，不断学习新知识、新技术，提高应用新技术、新材料、新工艺的能力，从而不断提高劳动力中的人力资本含量和科技含量，这既是按劳分配的客观要求，同时也是全面深化改革的现实需要。此外，广大劳动者还要加强专业技能培训，我国所呈现出来的劳动力供大于求的现状，其实并不是真正的"过剩"，相反，是技能型人才的短缺。客观地说，我国的高等教育体制培养出了大量的学历型人才，而技能型人才的培养却严重不足。所以，广大劳动者要想提高自身的劳动报酬，关键还是要提高自身的"砝码"，加大专业技能培训，使自己成为本领域、本行业的专业技能型人才，成为企业正常运转的核心和关键。只要让企业管理者认为该劳动者在本企业、本岗位具有"不可替代性"，是"必需"的，而不是"可有可无"的；那么，企业管理者为了企业的整体效益，自然而然就会不断地提高其劳动报酬。

参考文献

白暴力、李苗:《效率与公平关系问题研究述要》,《思想理论教育导刊》2006 年第 4 期。

薄一波:《若干重大决策与事件的回顾》上卷,中共中央党校出版社1991 年版。

蔡昉等:《经济重组如何影响城市职工的就业和福利》,《中国劳动经济学》2004 年第 1 卷,中国劳动社会保障出版社 2004 年版。

常兴华、李伟:《中国国民收入分配格局的测算结果与调整对策》,《宏观经济研究》2009 年第 9 期。

陈鼓应:《庄子今注今译》,中华书局 1983 年版。

陈奇猷:《韩非子集释》,上海人民出版社 1974 年版。

陈文通:《初次分配强调公正是否会导致低效率》,《经济研究》2007年第 12 期。

陈宇峰:《垄断行业高工资的成因与后果》,《中国经济时报》2007 年 3月 22 日。

陈宗胜:《经济发展中的收入分配》,上海三联书店 1995 年版。

程黎、杨灿明:《试论教育与收入差距的关系》,《国家教育行政学院学报》2010 年第 6 期。

"促进形成合理的居民收入分配机制研究"课题组:《促进形成合理的居民收入分配机制研究(总报告)》,《经济研究参考》2010 年第 25 期。

邓荣霖、张用刚:《社会主义市场经济与现代企业制度》,中国人民大学出版社 1997 年版。

《邓小平文选》（1975—1982），人民出版社 1983 年版。

《邓小平文选》第二卷，人民出版社 1994 年版。

《邓小平文选》第三卷，人民出版社 1993 年版。

董边、镡德山：《毛泽东和他的秘书田家英》，中共中央文献出版社 1996 年版。

樊纲：《市场机制与经济效率》，上海三联书店 1992 年版。

宫希魁：《初次分配就要重视公平》，《理论参考》2006 年第 3 期。

顾海兵、王亚红：《中国城乡居民收入差距的解构分析——1985—2007》，《经济学家》2008 年第 6 期。

郭正模、何飞：《提高劳动报酬在初次分配比重的机制完善与制度重构》，《理论与改革》2011 年第 1 期。

郭志鹏：《公平与效率新论》，解放军出版社 2001 年版。

国家计委宏观经济研究院课题组：《正确认识城镇居民收入差距问题——专家问卷调查分析》，《中国人力资源开发》2001 年第 6 期。

国家统计局：《2011 年我国农民工调查监测报告》。

国家统计局城市司、广东调查总队课题组：《城镇居民家庭财产性收入研究》，《统计研究》2009 年第 1 期。

国家统计局人口和就业统计司：《中国劳动统计年鉴 2007》，中国统计出版社 2007 年版。

国务院研究室课题组：《中国农民工调研报告》，中国言实出版社 2006 年版。

韩保江：《西方世界的拯救：现代西方收入分配制度变迁与贡献》，山东人民出版社 1998 年版。

何传启：《分配革命》，经济管理出版社 2001 年版。

何建华：《分配正义的历史内涵及其与经济效率的关系考察》，《毛泽东邓小平理论研究》2006 年第 9 期。

何建华：《分配正义论》，人民出版社 2007 年版。

何建华：《经济正义论》，上海人民出版社 2004 年版。

何伟:《实事求是大胆探索》,《经济研究》1987 年第 15—17 期。

胡锦涛:《高举中国特色社会主义伟大旗帜　为夺取全面建设小康社会新胜利而奋斗——在中国共产党第十七次全国代表大会上的报告》,人民出版社 2007 年版。

胡锦涛:《坚定不移沿着中国特色社会主义道路前进　为全面建设小康社会而奋斗——在中国共产党第十八次全国代表大会上的报告》,人民出版社 2012 年版。

胡书东:《初次分配公平是缩小收入差距的基石》,《红旗文稿》2013 年第 4 期。

华梓:《教育公平新解——社会转型时期的教育公平理论和实践探究》,上海社会科学院出版社 2010 年版。

黄春生:《累进税制累了谁? 租税优惠肥了谁?》,《远见杂志》2005 年12 月号第 234 期。

贾小玫:《农村人力资本投资与城乡收入差距的关系研究》,《经济论坛》2005 年第 9 期。

贾英:《实现教育公平,促进社会和谐》,《理论观察》2008 年第 2 期。

江泽民:《全面建设小康社会　开创中国特色社会主义事业新局面——在中国共产党第十六次全国代表大会上的报告》,人民出版社 2002 年版。

蒋永穆、刘承礼:《效率与公平组合模式的选择问题研究》,《当代经济研究》2006 年第 1 期。

晋利珍:《改革开放以来我国行业工资差距及其决定因素实证研究——兼论对企业技术创新的影响》,《经济问题探索》2010 年第 12 期。

柯尚迁:《周礼全经释原》卷四,《四库全书》本。

李炯:《国民收入分配比重调整的现实背景与要求》,《当代社科视野》2008 年第 1 期。

李岚清:《李岚清教育访谈录》,人民出版社 2003 年版。

李实:《收入分配不公使中国低收入阶层加剧贫困》,《理论参考》2010 年第 7 期。

李实:《中国收入分配中的几个主要问题》,《探索与争鸣》2011 年第 4 期。

李双胜:《效率、公平与和谐社会》,《社会主义研究》2006 年第 3 期。

李晓宁、赵杭莉:《初次分配效率与公平的政策组合与效用选择》,《财贸研究》2012 年第 2 期。

厉以宁:《收入分配改革应以初次分配为重点》,《中国证券报》2013 年 1 月 28 日。

《列宁全集》第 42 卷,人民出版社 1987 年版。

林毅夫:《以初次分配实现公平和效率的统一》,《21 世纪经济报道》2007 年 4 月 30 日。

刘国华:《列宁的效率与公平思想及其当代价值》,《理论与实践》2008 年第 2 期。

刘丽:《经济增长过程中工资分配的变动》,《当代经济科学》2008 年第 4 期。

刘利:《我们从金融危机中学到了什么?》,《中国财政》2009 年第 13 期。

刘强:《谁挤占了消费需求 教育医疗住房三大支出负担过重》,《中国国情国力》2006 年第 10 期。

《马克思恩格斯全集》第 18 卷,人民出版社 1964 年版。

《马克思恩格斯全集》第 20 卷,人民出版社 1965 年版。

《马克思恩格斯全集》第 23 卷,人民出版社 1972 年版。

《马克思恩格斯全集》第 26 卷,人民出版社 1974 年版。

《马克思恩格斯全集》第 42 卷,人民出版社 1985 年版。

《马克思恩格斯全集》第 44 卷,人民出版社 1979 年版。

《马克思恩格斯全集》第 46 卷(上册),人民出版社 1979 年版。

《马克思恩格斯文集》第 9 卷,人民出版社 2009 年版。

《马克思恩格斯选集》第 1—4 卷,人民出版社 1995 年版。

[美] 阿瑟·奥肯:《平等与效率》,王奔洲译,华夏出版社 1999

年版。

[美] 博登海默:《法理学、法律哲学与法律方法》,邓正来译,中国政法大学出版社 2004 年版。

[美] 加尔布雷思:《经济学和公共目标》,商务印书馆 1983 年版。

[美] 马丁·布朗芬布伦纳:《收入分配理论》,方敏等译,华夏出版社 2009 年版。

[美] 米尔顿·弗里德曼、罗斯·弗里德曼:《自由选择》,商务印书馆 1999 年版。

[美] 诺斯:《制度、制度变迁和经济绩效》,上海三联书店 1994 年版。

[美] 诺斯:《经济史中的结构与变迁》,陈郁、罗华平译,上海人民出版社 1994 年版。

[美] 塞缪尔·弗莱施哈克尔:《分配正义简史》,吴万伟译,译林出版社 2010 年版。

[美] 约翰·罗尔斯:《正义论》(第二版),何怀宏等译,中国社会科学出版社 2009 年版。

[美] 约翰·罗尔斯:《正义论》,何怀宏等译,中国社会科学出版社 1988 年版。

[美] 约翰·罗尔斯:《作为公平的正义》,姚大志译,三联书店 2002 年版。

[美] 约翰·罗默:《社会主义的未来》,重庆出版社 1997 年版。

乔榛:《我国初次收入分配结构变迁的探讨》,《经济学动态》2011 年第 9 期。

全国高等财经院校《资本论》研究会编:《中国〈资本论〉年刊》第六卷,西南财经大学出版社 2009 年版。

饶立新、李建新:《效率与公平关系的深层次把握》,《人民日报》2005 年 7 月 22 日。

申红:《初次分配与再分配的政策考量》,《天津经济》2008 年第 1 期。

宋晓梧：《提高劳动报酬在初次分配中的比重》，《经济观察报》2010年12月18日。

孙浩进：《分配的交易费用与制度供求》，《山东社会科学》2008年第10期。

孙诒让：《墨子间诂》，《诸子集成本》，上海书店1986年版。

唐慧玲：《政治哲学视野下的罗尔斯差别原则》，《安徽大学学报》2009年第3期。

万光侠：《效率与公平——法律价值的人学分析》，人民出版社2000年版。

万晓琼：《观点经济2006》，人民出版社2007年版。

王实：《城乡收入差距对消费需求的制约》，《财经问题研究》2002年第12期。

王小鲁：《灰色收入拉大居民收入差距》，《中国改革》2007年第7期。

王学庆：《垄断性行业的政府管制问题研究》，《管理世界》2003年第8期。

王志刚：《当代中国初次分配正义原则的建构——基于约翰·罗默分配正义理论的视角》，《安徽大学学报》（哲学社会科学版）2010年第2期。

卫兴华、张福军：《应重视十七大关于效率与公平关系的新观点》，《高校理论战线》2008年第5期。

温家宝：《关于社会主义初级阶段的历史任务和我国对外政策的几个问题》，《光明日报》2007年2月27日。

吴敬琏：《妥善处理收入差距过大问题》，《金融经济》2006年第15期。

吴忠民：《社会公正论》，山东人民出版社2004年版。

吴忠民：《中国现阶段社会公正问题的逐层递进研究》，《学术界》2009年第2期。

晓宁：《转轨时期初次分配的效率与公平研究》，经济科学出版社2010年版。

信卫平：《关于提高劳动报酬在初次分配中的比重的思考》，《中国劳动关系学院学报》2008 年第 6 期。

信卫平：《重建效率与公平相统一的分配制度》，《中国劳动关系学院学报》2010 年第 3 期。

熊剑锋：《进入危机下半场　中国寻找增长新"发动机"》，《第一财经日报》2009 年 6 月 22 日。

徐慧：《转型期中国三大居民收入差距的变化及趋势》，《统计与决策》2010 年第 2 期。

杨伯俊：《孟子译注》，中华书局 1960 年版。

杨东平：《从权利平等到机会均等——新中国教育公平的轨迹》，《北京大学教育评论》2006 年第 2 期。

杨继瑞、何雄浪：《促进社会主义初次分配公平的探析》，《决策咨询通讯》2008 年第 2 期。

杨天宇：《礼记译注》，上海古籍出版社 2004 年版。

杨玉平：《"初次分配体现公平"的经济依据和人性体现》，《山东财政学院学报》2008 年第 1 期。

尹艳林：《提高劳动者报酬改善国民收入分配》，《中国发展观察》2011 年第 3 期。

［英］庇古：《福利经济学》，商务印书馆 2006 年版。

［英］大卫·李嘉图：《政治经济学原理》，载斯拉法主编：《大卫·李嘉图的著作与书信》第一卷，剑桥大学出版社 1951 年版。

［英］凯恩斯：《就业、利息和货币通论》，三联书店 1957 年版。

［英］马歇尔：《经济学原理》下卷，商务印书馆 1965 年版。

［英］威廉·配第：《赋税论》，商务印书馆 1963 年版。

［英］威廉·配第：《赋税、献给英明人士、货币略论》，商务印书馆 1963 年版。

［英］亚当·斯密：《国民财富的性质和原因的研究》，商务印书馆 1972 年版。

于光远：《社会主义条件下物质资料生产中经济效果概念（续）》，《经济研究》1978 年第 13—15 期。

于金富：《马克思按劳分配理论与我国现阶段社会主义分配制度》，《当代经济研究》2006 年第 11 期。

于连坤：《努力形成效率与公平良性循环的社会发展机制》，《理论前沿》2005 年第 5 期。

曾传国：《论初次分配公平的内容、意义及实现途径》，《毛泽东邓小平理论研究》2007 年第 11 期。

张璐琴：《收入分配改革重点仍应在初次分配》，《第一财经日报》2010 年 11 月 17 日。

张维迎：《新时期收入分配政策研究》，《管理世界》1986 年第 1 期。

张问敏：《关于社会主义计划经济与商品货币关系问题的讨论》，《经济研究》1982 年第 6 期。

张问敏：《评建国以来按劳分配理论问题的讨论》，《东岳论丛》1981 年第 7 期。

张秀生、陈惠女、杨刚强：《中国东中西三大经济地带居民收入差距的演变及成因》，《山东社会科学》2008 年第 8 期。

张宇：《过渡之路：中国渐进改革的政治经济学分析》，中国社会科学出版社 1997 年版。

赵人伟：《我国居民收入分配和财产分布问题分析》，《当代财经》2007 年第 7 期。

赵守正：《管子注译》（下册），广西人民出版社 1987 年版。

赵振华：《关于提高初次分配中劳动报酬比例的思考》，《中共中央党校学报》2007 年第 6 期。

《中国统计年鉴》（2008—2012 年），国家统计局官网。

《中华人民共和国（2008—2012 年）国民经济和社会发展统计公报》，国家统计局官网。

后 记

本书系我的国家社科基金项目——效率与公平相协调的初次分配公正研究（09BZX054）的最终研究成果。本书的选题跟我们党的两次党代会有关。2007 年 10 月，党的十七大报告提出了"初次分配和再分配都要处理好效率和公平的关系，再分配更加注重公平"的方针。这种表述跟 2002 年 11 月党的十六大的"效率优先、兼顾公平""初次分配注重效率""再分配注重公平"的提法比有很大的新意，这意味着国民收入分配中的公平问题不再只是再分配的专利，也是初次分配需要关注的问题。为此，经过一年多的思考和研究，我以"效率与公平相协调的初次分配公正研究"为题，申报了 2009 年的国家社科基金项目，幸获批准。

从某种意义上说，一部人类社会发展史，首先是一部生产发展史。随着科学技术的发展，人类生产财富的能力不断增强。而随着人类社会财富的日益丰富，财富的分配成为一个经济学的主题。由于人的知识、能力、社会地位、家庭背景和机遇等方面的差异，平等的政治权利和机会并不能使人获得平等的地位、平等的财富和平等的份额的收入。如何缩小社会在财富占有方面的差异，缩小社会在利益分配方面的不平等，日益成为当代重大的理论和实践问题。我国改革开放三十多年来，经济社会发展取得的成就前所未有，经济增长速度连续三十多年保持在年均 9% 以上，经济总量上升为世界排位第二；人均国内生产总值由改革开放初期的 250 美元，提高到 2014 年的 7594 美元。但与此相伴，我国国民收入差距也日益拉大，1980 年的基尼系数为 0.178，[①] 以后总体呈上升趋势，2008 年达到峰值

---

① 参见赵人伟：《劳动者个人收入分配的若干变化趋势》，《经济研究》1985 年第 3 期。

0.491。以后虽逐步回落，但 2013 年、2014 年仍分别达到 0.473、0.469。[1]
从 2003 年开始，十多年来我国居民的基尼系数一直在 0.47 的高位运行，
甚至有专家认为我国基尼系数 2010 年实际已超过了 0.5。[2] 也就是说，三
十多年来，我国从一个收入差距很小的国家进入收入分配很不平衡的国
家。我们在享受经济发展所取得的巨大成就的同时，正承受着社会分配不
公给人们心理和实际生活造成的巨大压力和影响。特别是城乡之间、区域
之间、行业之间以及不同社会群体和不同社会成员之间收入差距日益扩
大，日趋接近社会民众心理承受的最大限度和社会稳定的临界点。而这种
分配不公，最主要的原因是初次分配不公引起的。社会分配不公正已经影
响到人们生产积极性和劳动效率的提高，影响到社会的稳定与和谐，甚至
影响到社会主义本质——共同富裕目标的实现。在我国初次分配中，由于
重资本轻劳动、垄断以及机会不公平等因素，造成了居民收入在国民收入
分配中的比重以及劳动报酬在初次分配中的比重都偏低，经济社会发展成
果没有实现全民共享。有鉴于此，我对初次分配公正的思想渊源、理论依
据、研究价值，我国初次分配制度变迁以及初次分配不公正的现状、原
因、危害及对策进行深入思考，形成了本书稿。

　　孟子认为，君子有"三乐"。我认为，当老师者，尤其当大学老师者，
至少有其中一乐，即"得天下英才而教育之"。之所以再次发此感慨，是
因为在进行本书研究过程中，我再次感受到了当老师之乐。这个"乐"不
仅仅是"育英才"之"乐"，也不仅仅是"桃李满天下"之"乐"，更是
共同研究、共同探索、共尝学术大餐之"乐"；是共同思考、共同讨论、
共享思想盛宴之"乐"。本书是我们师生共同劳动的成果和集体智慧的结
晶。段建斌、孟全军根据分工，圆满地完成了课题研究任务；邵晓秋、彭
坚、韩桥生、伍复康、王伟在对书稿进行修改、调整和润色等方面付出了
辛勤的努力；程世平、邓小芳、胡洪兵、胡燕等在文字校对、查找资料和

---

① 2003 年起的基尼系数系国家统计局公布的数据。参见张冀：《三问"基尼系数"》，《光明
日报》2014 年 1 月 21 日第 10 版。

② 参见《中国基尼系数超 0.5　可能致社会动乱》，《经济参考报》2010 年 5 月 21 日。

核实数据等方面做了大量的细致工作。值此付梓之际，一并致以衷心的感谢！

在书稿的写作过程中，我们参考和借鉴了学界前贤和同仁们的研究成果，有的已经在注释或参考文献列出，有的可能未能注明，在此一并致以衷心的感谢！

本课题在申报、结项过程中，得到了江西省社科规划办公室和江西师范大学社会科学处、马克思主义学院，南昌工程学院科研处、马克思主义学院等单位的各位朋友的关心和支持，借此机会一并致以衷心的感谢。

作 者

2017 年 3 月 20 日

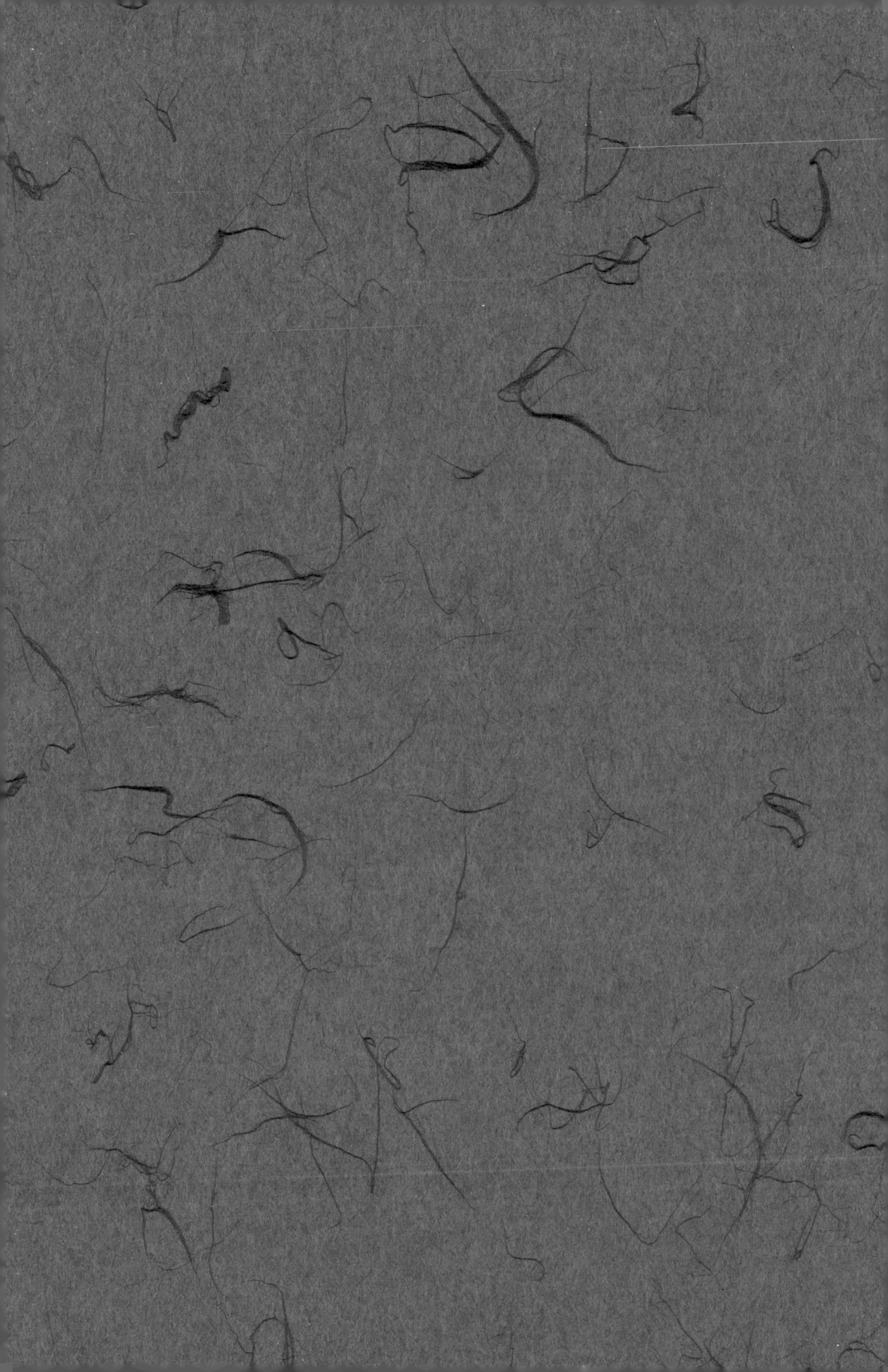